目　次

第 1 章

知的障害施設・事業所に
おけるリスクマネジメント
の概要

1-1 リスクとは

　私たちの日常の暮らしの中でも「リスク」という言葉を耳にする機会が増えてきました。「リスク」という言葉は一般的には「危険」と訳されるため、想定外の損失や損害などの「望ましくない結果」のみを発生させるように感じます。

　しかし、実は「リスク」という言葉の意味には、想定外の利益や成果などが発生する可能性も含まれています。

　このことを踏まえ、数あるリスクは以下の2つに大別できます。

純粋リスク
　常に損失や損害のみが発生するリスク。

投機的リスク
　損失が発生することもあるが、利益を生むこともあるリスク。

POINT

I -2 代表的なリスク

企業などを取り巻くリスクを、純粋リスクと投機的リスクに分けて代表的なものを紹介します。

（1）純粋リスクの例示

純粋リスクは、財産リスク、人的リスク、賠償責任リスク、収入減少リスクに大別されます。具体的な事例は以下の通りです。

▶ ①財産リスク

企業などが所有する事務所・工場などの財産に損害が発生するリスクであり、いくつかの形態があります。

火災・爆発リスク：放火や火の不始末により火災や爆発事故が発生し、財産に損害が発生するリスクです。

自然災害リスク：台風・地震・落雷・噴火などの自然災害によって、財産に損害が発生するリスクです。

盗難リスク：第三者が不正侵入し、財産が奪われるリスクです。

ネットワークリスク：自社のコンピュータネットワークに第三者が侵入し、データなどを破壊されたり、盗まれたりするリスクです。近年の情報通信の発達に伴い顕著になってきたリスクです。

▶ ②賠償責任リスク

自らの過失により第三者に損害を与えた場合に、損害を賠償するリスクのことです。賠償責任を負う場合として、多数のケースが存在します。

（例）・製品の欠陥によってユーザーに損害を与える。
・契約内容と現実の商品・サービスが異なり、他人に損害を与える。
・建物の管理が不十分で、通行人が負傷する。
・他人の特許権を侵害して損害を与える。
・社有車を運転中に、通行人をはねてしまう。

▶ ③人的リスク

役員・従業員の死亡、負傷など人的損害に関わるリスクです。

労働災害リスク：工場の従業員が作業中に機械に巻き込まれて負傷する場合など、業務中に
　　　　　　　　従業員が死亡・負傷するリスクです（通勤途上も含みます）。

▶ ④収入減少リスク

　上記①〜③の結果として、あるいは、その他の要因により収入減少がもたらされるリスクです。

（例）・自社工場が罹災し、生産がストップした（復旧するまでの期間について収入が減少）。
　　　・自社製造の商品に欠陥があることが判明し、製品回収を実施した（代替商品に置き換
　　　　えるまでの期間について収入が減少）。
　　　・下請部品メーカーの倒産で自社工場の生産が一時中止した（他の部品供給者を確保す
　　　　るまでの期間について収入が減少）。

（2）投機的リスクの例示

　投機的リスクは多種多様にありますが、代表的なリスクを例示すると以下の通りです。

▶ ①財務的リスク・マーケットリスク

　株価や金利・為替などの変動により財務的なダメージを被ったり、商品価値の低下、新規参
入者の出現などにより市場での影響力が減少するなどのリスクです。

（例）・為替の変動により海外法人の赤字幅が増大、決算に大きな影響を与えた。
　　　・海外からの新規参入者の出現により、自社製品のマーケットシェアが低下した。
　　　・専門機関による格付けが低下し、資金調達コストが上昇した。

▶ ②政治リスク

　戦争、社会革命、テロなどの事象により所有物が損壊したり債権回収ができなくなるなどのリスクです。

　（例）・社会革命が発生し、軍事政権に工場を没収された。

　　　　・現地環境関連規制の改正により、多額のコストをかけて工場設備を大幅に改善する必要が生じた。

参考文献

・㈱インターリスク総研（著）　「実践リスクマネジメント」　経済法令研究会　2010

I-3 社会福祉事業者の リスクマネジメントの目的

　社会福祉法第3条には、福祉サービスの基本理念として「福祉サービスは、個人の尊厳の保持を旨とし、その内容は、福祉サービスの利用者が心身ともに健やかに育成され、又はその有する能力に応じ自立した日常生活を営むことができるように支援するものとして、良質かつ適切なものでなければならない」と規定されています。

　福祉サービスを提供する現場では、利用者の自立した生活を重視すればするほど、利用者が事故などに遭遇する「リスク」が高まるのではないかと懸念されます。

　一方、利用者の事故を減らすため、利用者の自立や権利を制限し、極端に管理的な生活を強制することは、サービスの提供を事業者の都合で行うこととなり、利用者の人間としての成長・発達の機会や尊厳を奪うことになり、基本理念に反する行為といえます。よって、社会福祉事業者には、「利用者の自立」と「利用者への安全配慮」を両立させた、質の高いサービスの提供が求められています。

　社会福祉事業者のリスクマネジメントは、それら質の高いサービスを提供するための取組みであり、利用者の満足度の向上を目的としています。

POINT
1-4　社会福祉事業者における リスクの特徴

　一般の企業におけるリスク対策をそのまま社会福祉事業者に当てはめても、一部で無理が生じる可能性があります。それは、社会福祉事業者として目指すべき姿が、一般企業のものとは大きく異なるからです。

　一般企業では、株価や金利の変動による財務的リスクや、役職員の人事・労務管理のリスク、各種法令への対応に関するリスクなど、企業の経営活動や資産の保護などに焦点をあてた広範なリスクを対象としていますが、社会福祉事業者では、利用者の満足度の向上を目指していることから、さまざまなリスクの中でも特に利用者の転倒、転落、誤嚥など、サービス提供上のリスクに主な焦点をあてていることが特徴といえます。

　その他の主なリスクとして、人事・労務管理のリスク、経営や財務に関わるリスク、コンプライアンスリスク、自然災害リスクなどがありますが、詳しくは1-11で説明します。

I-5 社会福祉事業者における リスクマネジメント

　これまで社会福祉事業者は、利用者を一つの集団ととらえたサービスの提供や事故防止対策がとられてきた傾向にありましたが、これからのリスクマネジメントでは、それらに加えて利用者個人に配慮した個別的な対応へと移行していくことが重要になります。

　例えば、「転倒」という一つの事象においても、利用者個々の特性や、転倒に至った経緯が異なるため、さまざまな要因が考えられます。よって事故防止策も個々に対応させなければ意味がありません。まず、対策の検討にあたり、利用者個々の特性や日々の生活状況などを把握しておく必要があります。基礎となる業務手順を土台としつつ、そこから各利用者への適切なサービス内容や提供方法を策定し、実行します。

　このように、個別的な対応とすることで、事故が起こりにくくなるとともに、利用者の特性に合わせた自主性を尊重することができるようになります。よって、社会福祉事業者におけるリスクマネジメントは、利用者の満足度の向上を目指した取組みのための一つの方法であるといえます。リスクマネジメントの具体的な取組方法については、1－8から詳しく説明していきます。

参考文献

・厚生労働省 福祉サービスにおける危機管理に関する検討会 「福祉サービスにおける危機管理（リスクマネジメント）に関する取り組み指針～利用者の笑顔と満足を求めて～」 2002年4月22日

POINT

I-6 知的障害福祉サービス事業者を取り巻く環境

（1）知的障害福祉サービスの源流と発展

▶ ①創設者の思いと職業人としての誇り

　明治時代以降の近代社会における知的障害者福祉の源流は『天地を拓く　知的障害福祉を築いた人物伝』（津曲裕次監修、日本知的障害者福祉協会、2013）にも明らかなように創設者の熱い思いと情熱に満ち溢れていました。発展途上の厳しい環境のもと、誠心誠意サービス提供に尽力されていたことと思います。思いを同じく事業に携わる一人ひとりの職員は、福祉サービスを支えているという職業人としての誇りがあったに違いないと考えます。

▶ ②知的障害者福祉の発展と制約

　制度が無い、あるいは不十分な時代を経て、措置制度が誕生します。措置制度では時代のニーズに応え、多様な施策も構築されてきましたが、サービスの平準化には寄与したものの「金太郎飴的サービス」が蔓延していき、行政サービスの代行的側面が強くなり、自由度を消失したとも考えられます。また、職員の待遇面においては安定した職業として一定の身分保障が確立した反面、情熱が喪失した感は否めません。

（2）制度改正による環境の変化

　長く続いた措置制度から、支援費制度、障害者自立支援法、障害者総合支援法への移り変わりは、私たちに大きな変化をもたらしました。その中でも代表的な変化として次の三点が挙げられます。
　第一に、行政が支援の受け手（利用者）や内容を特定し、入所・通所先を決めていたものから、利用者が知的障害福祉サービス（以下「サービス」という。）を選択し、障害福祉サービス事業者（以下「事業者」という。）との対等な関係に基づき、直接契約する仕組みに変わりました。このことでサービスの主体は利用者であることが明確に位置付けられ、本人の自己選択を尊重し、利用者の立場でサービスを提供することが強く求められるようになりました。また、上記の制度改正と並行し、成年後見制度の推進、障害者虐待防止法の施行、障害者権利条約の

批准、障害者差別解消法が制定され、障害者の権利を擁護する体制も整備されました。

　第二に、社会福祉事業の見直しが図られ、第1種社会福祉事業は障害者支援施設のみとなり、その他の事業は公的規制の必要性が比較的低い事業として第2種社会福祉事業に位置付けられました。以後、社会福祉法人以外の経営主体（民間企業やNPO法人等）が続々と第2種社会福祉事業に参入し、競争原理が導入されるとともに法人税等が優遇されている社会福祉法人の存在意義が問われるようになりました。

　第三に、都道府県にあったサービスの支給やサービス量の決定権が市町村に移管されました。また、協議会の設置や障害福祉計画の策定等、地域のニーズを把握する体制整備や必要なサービスを確保する動き等も市町村ごとに求められるようになりました。

　このように、2000（平成12）年の社会福祉基礎構造改革から始まった制度改正により、事業者を取り巻く環境は急速に変化しました。

（3）具体的な環境の変化

　事業者を取り巻く環境は、社会福祉基礎構造改革以降、急速に変化してきました。そのことによって具体的に次の対応が、事業者に求められました。利用者との契約、重要事項の説明、苦情解決体制の整備、各種マニュアルの整備、預り金管理体制の整備、危機管理委員会等安全対策検討会の設置、人権委員会等の設置による利用者の権利擁護に関する取組み、虐待防止責任者の配置、法令遵守責任者の配置、協議会等地域連携、さらにはサービスの一元化による新たな事業体制、サービス費の日払い制、実績報告や上限管理、稼働率の把握等の事務処理、社会福祉法人の会計基準の改正、法人経営基盤の強化、障害程度区分（現：障害支援区分）の導入に伴う対応、個別支援計画やモニタリングの作成、サービス等利用計画、地域移行等々、数えきれない変化や対応が生じ、私たちの仕事は膨大になり複雑になりました。

　この変化に実態が追いついていない状態も否めませんが、私たちを取り巻く環境は、より自律的、能動的に障害福祉サービスの質を高めていくことを、強く求められているといえます。

COLUMN

コラム

▶ 「仲間」という言葉に潜む危険

　第三者評価者として施設を訪問する機会があります。職員へのヒアリングの際に利用者のことを「仲間」と呼称しているのを聞くことがあります。理由を尋ねると、「施設全体がそうだから」「先輩が言ってるから」とのことで、「仲間」と呼称する明確な根拠や理由はわかりません。

　現在より制度が不十分だった頃、利用者本人・保護者・支援者に「仲間で力を合わせて頑張りましょう」という情熱がありました。その思いが継承されていない、単なる仲間意識は職業人の節度を逸脱し、馴れ馴れしさを生む土壌となり、不適切な支援にも気づかないようになる危険が潜んでいます。

Ⅰ-7 知的障害福祉サービスにおける リスクマネジメントの取組みと課題

（1）知的障害福祉サービスにおけるリスクマネジメントの目的

　私たちにとってリスクマネジメントの目的とは何でしょうか。一般的にリスクマネジメントとは、「組織の損失などの回避または低減をはかるプロセス」といわれています。私たちの損失は、利用者や関係者、地域等からの信頼を失うことにあります。その損失を回避する、または低減するためには利用者の安心、安全を確保し、利用者の満足（その人らしい自立）を生み出す努力が求められます。つまり、私たちにとってのリスクマネジメントとは、単に危険を見つけ出し解消しようとするだけの活動ではなく、より質の高いサービスを提供し自らの価値を高める活動であるといえます。

（2）知的障害福祉サービスにおけるリスクマネジメントの取組み

　知的障害福祉サービスにおいてリスクマネジメントの概念が導入されるようになった背景は、措置制度から契約制度に移り変わったところにあります。「利用者との対等な関係」「法律行為としての契約」「トラブルへの対応」そういった流れの中で事業者におけるリスクマネジメントの取組みが広がってきました。具体的には、業務マニュアルの作成、苦情解決体制の整備、危機管理委員会等安全対策検討会の設置、ヒヤリハット報告書や事故報告書の作成・分析、法令遵守責任者や虐待防止責任者の配置等が一般的な取組みとして挙げられます。さらに積極的なものには、リスクマネジャーの配置、第三者評価の導入、ISO認証資格の取得、オンブズマンの設置等があります。このように、すでに多くの施設・事業所等でリスクマネジメントの取組みが実施されています。

（3）知的障害福祉サービスにおけるリスクマネジメントの課題

▶ ①形骸化

　社会福祉基礎構造改革から20年近くの年月が過ぎ、前述した施設・事業所等におけるリスクマネジメントの取組みも、真新しいものではなくなっています。では、各事業者において、リスクマネジメント活動による成果はどれくらいあるでしょうか。そう尋ねられると、自信を持っ

て「ある」と答えにくい状態ではないでしょうか。その理由の一つに、私たちのリスクマネジメントの取組みの特徴として、実施されてはいるものの、また過去に取り組んではきたものの、形骸化しているケースが多いということが考えられます。

　改めて、私たちのまわりを見渡してみると、利用者への対応、各種委員会活動、行事等、いつの間にか始めたころの意味や内容が失われ、形ばかりになってしまっていることや、ずっと以前から課題として取組んできた課題が今もまだ身近な課題として残っている等、多くのことが形骸化しやすいことに気づきます。

　いかにこの形骸化と闘っていくかが大きなテーマとなります。課題に対して始めた取組みが停滞してしまえば、振出しに戻るばかりでなく、職員の疲弊や組織力の低下を招いていくことになります。まずは、これまでの取組みが充分に機能しているか否かの評価が必要です。自分たちの強みと弱みを知り、成長について意識することがリスクマネジメントの出発点になります。

▶ ②管理職の役割

　人の暮らしにアクシデントは付きものであり、多くの人が関わり合うサービス現場においては突発的な事態が必ず起こります。日常の活動の中で発生する事故等の緊急事態に、いかに対応するかは極めて重要です。事故内容の正確な把握、事故対応の優先順位の判断と迅速な対応、二次的事故の回避等には強いリーダーシップが不可欠となります。なぜなら、その対応に失敗すると、組織にとってより大きな被害を招くことになるからです。

　さらに、事故の要因分析においては、日常のサービスの質も問われることになります。何故その事故が発生したかは、日常からどのような対応をしていたかが問われます。また、事故後にどのように対応したかは、日頃の備えはあったかということが問われることになります。改めて言うまでもないことですが、管理職は緊急時のみならず、日常業務全般においてリーダーシップを強く意識しなければなりません。日々の支援記録、個別支援計画等に目を通し、また現場に足を運び利用者、職員の特性や状況を常に把握し、職員への現任教育や環境整備に努めることが重要です。

▶ ③職員育成

　サービスの質は、職員で決まるといっても過言ではありません。リスクマネジメントの対応も、職員が高い意識を持ち取り組むか否かによって変わってきます。したがって職員への教育は最重要課題であり、人手をかけ、費用をかけ組織として本気で取り組み、つくり上げていくものです。

　職員育成体制の整備も、古くからその重要性が叫ばれてきましたが、うまく前進してこなかっ

たテーマではないでしょうか。しかし、これまで述べたとおり、複雑になり困難性が高まった業務において、利用者の安全を推進するためにも、サービスの質を高めるためにも、職員育成体制の整備は不可欠になっています。職員育成に取り組めていないことは、大きなリスクを抱えていることになります。

　私たちには、日々さまざまな出来事の中で揺れ動く利用者に、今の安心、今日の安定を提供することが最も重要であり、そのことに情熱や時間をかけて取り組んできました。しかし一方で、私たちが長い間私たちの課題としてきたことは、この時代の変化にあって、これまで以上に課題性を高めリスクが増しているように見えてきます。

　知的障害福祉サービスは、社会福祉基礎構造改革以降、それまでとは明らかに違う道を進んできました。次から次へ打ち出される変化に戸惑いも隠せませんが、利用者の権利擁護、サービスの質の向上を目指し、皆で進んでいくべきです。外部・内部環境や自己の実践を俯瞰し、これまでの成果と課題を明らかにし、一つでも二つでも私たちが成長するための具体的な取組みを始めていきましょう。

（４）知的障害福祉サービスにおけるリスクマネジャーに期待すること

▶ ①事業所の特徴を客観的に俯瞰する

　それぞれの事業所には目に見えない特徴があります。その特徴は事業所が開設された以降、所属長のリーダーシップや集団のコンセンサス等の影響、そして働く人たちが連綿として培い、自然発生的に生まれた組織文化といえます。その特徴は一人ひとりが良し悪しの価値観をあまり意識することなく支援している「支援の基準（様式）」となっています。

　事業所の特徴を客観的に俯瞰し知ることが、現状を変える必要はどこにあるのかを的確に把握することにつながります。

▶ ②組織の活性化の促進と意識の空洞化の防止

　利用者・職員といった生身の人間を支えようとする中では、日々多くの出来事があり、そこから派生する課題に対処することに追われることが多々あります。リスクマネジメントは単に危機管理という視点だけでなく、組織の活性化を促進する上でその手法は活用できます。さらにはリスクマネジメントの手法は道標を明確にすることも可能となり、職員が日々の業務に埋没し、自己の成長感や働きがい喪失等の意識の空洞化を防止することにも役立ちます。

▶ ③リスクマネジメントというツール（手法）の活用

　リスクマネジャーは牽制役、指導役といった役割だけで仕事を進めてもうまくいきません。リスクを回避することは、自分たちが何をしたいか、どうあるべきかに直結しており、目標やターゲットポイントを策定するのに使いやすいツールとなります。結果的にリスクマネジメントはサービスの質を向上させるためのツールとなり、サービスの質の向上の活動そのものになります。

　外部・内部環境、自己や事業所を俯瞰し、職員ひとり一人の成長について意識すること、さらにリスクマネジメントというツールを活用することで、職員ひとり一人が職場での自己成長感を感じ、そして自らの働きがいと職場の誇りへと繋げることが大切です。

コラム　　\ COLUMN

▶　「マネジャー ≒ 真似者」

　人の真似は良くないと言われることがあります。しかし、他事業所を見る（知る）と真似たくなる実践がたくさんあります。しかし、他事業所の仕組みや取り組み内容をそのまま自らの組織に移入しても、結果として定着しなかったということもよくあります。真似たい実践を自らの組織の特徴にアレンジし定着させることも、マネジャーとして大切な資質だと思います。
　学んだことをアレンジし、真似することからはじめてみませんか。

POINT

I-8 サービス提供にかかるリスクマネジメントの流れ

（１）取組みの全体像

　施設・事業所で行われているリスクマネジメントの全体の流れは、一般的には図１－８－１のようになります。次項で各ステップにおける取組みの要点を解説します。なお、ここではリスクマネジャーの実施事項のみならず、施設長・管理者などの組織のトップの実施事項も含めて説明します。

図１－８－１　リスクマネジメント取組みの全体像(イメージ)

❶経営トップの取組方針	❷体制の構築	❸リスクの把握	❹リスクの分析・対策立案	❺対策の実行
トップがリスクマネジメントに取組む目的や方針を明示	リスクマネジメント運営の中心となる委員会を立ち上げ、核となるリスクマネジャーを設置	委員会が中心となり過去の事故及びヒヤリハット報告の収集等を行い、内在するリスクを把握	把握されたリスクの要因を分析し、組織的な対策を立案	対策をマニュアルに反映させて全職員へ周知徹底

❻取組の評価と改善
対策の効果や運営全般の評価を行い、改善点等を委員会で協議。トップの最終決定を経て、全職員へフィードバック

（注釈）PDCAサイクルについて

PDCAサイクルとは、業務改善を円滑に進める手法の一つ。計画（Plan）、実行（Do）、評価（Check）、改善（Act）の４段階を繰り返すことによって、業務を継続的に改善する。図１－８－１では①②③④が計画（Plan）に、⑤が実行（Do）に、⑥が評価（Check）・改善（Act）にそれぞれ該当する。

（2）取組みの要点

ステップ❶▶ 経営トップの取組方針

ア．取組方針の明示

　スタート時に是非取り組んでほしい事項が「①トップの取組方針」の明示です。リスクマネジメントに取り組む趣旨や目的を示すことなく、ヒヤリハットの収集やマニュアル作りなど、いきなり中身から手をつける施設・事業所が散見されますが、なぜリスクマネジメントに取り組むのか、なぜサービスの質の改善に取り組むのか、その意義や目的をトップの意思表明として明確に示すことが重要です。リスクマネジメントに対するトップの熱意をいかに伝えるか、これが取組みの成否を分けると言っても過言ではありません。それらの方針を示さず「どこの施設・事業所も取り組んでいるから…」といった理由で、なし崩し的に取組みに着手しても、職員から共感を得ることができず、頓挫する可能性が高くなるといえます。実際の施設・事業所で示されているリスクマネジメント方針を１−10へ掲載しましたので、参考としてください。

イ．意識の醸成

　これらの方針を示す場合、きれいな言葉を掲げて終わるのではなく、職員に対して是非トップ自身の言葉で職員に語ってください。職員へ納得のいく説明を行い、理解・共感を得た上で、職員のリスクマネジメントに対する目的意識を醸成してください。

　なお、トップダウンで方針を示すことが難しければ、取組みメンバーの職員とともに議論を重ねて方針を作り上げていくことも有益です。手間はかかりますがメンバー間で意識が高まることが期待できるでしょう。なお、方針を検討する際は法人の経営理念などと整合性を図ることも必要といえます。

ウ．実効性の確保

　職員がリスクマネジメントに対する目的意識を持つようになれば、これらを単なる「心構え」で終わらせることなく、取組みの実効性を確保することも重要です。例えば、リスクマネジメントの取組みに貢献した職員を適切に評価し処遇に反映させる、表彰制度を導入し職員にインセンティブを与える、勤務シフトを工夫してリスクマネジメントに取り組む時間を確保する、必要な経営資源を適切に投入するなど、トップのマネジメントによって実効性を担保してください。

エ．利用者や利用者家族への説明

　リスクマネジメントの方針や今後の活動計画が定まれば、利用者や利用者家族に説明することも有益でしょう。施設・事業所の真摯な姿勢を理解してもらえれば、さらなる信頼を得ることが期待できます。また、利用者や利用者家族からの信頼は職員にとっても励みになり、より一層活動を活発化することが期待できるでしょう。このようにリスクマネジメントに取り組む好循環を生み出せるよう工夫を行うことが大切です。

　なお、当然のことですが、利用者や利用者家族に説明する際に、背伸びして無理な取組みを約束したり、必要以上に誇張したりすることは慎むべきです。せっかくの取組みが正当に評価されないどころか、逆に不信を買う可能性があるので注意が必要です。

ステップ❷ ▶ 体制の構築

リスクマネジャーの任命

　リスクマネジャーはリスクマネジメント推進の責任者であり、組織のトップと現場職員との結節点となり、リーダーシップを発揮することが求められます。そのため、相応しい人物を任命するとともに、その人の能力を引き出すために職場環境などを整える必要があります。本項目の詳細については１－９を参照してください。

ステップ❸ ▶ 委員会の設置

　リスクマネジメント運営の中心となるのがリスクマネジメント委員会です。事故情報の収集や分析、対策立案、マニュアルの作成や改定、教育訓練など各種リスクマネジメントの取組みを推進する役目を担います。

　具体的な委員会構成例や委員会運営のポイントについては、１－10を参照してください。

ステップ❹ ▶ 目標設定と工程表の作成

　リスクマネジメント委員会の目標を達成するための重要なポイントとなるのが、工程表を作成し、管理することです。個々の取組みテーマについて、実施すべき事項と節目を明確化し、それを踏まえた工程表を作成することが重要となります。また、工程表を作成するだけでなく、委員会において、その工程表に沿った取組みが行われているか進捗を管理することも必要となります。具体的な工程表作成例やその他にリスクマネジメント委員会を有効に機能させるためのポイントについては、１－10を参照してください。

a. 議事録の作成
b. 委員会への職員全体の関与
　・委員会で議論した内容の開示
　・職員からの自由な意見表明の機会の設定
c. 外部の方をオブザーバーとして招聘
d. 利用者や利用者家族に対する委員会の取組みの開示

ステップ❺ ▶ リスクの把握／リスクの分析・対策立案

ア．事故情報収集の目的

　リスクマネジメント委員会では、事故報告書やヒヤリハット報告書などを収集し、事故防止策検討の題材となる情報を収集することが、主要な業務の一つとして挙げられます。このような事故情報を収集する際の要点が、何のためにこれらを作成・収集するのか、その目的を明確化し、職員に理解させることです。事故報告書作成の目的は大別して「事故の迅速な解決のための記録」「事故の再発防止のための検討材料」の2点になります。

　しかし、一部の施設・事業所では事故報告書やヒヤリハット報告書を始末書のごとく、懲罰的に取り扱うケースも散見されます。そのような運営を行えば、職員は事故報告書類の作成・提出を躊躇してしまい、正しい情報が迅速に得られない可能性があります。

　事故報告書類の作成目的はあくまで上記2点であることを職員に伝え、適切な運営を図るよう努めてください。

イ．適切な事故報告書の作成

　事故要因分析を行い、しかるべき対策を立案するためには、職員に適切な事故報告書を作成させることが要点となります。事故報告書類の作成目的は上記のとおりですが、これらを正しく理解していなければ、「私の不注意でした。申し訳ありません。」といった反省文が連ねられ、本当に必要な情報が得られない可能性があります。事故報告書には謝罪などは記入せず、事実を適切に記入するように指導してください。

　その他、主な留意点を整理します。詳細については「第4章 リスク要因分析と対策立案」を参照してください。

・報告書様式を統一し、記入方法を周知徹底させること。
・事実に基づく記載を徹底すること。
・第三者が読んでも分かるように書くこと。
・事故発生までのプロセスが把握できるように書くこと。
・作成および要因分析の負担感を軽減するよう配慮すること。

ステップ❻ ▶ 対策の実行

ア．サービスの質の向上と業務の標準化の意義

　サービスの質を高めようとした場合、職員一人ひとりのスキル向上は欠かせませんが、職員の個人的な技量や努力にのみ依存し、漫然と取り組んでも組織としては大きな効果は得られないでしょう。多くの企業で取り入れられている「業務の標準化」とよばれる手法では、職員個人に着目するのではなく、「業務のやり方」に着目して改善を図ることを趣旨としています。業務のやり方を「工夫する」「より良いやり方に変える」、そして「全職員がそれらを守る」ことによって、組織的にサービスの質の向上を図るものです。この考え方や手法は施設・事業所においても通じるものがあります。

　「業務のやり方」に着目して改善を図る場合、各職員がバラバラに業務を行っていては組織的な改善が図られないことは容易に想像がつくでしょう。まずは「基礎となる業務のやり方」を決めることが必要不可欠といえます。

イ．業務マニュアルとは

　組織として「基礎となる業務のやり方」を決め、さらにより良いやり方があれば改善を図っていくことが「業務の標準化」の本質といえます。

　では、「基礎となる業務のやり方」を決めるとは、どういうことでしょうか。具体的には「文書化する」と理解してください。文書化することにより、業務のやり方が「見える化」されます。「見える化」することにより、業務のやり方の知識・ノウハウが共有化され、さらにはチームプレーが可能となります。このように「業務のやり方」を文書化したものが、いわゆる「業務マニュアル」と呼ばれるものです。業務マニュアルを策定・活用する際には、業務マニュアルの意義、本質を全職員に正しく理解させることが何よりも重要となります。

ウ．業務の標準化と個別化

　業務の標準化や業務マニュアルについて説明しましたが、これらは、福祉サービスにおいても活用が広がっています。ただし、福祉サービスにおいては、企業と違って留意すべき点があります。

　業務マニュアルの改善によるサービスの質の向上は「業務のやり方」が確立できるものが主な対象となります。一方、福祉サービスにおいては「業務のやり方」が確立できない事項が多いのが実態です。

　事故要因分析の観点から見れば、事故要因には「利用者要因」「職員要因」「管理・環境等の要因」の３つがあるとされています。このうち業務のやり方の改善で効果があるのは「職員要因」と「管理・環境等の要因」です。職員が介在していた際に発生した事故、あるいは組織的な管理や環境面で問題があった場合は業務のやり方や組織面を改善すればよいでしょう。

しかし、「利用者要因」は一般的に業務手順の確立が困難なことが多いとされています。いかに業務のやり方を工夫しても、利用者自身の状態が変化して事故につながる場合もあります。そのため「利用者要因」に関しては利用者一人ひとりの状態に応じた個別ケアの徹底が求められます（図1-8-2）。

　福祉サービスでは利用者要因が占める割合が多いため、業務のやり方の改善だけでは解決しない事象が他の業種と比べてどうしても多くなりますが、そのことを持って「福祉に業務マニュアルは要らない」というのは誤りといえます。福祉サービスの質の向上では、業務のやり方の改善と個別ケアの徹底といった両面からのアプローチが求められているのです。

図1-8-2　「利用者要因」「職員要因」「管理・環境等の要因」の関係

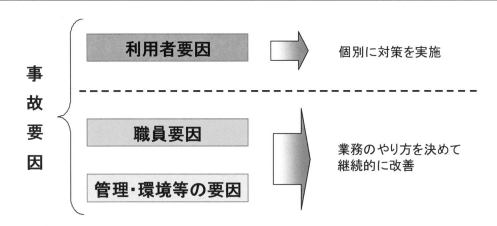

エ．業務マニュアルの活用

　業務マニュアルは全職員が遵守することが大前提です。遵守されなければ、業務マニュアルは何ら意味を成しません。まずはその大前提をしっかり職員へ周知することが重要となります。ただし、分かりやすいもの、使いやすいものでなければ遵守されないでしょう。ましてや自施設・事業所の現状を反映せず、借り物の業務マニュアルを押し付けただけでは、「絵に描いた餅」で終わってしまう可能性が高いといえます。まずは簡単なもので構わないので、組織で議論を重ねて自施設・事業所の現状に応じたものを作るべきです。なるべく多くの職員が関わるように工夫して作ることも重要です。

　なお、最初から完璧を目指して策定するよりは、活用しながら改善を図っていくほうが効率的です。そのためには職員の声を反映させる仕組みづくりが必要となります。多くの施設・事業所では業務マニュアルを作ることにのみ注力しがちですが、「個人の意識を高める」「自由に意見が出せる職場環境の醸成」「改善に対するインセンティブ付与」など職員がマニュアルを活用し、改善の声を反映させる仕組みづくりにも是非注力してください。

　なお、マニュアルが遵守されない場合は、単なるルール違反として叱責するだけで片付けず、「なぜ遵守されないのか」その要因分析も重要になります。

ステップ❼▶ 取組みの評価と改善

　先ほど工程表作成について説明しました。前述した工程表は、設定した目標を達成するための道標になると同時に、当初の目標が達成できたか振り返って評価するための機能も有しており、是非年度末などの節目に振り返りを行ってください。

　当初の目標がすべて達成できるとは限りません。もし、当初の目標を達成できなかった場合には、是非ともその原因分析を実施してください。これら原因分析から得られた内容を次年度に向けた課題として洗い出し、それを整理した上で、次年度の目標に活かすと良いでしょう。

（3）リスクマネジメントの本質

　本章では、施設・事業所におけるリスクマネジメントの取組みの全体像と要点を整理しました。最後にリスクマネジメントの本質について改めて整理します。

　以下はある施設の職員と施設長の会話です。どこが問題か考えてみてください。

図1−8−3　施設長と職員の会話

職　　員：「すみません。不注意でAさんをイスから転落させるところでした。」
施設長：「何をやってるんだ。ボーとしてたのか？注意してくれよ。」
職　　員：「すみません。以後気をつけます。」

・
・
・

職　　員：「申し訳ありません。また私の不注意でBさんにかすり傷を負わせてしまいました。」
施設長：「おい、この前注意したばかりだろう。やる気あるのか！今度何かあったら減給だぞ。」
職　　員：「すみません。今度こそ注意します。」

・
・
・

職　　員：「…Cさんの下着が見当たらないな。こんなに頑張ってるのに、減給だもんな。報告しても、どうせ施設長に怒られるだけだし。Cさんは気づいてないし、おとなしいから黙ってても大丈夫だろう…」

それ以後、この職員は事故報告を一切しなくなりました。
そして、この施設の事故件数は徐々に減っていきました…

　図1−8−3の会話からは、様々な問題が挙げられますが、特に大きな問題の一つは、施設長の対応です。職員がミスを報告しても、施設長は怒ることしかしていません。怒るだけでは、本質的な解決にはならないことを、リスクマネジャーにおいても肝に銘じるべきです。

　事故を防ぐために、職員一人ひとりが気をつけて業務にあたることはもちろん必要ですが、「注意して見守れ」「ミスするな」といった個人の能力や努力だけに頼っていては限界がありま

す。事故防止を「組織的に取り組んで個人のミスをカバーしていく」ことがリスクマネジメントの基本的な考え方であることを理解すべきです。

　リスクマネジメントでは、「人は間違いを起こすもの」「失敗するもの」といった考え方を原点としています。「いかに失敗しないように職員を教育するか」「いかに間違いを起こさないように訓練するか」、といったことを基点とするのではなく、「どんな失敗が多いのか」「なぜ間違いが起きるのか」といった考え方から出発します。

　そこから、「間違いが起きないようにルールを決めて必ずチェックする」「失敗しても事故に至らないように安全網が常に働いている」といった機能を組織的に構築することがリスクマネジメントの基本となります。

　ただし、技術の向上や職員として必要な知識を習得することはもちろん必要であり、それらなくしてリスクマネジメントは成り立ちません。必要な技術や知識を習得しても、起きてしまう事故を組織的に防ぐ取組みが、リスクマネジメントであると考えてください。

POINT

I-9　リスクマネジャーの役割

（1）リスクマネジャーに求められる役割と条件

　施設・事業所の状況によってリスクマネジャーに求められる機能はさまざまですが、どの施設・事業所でも共通して求められる機能を整理すれば、図1-9-1で示すようになります。またリスクマネジャーに求められる条件を列挙すれば図1-9-2のようになります。これらを満たす人がリスクマネジャーに相応しい人物といえますが、必ずしもこれらの条件全てを兼ね備えていなければリスクマネジャーになれないということではありません。リスクマネジャーに任命されてから、これらを学び修得していくことも期待できますから、これらを意識しながらリスクマネジャーの業務を遂行するようにしてください。

図1-9-1　リスクマネジャーの機能

① コンサルティング機能
　各部門において事故原因の把握や事故予防策の問題点を検討し、改善方法を見いだすための支援を行います。
② 情報管理機能
　事故報告書やヒヤリハット報告書から報告された情報のみならず、他の施設・事業者の情報や新聞・雑誌などあらゆる情報源から関連する事故や予防策に関わる情報を収集し、その情報を分析します。事故報告書やヒヤリハット報告書のルールを策定し、定期的に見直します。
③ コーディネート機能
　リスクマネジメントの取組みを進めていくにあたり、部門間・関係者間、現場と経営層との間に見解の相違が予想されます。リスクマネジャーは現場と経営層の間に入り、それぞれの意見の食い違いを調整し、リスクマネジメントを浸透させます。
④ アドバイザリー機能
　経営層の意思決定に際し、的確な意見を述べるなど意思決定の助言機能を果たします。
⑤ フィードバック機能
　事故報告書、ヒヤリハットの内容や分析結果を職員に伝達し、職員相互間での情報共有を促進します。また、事故予防策のマニュアルや安全に関わるルールの徹底を図ります。

（注）参照「社会福祉法人福祉施設におけるリスクマネジメントの基本的な視点」（全国社会福祉施設経営者協議会）

図1-9-2　リスクマネジャーの条件

・リスクマネジメントに必要な職務権限を行使できること。
・職場においてリーダーシップを取れる人格であること。
・経営層と直接コミュニケーションを図れる立場にあり、その能力があること。
・組織の部門間の調整が行える立場にあり、その能力があること。
・問題提起・分析・解説する能力を有すること。
・リスクマネジメントや社会福祉関連の制度などに幅広い知識を有すること。
・現場実務に精通していること。

（2）リスクマネジャーの主な仕事

　リスクマネジャーはさまざまな機能が求められ、業務も多岐にわたりますが、代表的な項目を整理します。

▶ ①リスクマネジメント委員会の運営

　リスクマネジメントの取組みはリスクマネジャーだけでは対応しきれません。各種取組みはリスクマネジメント委員会を通じて進めていくことになります。言い換えれば、リスクマネジャーは委員会全体を管理することが求められます。スケジュール管理はもちろん、誰に何を任せ、どのようなアウトプットを出したいのか、あらかじめ全体の流れを思い描いて委員会を運営するようにします。そのため、リスクマネジャーは全体の取組計画を立て、取組みがスケジュール通りに進んでいるか、随時進行状況を管理することが求められます。

▶ ②職員教育の計画・運営

　職員教育は事故予防に不可欠であり、リスクマネジャーが計画・運営に携わることが必要です。なお、実施にあたっては場当たり的な研修よりも、職員の経験や知識・技術等に応じた教育プログラムを策定した方が効果は大きいでしょう。外部の研修会の活用も検討します。

▶ ③手本として業務を実践

　リスクマネジャーは率先して適切な業務を行い、職員の手本となることが求められます。知識や技術が豊富なことはもちろん、職員を引っ張る気概も必要です。

▶ ④必要な情報の収集

　事故報告書などからリスク情報を収集する以外にも他の施設・事業所の情報や新聞・情報誌などの情報も大切です。これらは収集担当を決めて行っても良いでしょう。また所属する団体などから最新の情報を収集することも有効です。職員に対しては単に情報を流すだけではなく、問題点や学ぶべき点などを理解させることが大切です。

▶ ⑤事故防止策の検討

　事故報告書などの要因分析結果や外部からの情報などから、事故防止策を立てます。防止策の取組状況などのチェックも欠かせません。

▶ ⑥業務の見直し

　事故防止策を反映させたマニュアルの作成や見直しを行います。非常に手間のかかる作業ですが、委員会で効果的に作業を進めていきます。

（3）リスクマネジャーの能力を引き出すために

　前述のとおり、リスクマネジャーには多くの役割が求められます。一般的には、実務者としてのプレイヤーの役割と管理者としてのマネジャーの役割の両方を担うことが求められます。また、施設・事業所によっては、従来の日常業務などを担当しながら、リスクマネジャーを兼務しているケースもあるでしょう。そのため、単にリスクマネジャーとして任命しただけでは、有効に機能することは難しく、リスクマネジャーが効果的に力を発揮できるようにするために、条件や環境を整える必要があります。これらはトップのマネジメントによるところが大きいでしょう。

▶ ①必要な権限を与えること

　リスクマネジャーが行う業務は非常に広範にわたり、困難な内容も多く、一人で抱え込んでは行き詰まることも想定されます。前述のとおり、リスクマネジャーはさまざまな機能を求められており、これらを有効に機能させるためには、相応の権限を与えることが必要です。例えば、委員会運営を仕切るには、委員メンバーに指示・命令を出す権限が不可欠です。場合によっては委員会メンバーを選任する権限を付与してもよいでしょう。なお、リスクマネジャーに権限を与えると同時にそれらを全職員に納得させることも必要となります。

▶ ②活動できる時間を与えること

　リスクマネジャーの負担は大きく、本来は片手間にできる業務ではありません。しかし、要員面から多くの施設・事業所では兼務にならざるを得ないのが実情といえるでしょう。業務が多忙を極めていれば、従来の日常業務の一部を他の職員に任せるなど、業務分担の配慮が必要になります。トップの理解がなければ、リスクマネジャーが苦しむばかりで効果を得ることなく、挫折する可能性が高くなるので注意が必要です。

▶ ③責任を自覚させること

　権限が与えられれば、同時に責任も伴うことを理解することが大事です。時間、権限、補助する職員などを与えているにも関わらず、何ら理由なく取組みが計画通りに進まず停滞することがないよう、必要に応じて日頃からリスクマネジャーの責任を自覚させるようにトップが指導することも必要でしょう。

▶ ④トップがサポートすること

　場合によっては、リスクマネジャーの力では、対応が困難な事案も出てくるでしょう。そのたびにトップが対応していてはリスクマネジャーの成長を阻むことになりかねませんが、必要に応じて助言を与えるなどトップのサポートは不可欠といえます。また、最終的な責任はトップが取ることを明言すれば、大きな支えになるでしょう。

▶ ⑤リスクマネジメントに必要な資源を投資すること

　リスクマネジャーが力を発揮するためには、必要な経営資源を投入すべきです。取組みを進めていくには当然費用がかかりますし、委員会を設置するには、それだけの人手を割くことになります。しかし、それらは必要な投資であると理解することが必要です。もちろん合理性を欠いて経営資源を必要以上につぎ込むことを勧める訳ではありません。要は投資に見合うだけの成果を得られるようにすればよいのです。何ら経営資源を投入せず、リスクマネジャーに「頑張れ」と声をかけるだけでは、効果は得られず、頓挫する可能性もあるので、十分な配慮が必要です。

参考文献

・「知的障害者施設のリスクマネジメント　事故防止マニュアル２」 ㈶日本知的障害者福祉協会　2008
・㈱インターリスク総研（著）「かんたん！福祉施設におけるリスクマネジメント80のポイント」 筒井書房、2010

1-10 リスクマネジメント方針の明示と体制の構築

（1）リスクマネジメント方針

　1-8で述べましたが、リスクマネジメント方針を打ち立てることから施設・事業所での取組みはスタートします。そのため、型どおりの方針ではなく、トップの思いを込めた方針を作成されるのが望ましいといえます。実際に施設・事業所で示されているリスクマネジメント方針を図1-10-1で示します。

図1-10-1　「事故防止に取組むにあたっての指針」

事故防止に取組むにあたっての指針

1　組織として事故防止に取組む

（1）組織としての目標設定

　　　利用者の事故などの事故を防止することが、福祉の質を保証することになる。そのためには、組織としてリスクマネジメントに取組むことが重要である。

　　　このことについて、職員全体が認識を深めるために、組織の具体的目標の一つとして"リスクマネジメントに取組み、事故防止に努める"ことを明記する。

（2）リスクマネジメントに関する委員会の設置

　　　事故防止委員会の部会として、各部門毎の責任者（または、それに代わるものなど）で構成する、リスクマネジメント委員会を設置する。

　　　委員（会）は、事故に関連する情報を集め、分析し、事故防止対策を検討し、事故防止の企画、教育に関する業務を行う。

（3）リスクマネジメントに関するマニュアル作成

　　　事故防止委員会は、リスクマネジメント委員会と連携し、組織全体でリスクマネジメントに取り組めるよう、リスクマネジメントに関するマニュアルを作成し、適宜見直しも行う。

　　　このマニュアルは、各部署がそれぞれの部署で起きやすい事故とその防止について、検

討した内容を盛り込むことが必要である。

（4）各職種の責任範囲の明確化と連携の推進

　　チーム療育を行う上で、各職種の責任を明確にし、スムーズな連携がなされることが重要で、事故防止のためにも重要なポイントである。

　　職種間の連携がスムーズになされるよう『業務分掌規定』を熟読し、良く認識して責任範囲を明確にするよう努める。

　　また、各職種が集まるなどして、定期的な話し合いを持ち、連携する上での問題やその解決方法を検討することも必要である。

（5）適切な労務管理と労働環境の提供

　　職務の配置や勤務体制について適切に管理し、疲労や作業環境の悪化などによる事故を防止するよう努める。

（6）組織内の良好なコミュニケーションの確保

　　職員間や職員と利用者、その家族とのコミュニケーションが円滑になるような環境づくりをしなければならない。

　　職員間の良好なコミュニケーションは、お互いに気付いた情報や意見を自由に交換できることにつながり、結果として事故を未然に防ぐことになる。

　　利用者やその家族との良好なコミュニケーションは、利用者やその家族の不安や不満を軽減し、事故防止にも役立ち、事故が生じた場合でも信頼関係が確立されていれば誤解や混乱を避けることができる。

（7）職員の研修・教育

　　リスクマネジメントに関する職員への教育・研修を、定期的にかつ計画的に行う。利用者に直接接する職種だけではなく、全職員に教育・研修の参加を促し、事故防止に大切な役割があるという理解を求める。

　　また、直接利用者に接する職種については、それぞれの部署で特に起こりやすい事故を想定した研修など、実際に即した教育を行う。

　　リスクマネジメントを有効に展開するために、組織内にリスクマネジメントに関する専門的な教育・訓練を受けた者を配置するよう育成を行う必要がある。

2　情報の共有化を図り、事故防止に役立てる

　事故防止に取組むには、まず、事故に関する情報を収集し、事故の背景要因を多方面から分析し、対策を講じ、組織全体に周知徹底させる必要がある。このプロセスを効果的に実行するためには、収集された事故に関する情報について、利用者や職員のプライバシー保護に配慮して取り扱う必要がある。

　また、事故当事者の個人的責任を追及する姿勢では、積極的な情報の提供にはならない。

（1）医療事故および関連情報の収集

ア　報告書による情報収集

　　ヒヤリハット報告書や事故報告書は、個々の事故やインシデントの実態を把握し、その防止策を考える上で重要な情報である。ヒヤリハット報告書や事故報告書は始末書ではなく、事故の再発を防ぐための重要な情報であるとの認識を深めて、事故を起こした当事者ばかりでなく、事故やインシデントの発見者など、全職員が気づいた時点で記録され、報告されることが必要である。

イ　統計分析用シートによる情報収集

　　組織における事故の傾向を把握し、量的分析を行うために統計分析用集計シートを用意する。

　　また、マニュアル作成や業務改善などの優先順位を査定するためにも活用する。

ウ　巡回による日常業務のチェック

　　各部門または組織内で適任者を指名し、指名された者は巡回によって日常業務のチェックを行うなどして、事故につながる要因を把握するように努めることが必要である。

　　今後、リスクマネジメントに関する専門的な教育・訓練を受けた担当者を配置することが望ましいと考えられる。

（2）事故防止対策の徹底

ア　事故情報の公表

　　分析した結果は、事故の再発防止のため、組織内で共有される必要がある。事故の内容によって公表する範囲を決めなければならない。

　　また、内容の詳細や公表の方法についても予め決めておくことも必要である。

　ⅰ　情報の公表の範囲

　　　　情報によっては、責任者、リスクマネジメントの担当者（委員会の委員）、部署で限定する方法など。

ⅱ　情報を公表する際の配慮

　　利用者、事故当事者（職員）のプライバシーの保護に留意すること。

ⅲ　公表の方法

　　会議やカンファレンスの席上で、文書などによる紹介。

　　概要を各部署に配布する。

　　分析結果の情報を盛り込んだものを職員専用の掲示板に掲示する。

　　その後の情報の扱い、管理については、注意が必要である。

　イ　事故要因の排除

　　　インシデントレポートや事故報告書の情報から、まず、速やかに対処できることを考え、実行に移すことが必要である。また、組織内での事故のほか、他施設での事故、文献などを教訓にし、事故要因の排除あるいは事故防止策の改善に努める。

3　事故防止のための教育システムを整える

　事故を防ぐためには、新人を対象としたプログラムや、全職員を対象とするプログラムを企画し、定期的かつ計画的な教育・研修が必要である。

　教育・研修の実施にあたっては、常盤会の総ての職員がリスクへの感性を高め、リスクマネジメントの具体的な実践者として自覚できるような研修プログラムを企画することが重要である。

　このために、実際に常盤会で過去にあった事故事例を教材として取り上げることが必要であるが、一方、職種によって起こりやすい事故が異なるので、それぞれの現場で事故防止に繋がる具体的な内容を盛り込んだ研修計画を立てることが大切である。

（提供：社会福祉法人常盤会）

（2）リスクマネジメント委員会

　リスクマネジメント方針が明示されたら、次にリスクマネジメントに取り組むための組織を作ります。取組みを進めていくためには、活動方針や実行計画の検討を行うなど、活動を具体的に推進していく必要があります。それを行うのが「リスクマネジメント委員会」です。

▶ ①リスクマネジメント委員会の構成

リスクマネジメント委員会は一般的には表1−10−1に示すような役割の職員で構成されます。

表1−10−1　リスクマネジメント委員会の一般的な構成

施設長などのトップ	・リスクマネジメント委員会の委員長を務める。施設・事業所でのリスクマネジメントの実行責任者の役割を担う。 ・リスクマネジメント体制新規導入時に関しては、目標設定、取組み全体の進捗管理、必要な資源の投入に関する判断を行う。
リスクマネジャー	・リスクマネジメント委員会の運営・管理を行う。 ・スケジュール管理や取組みの進捗管理などを行う。
リスクマネジメント委員	・リスクマネジャーの指示に従い、職場でのリスクマネジメントの実践をリードする。 ・リスクマネジャーの指示の下、個別取組課題の検討を行う。

▶ ②リスクマネジメント委員会の運営について

　リスクマネジメント委員会はリスクマネジメント運営の中心となるものです。しかし、リスクマネジメント委員会を立ち上げたものの、形骸化してしまうケースも少なくありません。例えば、毎月リスクマネジメント委員会を開催しているものの、単に各部署の事故件数や事故内容などを報告し合うのみに終始していないでしょうか。それら形骸化を防ぐためにも、改めて自施設・事業所におけるリスクマネジメント委員会の目的・役割について、考えることが大切です。

　1−8でトップによるリスクマネジメントの取組方針明示の重要性について説明しました。リスクマネジメント委員会の目的も、この取組方針から導けばよいでしょう。取組方針について、委員会で掘り下げて議論することによって、委員会が果たすべき目的・役割が見えてくるでしょう。

　また、目的・役割とともに目標を明確に定めることも有効です。委員会の目的だけでは具体的な活動イメージが湧きにくく、取組みが停滞する可能性があります。そこで、施設・事業所における現状の問題点を洗い出し、いつまでに、どのような姿を目指すのか、目標を設定することで、具体的かつ効果的な取組みにつなげることができるでしょう。

▶ ③工程表の作成と管理

　リスクマネジメント委員会の目標を達成するための重要なポイントとなるのが、工程表を作成し、管理することです。

例えば、「重要業務のマニュアルの見直し・整備」を4月に年度目標として設定した場合、1年後の3月に完成することを目標設定とするだけでなく、そこから逆算して、例えば6月までにマニュアルで策定すべき重要業務を選定する、9月までに既存マニュアルの問題点を洗い出す、12月までに一次案を作成する、といったように実施すべき事項と節目を明確化し、それを踏まえた工程表を作成することが重要となります（図1－10－2参照）。また、工程表を作成するだけでなく、委員会において、その工程表に沿った取組みが行われているか進捗を管理することも必要となります。

　一方、計画を遂行していく上で、当初の予定通りには進まないことも少なくありません。そこで、定期的に実施状況について確認し、要改善事項が見られれば、実施計画の見直しを図るなどして、当初立てた計画に縛られすぎずに柔軟に対応していくことも必要となるでしょう。

図1－10－2　実施計画シート例

年度目標			実施計画												
	内容	優先度	具体策	主担当	4	5	6	7	8	9	10	11	12	1	2	3
目標1	重要業務マニュアルの策定	A	重要業務の選定	渋谷	■	■	■									
			既存マニュアルの問題点の洗い出し	品川				■	■	■						
			ドラフト作成	上野							■	■	■			
			最終仕上げ	神田										■	■	■
目標2																
目標3																

▶ ④委員会を有効に機能させるために実施すべきこと

　その他にリスクマネジメント委員会を有効に機能させるための推奨事項を整理します。

ア．議事録の作成

　委員会の開催を重ねれば、過去の議論の確認が必要となるはずです。その際、議事録がなければ、そのような振り返りができません。手間はかかりますが、議事録を作成するようにしてください。また、議事録を残すことによって合意事項が明確になり、議論に緊張感と委員会メンバーに責任感を生じさせることも期待できます。

イ．委員会への職員全体の関与

　リスクマネジメントの取組みの効果をあげるには、委員会のみの活動だけでは限界があるため、リスクマネジメントの取組みに職員全体が関わることが必要です。そのためにも、次のような工夫が推奨されます。

　・委員会で議論した内容の開示
　　議事録の回覧や会議での報告などを通して、全職員との間で委員会の活動内容について情報の共有化を図る。

　・職員からの自由な意見表明の機会の設定
　　会議などで意見交換を行う、オブザーバーとして委員会に任意参加できるなど職員が委員会の活動に関与できる機会を設ける。その際、職員から出された意見には必ず回答することも重要。

ウ．外部の方をオブザーバーとして招聘

　議題の内容によっては、利用者家族、弁護士や専門家などを招くことで委員会の緊張感を高めるとともに、外部の視点から貴重な意見を聞くことが可能となるでしょう。

エ．利用者や利用者家族に対する委員会の取組みの開示

　委員会での取組み内容や成果について、家族会や広報誌を活用して必要な情報を開示することで利用者や利用者家族から信頼を得る機会となり得るでしょう。

　このようにリスクマネジメント委員会を有効に機能させるためにはいくつかのポイントがあります。なお、リスクマネジメント委員会の議事イメージを次ページに示します。運営を開始する際、または運営に行き詰った際などに、参考にしてみてください。

参考1-10-1　年度当初のリスクマネジメント委員会議事のイメージ

1．昨年度総括：昨今の情勢・実績・反省点
　　例）昨今の施設・事業所における事故事例
　　例）リスクマネジメント体制新規導入の取組経緯
　　例）昨年度取組結果の検証による改善検討項目

2．重大事例に関する検討結果
　　例）実際に発生した事故事例における問題点の検討結果
　　例）ヒヤリハット事例における重要な問題点

3．ワーキンググループ別取組発表
　　例）発表会：取組経緯と成果
　　例）運営委員による表彰
　　例）質疑応答、他のワーキンググループでの応用の可能性の検討

4．今年度リスクマネジメント取組みにおける意見交換
　　例）月次勉強会のテーマ案発表と意見交換
　　例）集中取組項目に関する意見交換

5．リスクマネジメントマニュアル改定案に関する説明
　　例）改定経緯説明
　　例）新規改定案に関する個別具体的説明

6．その他要望・改善提案
　　例）リスクマネジメント委員会から、各委員会への指示
　　例）委員会総括

参考1-10-2　月例のリスクマネジメント委員会のイメージ

1．今月の総括と来月の取組予定
2．トピックス
3．ヒヤリハット活動での問題点
4．質疑応答・意見交換
　　・しくみ、ルール
　　・マニュアル改善項目
　　・個別の問題点と解決

1-11 知的障害施設・事業所を取り巻くリスク

（1）知的障害施設・事業所を取り巻くリスク

　一般的に知的障害施設・事業所（以下、「施設・事業所」）を取り巻くリスクは概ね以下のように分類できます。これらのリスクのうち本テキストで取り上げる代表的なリスクについて、その特徴を簡単に説明します。

図1-11-1　代表的なリスク

リスク分類	リスクの主な内容
①サービス提供上のリスク	提供中に利用者が負傷、罹患するなど
②職員自身のリスク	業務中に職員が負傷するなど
③自然災害リスク	地震、風水害などの自然災害
④経営上のリスク	環境変化への対応失敗、経営収支の悪化、セクハラ・パワハラなどさまざまなハラスメント、労使間の紛争、職員の不足、個人情報漏洩など
⑤コンプライアンスリスク	法令違反、役職員の不祥事など

（2）代表的なリスクの概要

▶ ①サービス提供上のリスク（利用者が負傷するリスク）

　転倒、転落、誤嚥などによって利用者が死亡する、怪我をする、身体に障害を負うなどの損害が発生するリスクです。施設・事業所側の過失によって事故が起こった場合は、施設・事業所側が損害賠償責任を負います。利用者や家族の意識も変化し、従来は「いつもお世話になっているから、文句を言わずに我慢しよう」と考えていた事故でも、「施設・事業所にミスがあれば責任を取ってもらおう」と考えるケースが増えてきているといわれています。どの施設・事業所においても、さまざまなリスクの中で特に関心の高いリスクであるといえるでしょう。

▶ ②職員自身のリスク（労災リスク）

　職員がいる法人であれば、必ず労働災害のリスクが存在します。業務上、職員が負傷または病気にかかった場合、使用者には労働災害補償責任が発生します。ここでいう「業務」には、施設・事業所におけるサービス提供に限らず、利用者を送迎する途中、あるいは職員の通勤中も含まれます。さらに、労働災害補償責任は施設・事業所は自らの過失の有無にかかわらず、次の責任を負う無過失責任とされています。この労働災害補償責任を履行するために施設・事業所は政府の労災保険への加入が義務付けられています。詳細は７－３を参照してください。

○療養（補償）給付	○休業（補償）給付	○障害（補償）給付	○遺族（補償）給付
○傷病（補償）給付	○介護（補償）給付		

▶ ③自然災害リスク

　地震をはじめとする自然災害は、施設・事業所に大規模な損害を与え得るリスクの一つであり、業種を問わず、あらゆる施設・事業所が災害対策に高い関心を持っています。ひとたび災害が発生すると、利用者や職員、あるいはそれら家族の死傷などの人的被害、建物や機械設備の物的損害、さらには電気・ガス・水道などの供給停止や通信および交通機能の麻痺、事業活動の阻害など、さまざまな形で施設・事業所に損害をもたらします。また、特に地震は火災や津波、土砂崩れなどの二次災害をもたらし、これらも人命や財産への脅威となります。

　一方、地震など災害の被災時において「施設・事業所が事業を継続できない＝サービス・ケアを提供できない」となると、利用者の安全や生命が脅かされる危険性があります。「事業の継続」は施設・事業所にとって、非常に重要な要素であることは明白です。

　災害が発生した場合、施設・事業所において事業を継続する上でさまざまな問題が発生することが予想されますが、行政による支援が機能するまでには一定の時間を要することが想定されます。それまでの間、施設・事業所においては、自助努力でこれらの問題に対処することが求められます。

　被災状況や地域によって差がありますが、行政による支援が機能するまで、少なくとも３日間はかかると考えられています。施設・事業所においては、最低でも３日間は自力で利用者に対するサービスを継続できるよう事前の検討や準備を進めることが求められます。

　また、施設・事業所の建物が大きく損傷するなど、自力でサービスの提供を継続することができなければ、他の施設・事業所などに利用者を避難させることも必要です。これらが混乱なく実施できるよう、あらかじめ他の施設・事業所などと協議・調整を行うなどして避難先を確保しておくことも重要です。詳細については、「第６章 自然災害リスクへの対応」を参照してください。

▶ ④経営上のリスク

ア．経営全般リスク

　2000（平成12）年の社会福祉基礎構造改革以降、障害福祉制度は、幾度とない見直しや変更を重ねながら現在の障害者総合支援法に至っています。また、福祉サービス提供事業者への報酬構造や利用者負担額、社会福祉法人の会計基準の見直し等も並行して行われました。

　2017（平成29）年4月1日より施行された「社会福祉法等の一部を改正する法律」では、社会福祉法人制度について経営組織のガバナンスの強化、事業運営の透明性の向上等の改革を進めることを目的に、「議決機関としての評議員会の必置」等の経営組織の見直しが掲げられ、いわゆる社会福祉法人制度の改革が図られました。これにより、法人の役員（理事、監事及び評議員）の義務や責任が明文化されました。その一方で、「地域における公益的な取組」として社会福祉事業及び公益事業を行うに当たって、無料又は低額な料金で福祉サービスを提供することを責務として規定され、地域社会への貢献活動も強く求められています。

　リスクマネジャーの中心的な業務は「サービス提供と支援に関するリスク」が①事故等の形で顕在化しないよう予防すること、②発生した場合の対応を適切に実施すること、③発生した事故を再発防止に活かすこと、の3点に集約されます。しかし、今後施設・法人全体を見渡す管理監督的な立場になることを見据え、視野を広げ経営全般のリスクについても学習・実践いただくことが望ましいです。

　具体的には、「A．法改正に左右されない確固とした基本的経営理念の明確化」「B．財務・経営面における適切性と安定性確保のために必要な規定やマニュアル等の整備」「C．人材確保と人材育成および優秀な人材の定着に向けた取組みの実践」などが求められています。

イ．財務リスク

　前述の社会福祉法人制度の改革を通じて、昨今では施設・法人の財務運営に対する関心がより高まっており、財務リスクについても確認することが重要です。

　例えば、社会福祉法人には、「社会福祉法人会計基準」に従い、財務諸表の作成が求められます。こうした財務諸表の作成を通して、経営に必要な資金を管理し、施設・事業所の資金を不足させず、円滑な事業活動を行うことが期待されているからです。これらの管理及び理解が不十分であれば、安定的な事業運営に支障が生じる可能性があります。

　また、社会福祉法人制度の改革では、純資産から事業継続に必要な財産（建物の建替、修繕に必要な資金や必要な運転資金等）の額を控除し、残りは福祉サービスに再投下可能な財産額、つまり「社会福祉充実残額」と位置づけることが明確化されました。合わせて、法人運営にかかる書類（定款、事業計画書、役員報酬基準等）は、広く国民一般に公開されます。これによって、事業運営にはより一層透明性の確保が必要になってくるとの意識が必要です。

なお、施設・事業所の収入には国民健康保険団体連合会（国保連）を通じて入ってくる自立支援費と利用者から徴収する利用料がありますが、後者については、滞納や徴収が困難なケースがあるため、こうした未収金への対応も施設・事業所における財務上のリスクの一つと考えられます。詳細については、8－2を参照してください。

ウ．人事上のリスク

　近年、セクシャルハラスメント、パワーハラスメントなどに代表されるハラスメントに注目が集まるようになり、事業者にとっての対応すべき労務リスクが多様化するとともに、全産業における労働相談件数が11年連続で年間100万件を超える（厚生労働省「平成30年度個別労働紛争解決制度の施行状況」）など、顕在化する事例が増えてきています。

　加えて、2019（平成31）年4月からは「働き方改革関連法」が施行され、残業時間の上限は、原則として月45時間・年360時間に設定される等、職員の労働環境の整備も求められています。

　また、今後労働力の大幅な減少が見込まれる中、「職員の確保・定着」も一定水準のサービス提供を維持するために留意すべきリスクとなってきています。

　詳細については7－4を参照してください。

エ．個人情報漏洩リスク

　情報化社会が進展し、パソコンや電子メールなどを活用して業務を進める機会が増えました。一方で大量の個人情報が入っているパソコンが盗まれる、そしてその個人情報が犯罪に使われるという事例も多く発生し、個人情報の悪用による被害を防ぐ観点からも、個人情報の保護ルールが求められるようになりました。そのような背景から、2005（平成17）年4月1日に個人情報の保護に関する法律（以下「保護法」という）が全面施行されました。その後、保護法は2017（平成29）年5月30日に改正され（「改正個人情報保護法」）、個人情報を取り扱う事業者全てに個人情報を適切に管理するようさまざまな義務を設けています。

　特に要配慮個人情報と呼ばれる、病歴、犯罪の経歴、障害の有無等の情報を数多く扱う施設・事業所では、個人情報漏洩を起こした場合の影響が大きいこともあり、個人情報保護により厳格に取り組むことを求められています。

　詳細は8－3を参照してください。

<個人情報保護法　第4章　個人情報取扱事業者の義務等>

ステージ1：利用者の個人情報を入手する「取得」
第15条：利用目的の特定
第16条：利用目的による制限
第17条：適正な取得
第18条：取得に際しての利用目的の通知等

ステージ2：利用者の個人情報をどう使い、どう管理するかの「利用・管理」
第19条：データ内容の正確性の確保
第20条：安全管理措置
第21条：従業者の監督
第22条：委託先の監督
第23条：第三者提供の制限

ステージ3：利用者本人からの照会、苦情への対応に関する「本人対応・苦情対応」
第24条：保有個人データに関する事項の公表等
第25条：開示
第26条：訂正等
第27条：利用停止等
第28条：理由の説明
第29条：開示等の求めに応じる手続き
第30条：手数料
第31条：個人情報取扱事業者による苦情の処理

オ．コンプライアンスリスク

　「コンプライアンス」とは「法令遵守」と訳されることが多いです。しかし、広義の意味では、事業を行う組織において「さまざまな事業活動が、社会一般に求められる『ルール』に準拠していること」といった意味合いをさすことが多く、憲法、法律、政省令、規則、条例などの法令を守ることはもちろん、社会が求めるルールを守ることであると理解されています。

　特に福祉サービスは公共性が高く、施設・事業所は、民間営利企業以上にコンプライアンスの徹底を図る必要があります。なお、コンプライアンス違反は、意図すると意図しないに関わらず、違反に当たる何らかの行動を行うことにより発生する場合と、逆に、法令や社会が求めるルールに対して、必要な行動を行わないことによって発生する場合の双方があることに留意が必要です。詳細については、「第3章　コンプライアンスと事故発生時の法的責任」を参照してください。

「防犯」と「地域に開かれた施設」の両立

　2016（平成28）年7月、神奈川県の障害者支援施設において多数の入所者が殺傷された事件を受け、厚生労働省から「社会福祉施設等における防犯に係る安全の確保について（通知）」（平成28年9月15日）が発出され、自治体と社会福祉施設等に向け、「社会福祉施設等における点検項目」が提示されました。この中では、ハード面・ソフト面の両面で外部からの侵入等に対する対策が列挙され、いずれも利用者・職員を守るために必要な取組みが示されています。

　一方で、防犯強化が「開かれた施設」を阻害するのではないかと懸念する施設の方の声も聞かれます。しかしながら、防犯強化は必ずしも「開かれた施設」を阻害するものではありません。これらを両立するために来訪者を妨げない範囲で防犯体制を強化することは可能であり、そのためにはハード面に偏重せず、日常からの心がけや、緊急時の対応の備えに向けた人づくりなどソフト面の対策強化が特に重要となります。

　また、「地域共生社会」の実現に向けた地域づくりの推進も必要です。これらの考えによる取組みを浸透させ、情報共有や協働などの地域連携を進めていくことが、地域の福祉力の強化、ひいては施設の防犯・安全確保の強化にもつながります。そのため防犯対策という観点からも、地域に開かれた施設を目指して取組みを継続していくことが極めて重要です。

　全国の施設の防犯にかかる取組みについては、「地域に開かれた社会福祉施設等の防犯・安全確保に関するハンドブック」(MS＆ADインターリスク総研株式会社 HP (https://www.irric.co.jp/reason/research/) に掲載）が参考になります。

Ⅰ-12 企業における リスクマネジメント

　ここからはステップアップの位置づけで、一般企業におけるリスクマネジメントについてさらに詳細にご紹介します。施設・事業所におけるリスクマネジメントには直接関係ない項目も含まれていますが、参考までに解説します。

（1）リスクマネジメントの定義

　リスクマネジメントに関して、一般的な（企業などで用いられる）定義を説明します。

企業などを取り巻くさまざまなリスクを予見し、
　①そのリスクがもたらす損失を予防するための対策や、
　②不幸にして損失が発生した場合の事後処理対策などを
効果的・効率的に講じることによって、事業の継続と安定的発展を確保していく経営上の手法

　これを簡単に表現すれば、「リスクに対して、最小かつ経常化されたコストで適切な処理を行い、安定した経営を行うための管理手法」となります。アメリカでは「リスクコスト（Cost of Risk）」という概念が定着していますが、リスクマネジメントとは、このリスクマネジメントにかけるコスト（リスクコスト）をいかにうまく管理していくかということでもあるといえます。

（2）リスクマネジメントと危機管理

　阪神・淡路大震災の後、「リスクマネジメント」という言葉が氾濫しました。しかし、当時人々が口にしていた「リスクマネジメント」の概念は、危機管理（Crisis Management）に近いものであったと考えられます。今でも、リスクマネジメントという言葉を聞いて、「何か緊急事態が発生した際に、どんなことをやればよいか」ということを連想する人は少なくありません。

　リスクマネジメントとの比較において、一般に、危機管理とは、より切迫した重大リスクへの対応手法を意味し、緊急事態の回避、危機発生時の対応について、より特化したアプローチを行うものと考えられます。極めて重大な事態（例：企業の存続に関る事故）を想定しているので、大災害に至らないようなケース（例：通常の自動車事故）は考慮外とするケースも見受けられます。いずれにしても、リスクマネジメントを推進する際に、この2つの言葉の認識を明確化しておくことも極めて重要な要素といえます。

1-13 リスクマネジメントの進め方の概要

（1）リスクマネジメントの進め方

　企業などにおけるリスクマネジメントの一般的な進め方は、次に示す5つのステップで実施されます。

【リスクマネジメントの進め方　5つのステップ】
ステップ1：現状認識・リスクの洗い出し
ステップ2：リスクの評価
ステップ3：リスク処理方法の選択
ステップ4：リスク処理方法の実施
ステップ5：リスクマネジメントの統括

ステップ❶▶ 現状認識・リスクの洗い出し

　事業活動を取り巻くすべてのリスクを洗い出し、その内容を確認します。

　この「リスクの洗い出し」の場面では、一般的にはチェックリストやフローチャートを用いたり、同業他社の事故事例や官公庁が公表している各種データなどからリスクを洗い出したりします。

　さらには、各部門の担当者にヒアリングを実施したり、自らの属する企業など、あるいは同業者の事故例を収集したりすることも効果的な手法です。場合によっては、外部の専門家やコンサルタントを利用することも検討する必要があります。

ステップ❷▶ リスクの評価

　ステップ1で洗い出されたリスクについて、それがどの程度発生するのか（発生頻度）、そしてそれが発生するとどの程度の損害規模が予想され、企業活動へ影響を与えるのか（影響度）という2つの視点から相対的な評価を実施し、対応すべき優先順位を明らかにします。発生頻度が高く、影響度が大きいものほど優先順位が高く、発生頻度も影響度も小さいものは、他のリスクに比べると対応すべき優先順位は低いということになります。

図1-13-1　リスクの評価方法

リスクの大きさ＝発生頻度×影響度

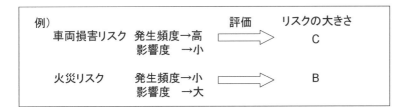

【リスク評価の例】

リスクコントロールを徹底的に実施し、BまたはC評価へ
転換する。

B評価のリスク
リスク強度の軽減を図り、D評価への転換を図るとともに、
保険を中心としたリスク処理を実施する。

C評価のリスク
リスク頻度の軽減を図り、D評価への転換を図るとともに、
リスクの保有を基本的な処理方法としつつ、必要に応じて
保険との組み合わせを検討する。

D評価のリスク
基本的にはリスクを保有する。なお、どの程度のリスクを
保有するか（できるか）は、その企業等の財務状況のみな
らず、どのような経営方針を有しているか等にも左右され
るものであり、一概に「この程度の企業であればいくら」と
定められるものではない。

例）			評価	リスクの大きさ
	車両損害リスク	発生頻度→高 影響度　→小	⟹	C
	火災リスク	発生頻度→小 影響度　→大	⟹	B

ステップ❸ ▶ リスク処理方法の選択

　評価結果をもとに、各リスクに対し、適切な処理（対応）方法を選択します。リスクの処理
方法は、大別してリスクコントロールとリスクファイナンシングに分類されますが、いずれか
のみを行うのではなく、双方の手法を有効に組み合わせて実行することが重要です。

図1−13−2　リスクの処理方法

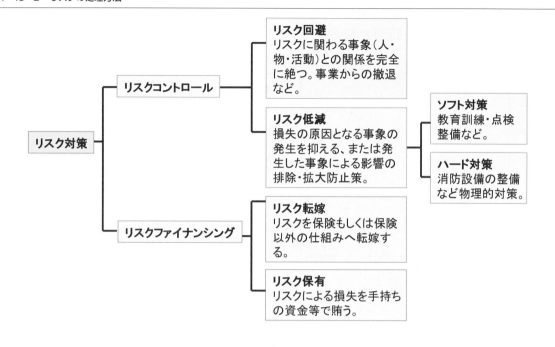

▶ ①リスクコントロール

　リスクコントロールとは、リスクの大きさをできるだけ小さくするために行う対策のことをいい、「リスクの回避」「損害の予防・低減」「リスクの分離・移転」に分けることができます。

ア．リスクの回避

　リスクの発生そのものを回避する手法であり、完全なリスクの回避を講じれば、損害をゼロにすることが可能です。身近な例では、航空機墜落事故による死亡リスクを回避するために「航空機に乗らない」という策をとることや、海水浴中に溺死するリスクを回避するために「海では泳がない」という策をとることがこれに該当します。福祉分野でいえば、例えば「利用者の送迎中の事故による損害賠償責任リスクを負わないために、送迎を行わない」ということが該当します。

　しかし、事業活動において「リスクの回避」を選択することは現実的ではありません。すなわち、企業などは「ある程度のリスクを負って利潤を上げる」活動を行っているものであり、「リスクの回避」ばかりを選択していると、事業そのものが成り立たなくなります。「リスクの回避」は、他のさまざまな対策を施しても許容できないような大きなリスクに限って選択するのが適切です。

イ．損害の予防・低減

　リスクの発生頻度を低減する手法が「損害の予防」であり、リスクの規模を低減する手法が「損害の低減」となります。例えば、「可燃物・危険物などの管理を徹底する」「良好な労働環境を確保する」「品質管理を徹底する」など、事故を発生させないことを目的とする対策が前者に該当し、「防火壁、消火設備を設置する」「地震等緊急時の対応マニュアルを策定する」「リコール（製品回収）を実施する」など、事故が発生したとしても、その損害を可能な限り小さくするための対策が後者に該当します。

　福祉分野でいえば、「損害の予防」として「廊下・浴槽などに手すりをつける」「薬箱にセットした薬に誤りがないかをチェックする」などが、「損害の低減」として「ベッドの高さを低くする」「利用者の急変時の対応についてルールを定めておく」などが挙げられます。

　ア）で述べた「リスクの回避」が企業などにとってはあまり現実的ではない手法であるのに対し、「損害の予防」および「損害の低減」は、まさしくリスクコントロールの根幹を成す対策となります。リスクマネジメントを効果的に実施していく上では、まずもって重要視すべき手法です。

ウ．リスクの分離・移転

　リスクを分散させる、バックアップをとる、契約によって他者へリスクを移転するという手法です。例えば、「関東と関西に製造工場を所有する」「重要なデータを外部記憶媒体などへ保存しておく」「高額設備は購入せずに、リース契約で使用する」などが該当します。リスクを分散することで、一方が利用不能・消失しても、他方によって事業を継続することが可能になります。また、リスクの移転では、契約内容によって、設備の修理費用や、事業停止時の損害の補償などを実施してもらうことができます。

　福祉分野でいえば、「利用者の記録のコピーを保管する」「送迎用車両のリース契約」などが考えられます。

▶ ②リスクファイナンシング

　危険が発生し、損害が生じてしまう場合に、必要な資金繰りなどをあらかじめ計画して準備しておく手法がリスクファイナンシングです。リスクファイナンシングは「リスクの保有」と「リスクの転嫁」に大別され、それぞれについて種々の手法が存在します。

ア．リスクの保有

　損害の規模も発生頻度も小さい場合は、損害が発生した場合に備えた手持ち資金（引当金・準備金など）で対応することです。借入金で対応する場合もあります。

イ．リスクの転嫁

　保険の活用がこれにあたります。不確かな損害を、保険料という確定したコストに置き換えられ、安定的な事業活動を実施することができます。

ステップ❹▶ リスク処理方法の実施

　ステップ3で説明したリスク処理方法について、具体的なスケジュールを立てて実行に移します。リスクそのものを小さくするという視点と、万一リスクが具現化した場合の備えをしておくという視点から、リスクコントロールとリスクファイナンシングを組み合わせて行うことが基本になります。

ステップ❺▶ リスクマネジメントの統括（モニタリング）

　ステップ1からステップ4へと順を追ってリスクの処理を実施しますが、実際に選択・実施した手法が十分な効果をもたらし、リスクマネジメントの目的が果たされているかを確認した上で、必要に応じて軌道修正を行う必要があります。着目するポイントとして、次のようなものが挙げられます。

▶ ①予定したリスクマネジメント手法を実施できたか

　例えば、職員教育をはじめとするリスクマネジメントに関するさまざまなプランを計画していたが、予算あるいはスケジュールの都合で、そのすべてを実施することができなかったといった事態も往々にしてあります。計画と実行のギャップについて検証し、より実効性の高いリスクマネジメント手法とするように工夫する必要があります。

▶ ②期待通りのリスクマネジメント効果が得られたか

　転倒リスクを例に挙げると、職員の教育を実施し、より安全な設備を導入し、業務手順を見直したにもかかわらず、期待したほど転倒事故が減少しなかったようなケースにおいて、その原因・問題点の所在を明らかにし、今後のリスクマネジメント手法に反映していく必要があります。

▶ ③リスクの処理基準を見直すべき事態は発生していないか

　例えば、業績が急成長した、マーケットの環境が大きく様変わりした、あるいは福祉に関す

る法制度が変更になった等の場合には、施設・事業所を取り巻くリスクの大きさに変化が生じたり、また新たなリスクが発生したりすることもあります。常に客観的な目で自らのリスクを分析し、必要に応じてリスクマネジメント手法の軌道修正を行う必要があります。

▶ ④リスクコストを削減できたか

リスクマネジメントとは、「リスクコストをいかに削減するか」という側面も有しています。よって、保険料や事故予防のために要したコストなどについて都度検証し、効果的なリスクマネジメントが実行できているかをチェックすることも重要です。

（2）リスクマネジメントの実践における5つのポイント

より良いリスクマネジメント対策を講じていくために、次のような進め方が大切です。

▶ ①「トップダウン」での推進

リスクマネジメントを組織内部に浸透させていくには、経営者自身がリスクの存在およびリスクマネジメントの重要性を認識し、全職員が高いリスクマネジメント意識を持って日々の業務を遂行するような環境をつくることが重要です。その意味においては、経営トップが組織のリスクマネジメント方針を打ち出し、内部に徹底することが大切です。仮に、そこまでは実現できなくとも、短期的な利益の追求やコスト削減などの大義名分の下、組織的なリスクマネジメント対応が無視ないし軽視されないような共通認識を持つことが最低限必要です。

▶ ②リスクマネジメント専任担当の選定

現在、部門ごとの縦割りでリスク処理がなされている実態では、本来業務の片手間でリスクマネジメント業務を遂行することになり、「抜け」が生じてしまったり、リスク処理に関する基準（スタンダード）がばらばらになったりします。これを解決するために、リスクマネジメント業務を管理する担当者を決め、全組織的なリスクの把握・処理を一元的に管理することが理想的です。また、関連する部門から人を出してもらい、「リスクマネジメント委員会」などのタスクフォースを設置して部門間の調整を図れれば、さらに効果的なリスクマネジメントが実現できます。

▶ ③コミュニケーション

　経営トップがリスクマネジメントの重要性を説き、「リスクマネジメント委員会」が設置されたとしても、これをもってその組織のリスクマネジメントが完成するわけではありません。このような環境が整った時点をスタート地点として、いかに部門間、あるいは上下間のコミュニケーションを円滑に実施するかが、リスクマネジメントの成否の鍵を握っています。

▶ ④職員教育の徹底

　リスクマネジメントを効果的に遂行するには、全職員がその重要性を認識し、自らの役割を確実に果たす必要があります。経営トップがいかに声高に「リスクマネジメントを徹底せよ」との号令を出しても、それが掛け声倒れに終わっては意味がありません。全職員に対し、具体的に実施すべき事項をそれぞれの行動レベルまで落とし込んで教育することが重要です。

▶ ⑤外部関係者との連携

　現代社会における事業活動は、数多くの取引企業等の関与の下に成り立っており、リスクマネジメントの成果を着実なものとするには、これら関連企業にその趣旨を説明し、さまざまな協力を依頼する必要があります。例えば、新たに器具を導入した場合、職員がその使い方を把握していなければ、思わぬ事故が発生しかねません。このため、納入業者に対し、職員向けの操作説明会の実施を依頼するということが考えられます。また、いつでも相談できる弁護士、会計士、あるいはコンサルタントといった専門家を確保しておくことも重要です。

　実際の事業経営においては、短期的な利益の追求やコスト削減の大義名分の下に、全組織的なリスクマネジメント対応が無視・軽視されがちです。このようなことがないように、リスクマネジメントの統制（モニタリング）を確実に行っていくことが重要です。
　著名な経営学者であるピーター・ドラッカーは、企業経営について次のような言葉を残しています。

> The first duty of business is to survive and the guiding principle of business economics is not the maximization of profit, it is the avoidance of loss.
> （企業に課せられた第一の義務は生存である。それは利益の巨大化ではなく、損失の回避によって可能となる）

　施設・事業所においても、「第一の義務は生存である」ということは同様であり、支援を必要

とする利用者のために、効果的なリスクマネジメントを実施してください。

参考文献

- ㈱インターリスク総研(著) 「実践リスクマネジメント」 経済法令研究会 2010
- ㈱インターリスク総研(著) 「かんたん！福祉施設におけるリスクマネジメント80のポイント」 筒井書房、2010

第 2 章

権利擁護・虐待防止

2-1 利用者の権利擁護について

（1）リスクマネジメントと権利擁護

　リスクマネジメントの対象を見てわかるように（1-11「知的障害施設・事業所を取り巻くリスク」参照）、これらのリスクへの対応を怠れば利用者の権利侵害につながっていきます。特に、サービス提供上のリスクへの対応が不十分であれば、目に見える形で利用者に精神的・肉体的・財産的な損害が発生し、権利侵害を招きます。よって、サービス提供上のリスクに対しては、「事故予防・事故対応・再発防止」を核とした事故防止の取組みがいっそう強く求められるところです。

　他方で、事故防止ばかりに目を奪われていると、利用者の自立や権利を制限し、極端に管理的な生活を強要することにつながる恐れがあります。利用者の自立を支援することが障害福祉サービスの本来の目的であり、利用者の自立を妨げ、権利を制約するような極端な事故防止策は本末転倒といえます。

　施設・事業所のリスクマネジメントは、第1章で説明したとおり、自立した生活を支援することと利用者への安全配慮を両立させ、質の高いサービスを提供し、利用者満足度を高めることが目的です。これはすなわち、利用者の権利を守る活動の一つと言えます。施設・事業所でリスクマネジメントを推進するにあたっては、利用者の権利擁護の視点が不可欠なのです。

（2）権利擁護とは

　法律上の定義はありませんが、権利擁護とは、「判断能力の不十分な人々（認知症高齢者、知的障害者、精神障害者など）または判断能力があっても従属的な立場におかれている人々の立場に立って、虐待など権利侵害を防止し、権利行使を支援し、ニーズの実現を図ること」と理解することができます。

　知的障害のある人たちは、以下のような障害特性を持つがゆえに、権利侵害や不利益を被りやすく、権利擁護が不可欠です。

　第一に、「判断能力が不十分」であることが多いため、福祉サービス利用にかかる権利を有していても、実際にはサービスを十分に活用できなかったり、虐待など権利侵害を受けやすいと言えます。また、サービス利用時に身体拘束や放置などの虐待を受けたりしても、「自ら被害を訴えることができない」ことが多いため、被害が大きくなってはじめて露見し、ゆえにその不

利益や権利侵害からの回復が難しい場合があります。

　第二に、本人のために行動する利用者家族、あるいは軽度の知的障害者など、判断能力があり一応の知識を有している場合でも、情報の非対称性、ほかに代替施設・事業所や選択肢がない、福祉従業者への遠慮といったことから言いたいことが言えない場合があります。

　第三に、「他者との円滑なコミュニケーションをとることが難しい人が多い」ということがあります。何らかの方法で自身の想いを他者に伝えようとするものの、周りの人に正しく伝わらなかったり、想いを受け止められなかったりして、自身の望まない対応を受けることがあります。

　第四に、福祉サービスの利用方式が措置から契約に転換されたことから、判断能力が不十分な人については、適切なサービス利用契約を結べるよう、「本人の意思を汲み取り、援助すること」が必要不可欠となったということがあります。

　権利擁護の実践に当たって特に重要なのは、虐待などの権利侵害をしないことは当然のことであり、それにとどまらず、利用者の立場に立って権利行使を支援し、ニーズの実現を図る取組みが求められる点です。成年後見制度や日常生活自立支援事業など法制度上の仕組みもありますが、支援の場での職員自身の積極的な取組みが重要なのは言うまでもありません。

（3）擁護すべき権利

　施設・事業所が擁護すべき利用者の権利は、「基本的人権」と「サービス利用上の権利」に大別できます。

　障害の有無を問わず、基本的人権は尊重されねばなりませんが、知的障害のため判断能力が不十分である場合には侵害されやすいため、施設・事業所職員は、その尊重を強く意識する必要があります。

　サービス利用上の利用者の権利の多くは、法令で施設・事業所の義務として規定されるものの裏返しですが、サービス利用契約上の権利も含まれます。

　ここでは便宜上、擁護すべき権利を2大別しましたが、別々のものではありません。

　たとえば、基本的人権の一つとして、自己決定（権）がありますが、これを具体的なサービス場面でみると、サービス利用に係る意思決定ということになります。つまり、職員が現場において適切な意思決定支援を行うことは、基本的人権としての自己決定を促す、あるいは引き出すことになるわけです。利用者の意思決定を支援し、その意思を汲むことは先に挙げた定義にいう「利用者の立場に立つ」ことにつながります。ただし、「利用者が希望しているから」といって、言いなりになるかのような安易な支援は、不適切な支援につながります。利用者の希望が本人の生命身体に深刻な影響を及ぼすような内容であった場合、それでも「希望しているから」といって、その通りに対応してもよいのでしょうか。形成・表出された意思を尊重しつつも、専門的知識・技能をもって、利用者の権利行使の支援、ニーズの実現を図っていくこと

が必要となります。

　また、たとえば、プライバシーが守られることも基本的人権の一つですが、それを現場レベルで確実にするために、個人情報保護法による適正管理や省令基準による職員の守秘義務が課せられているわけで、「基本的人権」と「サービス利用上の権利」は相互に関係しています。

コラム　　＼COLUMN

ある都道府県協会における取組み

　ある県では、過去に数件の人権侵害等の不祥事があったこともあり、権利擁護に関する研修会を県の知的障害者福祉協会事業として毎年取り組んできました。近年、さまざまな業種を経て福祉の仕事に就く方が増える中、入職１年目の職員を対象にした新任研修を一昨年から始めました。利用者の基本的人権や自己決定についての学習のほか、障害の理解、生活支援員の役割、接遇等、サービスを提供するにあたっての基本を身に着けてもらうためです。仕事に慣れてちょっと気が緩んできた頃の６月に開催しています。

　仕事に就いてから初めての施設・事業所外での研修ということもあり、最初は緊張した面持ちで受講していた新人職員も、終了時には一人前の生活支援員の顔になって会場を後にする姿を、期待と不安の気持ちで見送っています。

　公益財団法人日本知的障害者福祉協会の人権・倫理委員会から「知的障がいのある方を支援するための行動規範」、支援スタッフ委員会から「見直そう！あなたの支援を」という冊子が発刊されているのをご存じでしょうか？支援のあり方や権利擁護について、とてもわかりやすく書いてあり、施設・事業所内での権利擁護の研修に最適です。是非ご活用ください。

ある法人における取組み

　Ａ法人では、サービスの質の向上と利用者の権利擁護を図ることを目的に、「法人内施設・事業所相互間での調査・評価」を実施しています。これは、各障害者施設・事業所が提供しているサービスを、同じ法人内の他の施設・事業所職員が第三者的な立場から調査・評価する取組みです。きっかけとなったのは、複数の保育園を経営する他法人の同様の取組みを学んだことです。

　具体的には、①チェックリスト※に基づき自己評価→②保護者等アンケートの実施→③法人内の他施設・事業所職員、第三者委員、成年後見人による実地調査→④保護者等アンケートおよび実地調査結果に基づきアドバイス、という手順ですすめています。

　実地調査を受けた施設・事業所の職員からは、「居室入口の表示や利用者の衣服選びなど業務都合を優先していた部分があったのを、利用者の立場から再考して改善するきっかけとなった」「保護者等アンケートにより保護者の関心が高まり、いい意味で緊張感を持って業務に取り組めるようになった」などの声が挙がっています。

　この取組みを通じて明らかになった課題を、次年度の事業計画に反映させ、組織的に業務改善につなげることとしています。

※P57・58を参照してください。

参考　権利擁護に係るチェックリスト

A:できている　B:概ねできている　C:できていない

1. 利用者への体罰及び人権侵害は、「あってはならないこと」、　□A　□B　□C
   身体拘束は例外的な場合を除き「行ってはならないこと」を理解しているか？

○人権侵害・身体拘束防止についての具体例を示した人権擁護に関する研修を定期的に行っている。
○やむを得ず身体拘束等を行う場合には、その態様及び時間、その際の利用者の心身の状況並びに
　緊急やむを得ない理由その他必要な事項を記録している。

2. 利用者の身体的、精神的状況等、　□A　□B　□C
   その置かれている環境に応じて必要な支援を効果的に行っているか？

○利用者の状況や環境等が変わった際には、速やかにサービス計画等を変更する対応を行っている。
○必要に応じ、他の保健医療サービスや福祉サービスの事業者と連携を図っている。

3. 利用者の意思及び人格を尊重し、　□A　□B　□C
   常に利用者の立場に立って支援を行っているか？

○サービス提供について、利用者本位であることを検証している。
○利用者の意思と保護者及び家族等の意思が異なる場合にも、利用者の意思を無視することなく、
　可能な限り汲み取る努力をしている。

4. 利用者の保護者の意思や立場を尊重して支援を行っているか？　□A　□B　□C

○定期的に保護者の意向を聞く機会を設けている。
○利用者の立場に立った支援を常に行っている認識を有している。

5. 入浴介助や排せつ介助は、　□A　□B　□C
   原則として同性職員によって行われているか？

○基本的人権の尊重を認識している。
○やむを得ず異性介助となる場合があることに対しては、あらかじめ利用者及び家族等の了解を得
　ている。

6. 利用者個人の職務上知り得た情報は、 □A □B □C
　　決して第三者に漏らしてはいけないことを理解しているか？

○個人情報保護に関するマニュアルが整備されている。
○情報漏えいにつながる具体例を示した研修を実施している。
○個人情報保護の意義と必要性を認識している。

7. 小さなことでも自己判断せず、 □A □B □C
　　管理職へ確実に「報告・連絡・相談」を行い、必要な指示に従っているか？

○組織内で、情報の共有をする事がサービスの向上に繋がることを理解し、重視されている。
○情報の共有と指示連絡がスムーズにやり取りできる仕組みが整備されている。

8. 苦情等に関する情報は、職場内で共有できているか？ □A □B □C

○職員会議等で毎月の相談や苦情の件数や内容を報告し、情報を共有している。
○苦情等をサービス向上の情報源として取り扱う認識を理解している。

9. 余暇活動に関しては、 □A □B □C
　　利用者の希望する活動を楽しんでもらえるように、
　　工夫した支援を行っているか？

○余暇活動に関して、利用者個々の希望を聴いている。
○利用者の希望する余暇を実現するよう協議し、取り組む仕組みがある。

10. 施設外活動時は、事前に十分な現場調査を行い、 □A □B □C
　　事故防止に努めているか？

○施設外活動においては、利用者の希望を反映した取り組みを行っている。
○事前に現場調査を実施し、危険個所の把握や事故防止の対策をとっている。

（提供：社会福祉法人南山城学園　資料改編）

2-2　障害者虐待防止について

（1）リスクマネジメントと虐待防止

　すでに学んできたように、福祉におけるリスクマネジメントの本旨は、利用者の安心・安全を前提に、サービスの質の向上と利用者満足度の向上を目指すための活動であり、単なる組織防衛のための活動ではありません。利用者への虐待は、そうした福祉におけるリスクマネジメントを根底から覆す行為といえ、さらに組織存亡の危機さえ招く行為です。

　リスクマネジメントは、コンプライアンス（法令等の遵守）を当然のこととした上でのクオリティマネジメント（サービスの質の向上と利用者満足度の向上）でなければなりませんが、虐待行為はクオリティどころか、法令にも違反する行為で、虐待が行われる施設・事業所においてはリスクマネジメントに取り組む資格すらありません。

　この節では、虐待防止のためにリスクマネジャーに知っておいてほしい最低限の知識と取組み方法について説明します。

（2）虐待とは何か

　ご存知のように、日本では4つの虐待防止法が制定されています。制定順に、児童虐待防止法（平成12年制定）、配偶者間暴力（DV）防止法（平成13年制定）、高齢者虐待防止法（平成17年制定）、障害者虐待防止法（平成23年制定、平成24年10月施行）です。このうち、配偶者間暴力（DV）防止法は刑事規制的側面が強く、児童・高齢者・障害者への虐待防止法制とは性質が異なります。

　これらの虐待防止法では虐待について、身体的虐待、心理的虐待などの虐待類型はあっても、そもそも虐待とは何かということは明確にはされていません。どのような行為が虐待に当たるかということは、法の定める虐待類型を通して理解することができますが、児童・高齢者・障害者について個別に虐待防止法が定められていることの意味を考えてみることが必要です。その際、権利侵害、人権侵害、虐待の関係性からの理解が重要となります。

　権利侵害はあらゆる権利の侵害を意味します。よって、契約上の権利や福祉関係法上の権利なども含まれますし、当事者の関係性に関わらず侵害は起こります。人権侵害はそのうちの基本的人権の侵害であって、これも当事者の関係性に関わらず起こるものです。そして、虐待は人権侵害の最たるもの、すなわち、そのひとの「人」としての尊厳の破壊をする行為で、「強・

弱」「高・低」といった関係性（「格差」「階級」ともいえる）が背景にあります。権利侵害が大きな概念で、その中核にある「人としての尊厳を踏みにじる行為であって、人として最もしてはならない権利侵害」が「虐待」で、多くの場合、犯罪の構成要件に該当することになります。こうした関係性というのは、福祉サービスの提供場面では生じやすいものです。

図2−2−1 「権利侵害、人権侵害、虐待の相関関係」

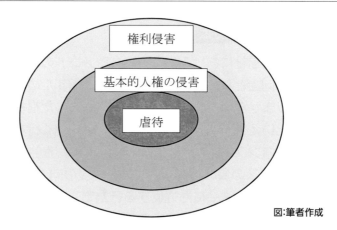

図:筆者作成

　そうすると、虐待かどうかのグレーゾーンであっても、基本的人権の侵害や権利侵害には当たるわけなので、改善し、防止することが不可欠となります。リスクマネジメントは、「事件・事故さえ起こらなければ良い」というものではありません。サービスの質として問題があれば改善するという姿勢が不可欠なのですから、虐待そのものとの評価を受けなかったとしても、そのまま放置してよいはずがありません。小さな権利侵害から心身に傷を負わせる行為にまでエスカレートし、虐待行為が起きるというケースが非常に多く見受けられます。虐待の芽を摘むことがとても重要なのです。

（3）知的障害分野での虐待事例

　知的障害者への虐待行為が大きく取り上げられた事例としては、知的障害者を雇用する使用者による虐待事例として、「水戸アカス紙器事件」「滋賀サングループ事件」「札幌三丁目食堂事件」「奈良大橋製作所事件」などがあります。また、施設・事業所職員によるものとしては「福島白河育成園事件」「福岡カリタスの家事件」などがあります。本来は障害者の一番の理解者・支援者であるはずの養護者による虐待も後を絶ちません。障害者虐待防止法施行直後には「千葉県ふるさとホーム白浜事件」が起きました（精神障害者施設での事件）。また、2013（平成25）年の千葉県の施設での虐待（死亡事件）、2015（平成27）年の山口県の事業所での虐待（暴行事件）など残念なことに枚挙にいとまがありません。しかし、これらは氷山の一角に過ぎません。

図２－２－２　平成29年度の障害者虐待調査結果（平成30年12月厚生労働省公表）

	養護者による障害者虐待	障害者福祉施設従事者等による障害者虐待	使用者による障害者虐待		
				（参考）都道府県労働局の対応	
市区町村等への相談・通報件数	4,649件 （4,606件）	2,374件 （2,115件）	691件 （745件）	虐待判断件数	597件 （581件）
市区町村等による虐待判断件数	1,557件 （1,538件）	464件 （401件）			
被虐待者数	1,570人 （1,554人）	666人 （672人）		被虐待者数	1,308人 （972人）

（注１）　上記は、平成29年４月１日から平成30年３月31日までに虐待と判断された事例を集計したもの。カッコ内については、前回調査（平成28年４月１日から平成29年３月31日まで）のもの。

（注２）　都道府県労働局の対応については、平成30年８月22日雇用環境・均等局総務課労働紛争処理業務室のデータを引用。（「虐待判断件数」は「虐待が認められた事業所数」と同義。）

　図２－２－２における厚生労働省の調査結果によれば、養護者による障害者虐待は、平成28年度に比べ、相談・通報件数、虐待判断件数はほぼ横ばいですが、障害福祉施設従事者等による障害者虐待は、相談・通報件数が12％増加、虐待判断件数も16％増加しています。また、被虐待者の70％は知的障害者です。ちなみに、平成25年度調査では、障害福祉施設従事者等による虐待は、相談・通報件数1,860件、虐待判断件数263件、被虐待者数455人でした。現場では、虐待防止に対する意識の高まりや取組みの向上が図られていますが、なぜ虐待は減らないのでしょうか。

　また、平成29年度障害者虐待対応状況調査〈障害者福祉施設従事者等による障害者虐待〉結果によれば、事業所種別では、「障害者支援施設」が25.0％、「共同生活援助」が18.8％、「放課後等デイサービス」12.3％、「生活介護」11.6％、「就労継続支援Ｂ型」9.3％の順に虐待が多く発生しています。大なり小なり他の事業種別でも虐待事例が見受けられます。施設従事者による虐待の種別・類型をみると、身体的虐待56.5％、心理的虐待42.2％、性的虐待14.2％、放棄・放置6.9％、経済的虐待5.8％となっています（複数該当ケースがあるため合計は100％を超える）。なお、身体拘束は原則禁止ですが、一定の要件・手続きを満たせば例外的に許容されます。その要件・手続を欠く身体拘束は虐待に当たりますので、十分注意が必要です（この点につき、後掲（5）を参照）。また、施設従事者による虐待の被虐待者（666人）の障害種別は、知的障害71.0％、精神障害16.7％、身体障害22.2％、発達障害5.1％となっており、知的障害者が虐待被害に遭いやすいことがわかります（重複障害ケースがあるため合計は100％を超える）。一方、虐待をした施設従事者は518人にのぼりましたが、どのような年齢、立場の人が虐待者になっているのでしょうか。新人で支援スキルの未熟な人でしょうか。意外なことに、

中堅・ベテランに相当するであろう年齢の男性生活支援員が虐待者となるケースも多くあることが調査結果から明らかになっています。また、障害支援区分が高い利用者、行動障害がある利用者は虐待被害を受けやすいことも明らかになっています。こうした調査結果から虐待防止の効果的な手法が見えてきます。

（4）障害者虐待防止法

　障害者虐待防止法は、2011（平成23）年に制定され、2012（平成24）年10月に施行されました。その目的は、「障害者に対する虐待が障害者の尊厳を害するものであり、障害者の自立及び社会参加にとって障害者に対する虐待を防止することが極めて重要であること等に鑑み、障害者に対する虐待の禁止、障害者虐待の予防及び早期発見その他の障害者虐待の防止等に関する国等の責務、障害者虐待を受けた障害者に対する保護及び自立の支援のための措置、養護者の負担の軽減を図ること等の養護者に対する養護者による障害者虐待の防止に資する支援のための措置等を定めることにより、障害者虐待の防止、養護者に対する支援等に関する施策を促進し、もって障害者の権利利益の擁護に資すること」とされています（同法１条）。

　虐待は障害者の尊厳を害する行為であるから、障害者の自立および社会参加のために虐待防止が不可欠で、虐待の禁止・予防・早期発見、被虐待障害者の保護・自立支援、養護者に対する支援を通して、障害者の権利利益の擁護をしていこうということです。なお、障害者総合支援法や障害者基本法などにも虐待防止に関する規定が置かれています。

　高齢者虐待防止法との大きな違いは、「使用者による虐待」が明記されたことと、生命・身体の危険がなくとも、虐待発見者には通報義務があるとしたことです。施設従事者等による虐待の通報義務について、高齢者虐待防止法は、「…当該高齢者の生命又は身体に重大な危険が生じている場合は、速やかに、これを市町村に通報しなければならない（高齢者虐待防止法21条2項）」「前項に定める場合のほか、養護者による高齢者虐待を受けたと思われる高齢者を発見した者は、速やかに、これを市町村に通報するよう努めなければならない」と定めています。なお、同僚職員の虐待行為については、「…受けたと思われる高齢者を発見した場合は、速やかに、これを市町村に通報しなければならない。」としていることには注意が必要です。これに対し、障害者虐待防止法では、「…受けたと思われる障害者を発見した者は、速やかに、これを市町村に通報しなければならない。」と定められているため、発見した者（同僚・第三者を問わず）が虐待と感じただけで、通報対象となり、市町村は確認作業を行うことになります。もちろん、中には言いがかりのような通報や、障害特性とそれに対する支援方法の無理解に基づく通報、あるいは施設・事業所を貶めようとする悪意の通報もあると思われます。疑われること自体が心外かもしれませんが、「虐待ではないかと思った者は通報し、通報を受けた市町村は、虐待でないことが確認できるまでは、一応虐待案件として調査する」という制度設計になっていますので、虐待ではないことをきちんと説明できる支援が大変重要です。また、虐待には当

たらないとされても、それで満足するのではなく、疑いの目を向けられないように改善していくことは、サービスの質の向上というリスクマネジメントの本旨にも沿うものです。

（5）虐待防止のための取組み

　障害者虐待には、共通の構図があります。虐待は密室環境下で行われるので、最悪の事態になって始めて露見することになります。小さな権利侵害から心身に傷を負わせる行為にまでエスカレートしていきます。職員に行動障害などに対する専門的知識や技術がない場合に起こりやすいといえます。また、虐待は多くの場合は意図的ですが、中には虐待者本人にそれが虐待にあたるという自覚がないままに行われる場合もあります。よって、早期に発見し、虐待の芽は小さいうちに摘み、支援スキルの向上を図ることが不可欠です。そこで、施設従事者が虐待者とならないためには、①権利擁護意識（特に人権意識）の向上、②行動障害に係る知識やスキルの向上、③苦情解決制度の実効性確保、④問題のある支援に意見の言える職場環境、⑤リスクマネジメントやコンプライアンスの対象としての明確な位置づけと実践、⑥サービス評価の活用、⑦利用者の成年後見制度の利用援助などの取組みが求められます。

　普段どんなにすばらしい支援をしていても、１回の虐待でその好評価は吹き飛びます。虐待は深刻な権利侵害行為であるだけでなく、コンプライアンス違反でもあり、安心・安全・サービスの質の向上・利用者満足度の向上というリスクマネジメントの本旨に逆行するものです。施設・事業所職員は、上記のような取組みを具体的に実践して、権利擁護の担い手とならなければなりません。

　また、例外的に許容される身体拘束についても要件・手続きが満たされていない場合は、身体的虐待に当たる旨を先述しましたが、平成30年度報酬改定で、身体拘束廃止未実施減算が新設されました。取組みが不十分な場合には経営にも直接的な影響を及ぼすことになります。

　身体拘束廃止未実施減算は、身体拘束等の適正化を図るため、身体拘束等に係る記録をしていない場合について、基本報酬を１日当たり５単位減算するものです。一見では「例外的な場合の身体拘束等の記録」だけが問われているようにみえますが、その背景には「身体拘束廃止原則の徹底」と「やむを得ない場合の要件の充足」「判断手続」など多様な要素が含まれているわけです。つまり、記録がない場合、必要な事項が記録されていない場合は、原則の徹底や要件充足などができていないという推定を受ける、という意識をあらためて持ってほしいというメッセージです。介護保険では、すでに平成18年度報酬改定で導入されていたものですが、今般の改定で、介護保険では減算幅が一日５単位から１日10％に改定され、特養・老健のみならず、居宅系サービスも対象となりました。さらに、身体拘束等の防止のための委員会を３か月に１回開催し、職員に周知させること、指針を整備すること、研修を定期的に実施することが新たに基準に追加されました。障害分野は、今回新設ということで、介護保険における新設時と同様の減算基準となっていますが、今後の改定では、記録だけの話ではなく、当然に介護保

険水準が要求されることになるでしょう。

　身体拘束は原則禁止で、これは省令基準でも明らかにされているところです。ゆえに、今回の報酬改定うんぬんというより、従来から要件を満たさない違法な身体拘束は、障害者総合支援法に基づく制裁の対象となりえたわけです。

　やむを得ず身体拘束・行動制限をする場合には、**切迫性・非代替性・一時性**の３要件を充足する必要があります。これの３要件全てを充足しない身体拘束は虐待との評価を受けます。あわせて、手続き的には、組織的決定と個別支援計画への記載、本人・家族への説明と同意、必要な事項の記録が従来から求められてきました。不当な身体拘束も含めた身体的虐待は件数も多く、虐待防止に対する国の強い姿勢が感じられます。

コラム　　　　＼COLUMN

　　▶　津久井やまゆり園について

　2016（平成28）年７月26日、障害者支援施設「神奈川県立津久井やまゆり園」において19人が亡くなり、27人が負傷するという大変痛ましい事件が発生しました。

　この事件は、この施設に勤務していた元支援員によって引き起こされたものでしたが、障害者に対する偏見や差別的思考、無抵抗な人々を殺傷する残忍性、障害への無理解、人間そのものへの無理解などが背景にあることが伝えられ、関係者はさらに強い衝撃を受けました。また大変残念なことに、今の日本社会にはこの元支援員の考えに同調する者もいるという報道もありました。

　私たちの仕事は、どんなに重い障害があってもその人らしく生きられるよう支援することです。そして、それは社会全体が目指すべき方向性であり、今こそ私たちは重い障害があってもその人らしく生きられる社会づくりの先頭に立つ時です。このような事件が二度と繰り返されないよう、また共生社会という価値観が社会全体に浸透するよう、断固とした決意をもって取り組まなければなりません。

　糸賀一雄の目指した「この子らを世の光に」の実現へ、未だ道の途中です。

2-3　利用者を支援するための行動規範について

　1997（平成９）年に日本知的障害者福祉協会 人権・倫理委員会にて倫理綱領が、1999（平成11）年に職員行動規範が策定されました。これらは「利用者の人権擁護」が実践されることを目指して、支援を行う職員の規範として、職員の責務、努力事項、禁止事項などが示されています。

　その後、福祉制度も大きく変わり、福祉サービスの環境も大きく変化したことから、2010（平成22）年に行動規範は以下に改訂されました。本行動規範は知的障害者の支援に携わるすべての方に浸透されることが期待されています。

　各施設・事業所のリスクマネジャーにおいても、本行動規範の趣旨を理解するとともに、職場での研修などで活用し、さらなる浸透を図るよう努めてください。

【知的障がいのある方を支援するための行動規範】

前　文

　この行動規範は、世界人権宣言第一条に謳う「すべての人間は、生まれながらにして自由であり、かつ、尊厳と権利とについて平等である。」という人間の自由権と平等権を背景とし、「私たちは障がい者としてではなく、何よりも一人の人間として認めて欲しい」と訴えた知的障がいのある方の願いを受け、障がい者の権利に関する条約の定める「いかなる者に対する障害を理由とする差別も、人間の固有の尊厳及び価値を侵害するものである」、「障害を理由とする差別には、あらゆる形態の差別（合理的配慮の否定を含む）を含む」という理念を尊重し、行動するための規範です。

　障がいのある方たち一人ひとりが、社会の中の一市民として、同年代の市民と同じ権利を享受することができるよう、支援者としての行動規範を遵守するものとします。

Ⅰ．基本的姿勢

１．社会福祉に従事する者として、利用者の尊厳と人権を守ります。
２．支援者としての職務を自覚し、利用者の自己選択権、自己決定権を重んじます。
３．利用者が安心かつ安全で快適な自立生活が送れるよう支援します。
４．利用者一人ひとりの自己実現に向けた専門的支援を行います。

5．利用者が自らの尊厳に気づき、自らの潜在的な力を発揮できるよう支援します。

6．支援者は自身の使命を自覚し、絶えずモラルの向上と自己研鑽に努めます。

7．利用者の家族等※との信頼関係の構築に努め、家族等からの安心と信頼を得られるように努めます。

8．支援者は地域社会の一員として、その責務を果たすとともに、地域社会の理解と協力及び信頼を得られるよう努めます。

9．利用者の権利擁護のために、成年後見制度及び日常生活自立支援事業の普及・啓発に努めます。

※家族等には、成年後見人が含まれています（以下すべて同様）。

Ⅱ．具体的行動規範

1．責務・努力事項

（1）利用者の意思・個性の尊重

　人間は誰でも自らの意思に基づいて選択し、決定する経験を通して、自分らしく生きることができます。情報を理解し、整理して自らの意思を決定することに支援を必要とする利用者にあっては、本人の意思決定への支援を行うとともに、家族等に十分な説明を行った上で同意を得ます。

　利用者の意向を確認せず、支援者の価値判断を一方的に押し付けるなど、支援者の都合を優先させるような支援を行ってはなりません。障がいのある人たちの尊厳と人格を尊重し、その人らしい人生の実現のために、私たちは障がい福祉の専門家としての使命を果たさなければなりません。

①福祉サービスの利用や変更に際しては、必ず本人並びに家族等に十分な情報提供と説明を行い、本人または家族等の同意を得て実施します。

②個別支援計画の実施については、必ず本人並びに家族等へ十分な説明を行い、同意を得て実施します。

③福祉サービスに対する利用者の意見、要望などを聴く機会を定期的に設け、意見等がサービスに反映されるようにします。

④宗教的背景をもつ法人等にあっても、本人の信教の自由を尊重します。

⑤居室やグループの所属に関しては、本人の意思を最大限尊重するよう努めます。

⑥行事や利用者の活動計画には、計画の立案段階から本人が参画できるようにします。

⑦日課や行事をやむを得ず変更する場合は、必ず利用者に伝え、了解を得るよう努めます。

⑧個人の嗜好を尊重し、あらゆる場面において選択の幅を広げるよう努めます。

⑨日常生活においては、過去の生活歴を把握し、それまでの生活習慣を尊重します。

⑩言語によるコミュニケーションが難しい利用者には、代替コミュニケーション手段や表情や行動等から利用者の意思や希望の把握に努めます。

（2）利用者の社会参加支援

　障がいのある人たちが一市民として社会の発展に貢献するため、支援者は、障がいのある人の社会参加の機会が最大限に保障されるよう努めます。また、社会参加を妨げる障壁に対しては、その障壁を取り除くための積極的な働きかけ、解消に努めます。

　また、支援者は障がいのある人自身が地域の住民として、地域との協働による自分づくり、地域づくり、社会づくりができるよう努めます。

①地域の文化・芸術活動及びサークル活動や催物などに参加するなど、利用者の社会参加の機会が広がるよう支援します。

②利用者が公共施設、飲食店やマーケット等、地域の資源を利用する機会を多く持てるよう支援します。

③地域住民と利用者、支援者とが交流を図るために、行事への相互参加やふれあいの機会を増やします。

④職場実習や職場見学、他の施設実習などを行い、利用者が様々な体験の機会を得られるよう努めます。

⑤利用者の意思を尊重した就労支援に努めます。

⑥利用者が就労する際には、雇用主並びに現場の従業員に対し、障がいのある人への正しい理解が得られるよう努めます。

⑦利用者の就労後についても、本人、家族等や雇用者との連携を図り、継続的な支援をします。

（3）利用者の生活環境の保障

　利用者の生活環境は、いかなる場合においても安心・安全を基礎とした快適性が確保されていなければなりません。生活や活動、労働の場において、利用者の快適性が脅かされそうなときには、支援者は相互に気を配り、協力し合い、解決に努めます。

①利用者の生活が、社会一般の暮らしとなるよう努めます。

②利用者本人の趣味・趣向などを活かすプライベートな時間と空間を保つよう努めます。

③利用者の大切な物を保管する場所が確保され、利用者自身による管理ができるよう努めます。

④起床・就寝時間や食事時間帯などの生活リズムについては、利用者の希望を尊重します。

⑤食事は、栄養面を考慮した上で、利用者の嗜好や要望を聞き、献立に反映されるよう努めます。

⑥入浴、シャワー等は毎日提供できるよう努めます。

⑦日中の活動の場と生活の場は、明確に区別できるよう努めます。

⑧事故防止、安全管理については、しっかりとした組織体制を作り、マニュアルを作成するなど周知徹底を図り、十分な注意を払います。

⑨夜間支援においては、利用者の安眠を妨げないよう最大限の配慮をします。

⑩眼鏡、入れ歯、補聴器などの装具や福祉機器は、本人に最も適したものを利用できるよう支援します。

⑪季節や時と場所に適した清潔な衣類を、不足なく着用できるよう支援します。

（４）情報提供と信頼

　情報は、生活を営む上で、欠くことのできない要素です。あらゆる場面において利用者や家族等にとって分かりやすい情報提供を心がけ、信頼を得られるよう努めます。

　また、個人情報の管理については十分な注意を払い、本人や家族等の同意がない限り公開しません。

①福祉サービスの利用を始める際は、事前に利用者や家族等に対して見学や面接を行い、福祉サービスの内容、支援の基本方針などの説明を十分にします。

②施設等の基本方針や事業計画、個別支援計画などは、随時利用者や家族等に報告・開示します。

③利用者への情報提供は、利用者に分かりやすいように読みやすい字で記し、口頭による朗読や代替コミュニケーション手段を用いるなどの工夫をするよう努めます。

④家族等に対し、利用者の健康状態や生活・活動の状況について、定期的に報告及び説明を行います。

⑤利用者に万が一事故があった場合は、速やかに家族等へ連絡します。さらにその後の診断結果や経過についても報告します。

⑥新聞、テレビ、雑誌などを活用して、社会一般の情報を正確でわかりやすく提供します。

（５）安心と安全の保障

　健康であること、生命を脅かされる心配のないことは、誰にとっても最大の安心につながります。体調不良を訴えられない利用者に十分な配慮をしないことや利用者の訴えに対して真剣に取り合わない対応は利用者を傷つけ不安にさせます。

　また、バリアフリー化されていない空間での生活は、利用者に不便を感じさせ、苦痛を与えます。安全で、安心な生活環境は利用者の心身を安定させ、他者に対する信頼感を生み出します。

①利用者の性別や年齢に応じた生活様式を尊重します。
②利用者の心身の健康に細心の注意を払うとともに、必要時には適切な医療行為が受けられるようにします。
③利用者の生理的、心理的ストレスに対する配慮を怠らないようにします。
④感染予防対策を怠らないようにします。
⑤利用者の言葉や行動に対して、否定的な対応は慎みます。
⑥利用者が安全に生活を送り、活動するための環境整備に努めます。
⑦利用者に分かりやすいコミュニケーション手段を用い、不安を与えないようにします。
⑧利用者の変化に注意を払い、小さな変化に対しても適切な対応をします。
⑨ヒヤリ・ハットの記録・報告体制を整備し、支援者間でヒヤリ・ハットの情報を共有するとともに、その原因を究明します。

（6）利用者に対する専門的支援
　福祉に従事する者は、資格の有無にかかわらず、ソーシャルワーカーとして常に利用者の願いや思いの実現のために、利用者個々に応じたエンパワメントの概念に基づいた支援に努めます。
　また、利用者の個性や人生を十分に考慮し、各人が自分らしさを表現できるように努めます。

①利用者一人ひとりの個性と特性を把握し、可能性を伸ばし、自立を促す専門的支援を行います。
②利用者個々のニーズを的確にとらえ、個別支援計画に沿った福祉サービスを提供します。
③利用者の意思決定のための機会・場面を多く設定し、自立と自己実現に向けた支援を行います。
④聴覚障がいや視覚障がいのある利用者には、利用者個々に合わせた適切なコミュニケーション手段を工夫します。
⑤移動が困難な利用者に対しては、積極的に社会との関わりが持てるよう支援します。
⑥性に関する学習の機会を設けるとともに、性の問題に関する対応マニュアルを作成し、必要に応じ適切に支援します。
⑦利用者の男女の交際や結婚について、適切な支援をします。

（7）自己研鑽・健康管理

　支援者は障がいのある人たちの思いに応えるために、常に自己研鑽に努めなければなりません。利用者の声に真摯に向き合うことは、最大の自己研鑽でもあります。

　また、私たちの職務はチームワークの上に成り立っていることを認識し、支援者相互に資質の向上を目指します。さらに、適切な支援を行うために、常に自らの心身の健康に留意します。

①支援者は支援の専門家としての意識を確立するため、相互に啓発し合います。
②支援者は自らの職業における倫理観の確立と専門性の向上のため、積極的に学習する機会を持ち、研修会に参加するなど、研鑽を積むことに尽力します。
③利用者支援にあたっては、常に自分の言動を振り返り、支援者間相互においても支援のあり方を点検し、日々の支援に活かすように努めます。
④支援者は常に適切なサービスが提供できるよう、自らの心身の健康管理に努めます。

（8）支援者のチームワーク

　しっかりしたチームワークがあってこそ適切な支援が行えます。支援者一人ひとりがチームの中における自らの役割を認識し、支援における共通の認識を持つことで、利用者への適切な支援が行われるようになります。

①支援者相互の共通認識の下に、利用者への一貫した支援を行います。
②一貫した支援を行うために、利用者に関する情報を支援者相互で共有するよう努めます。
③利用者の抱える課題解決に向け、他職種の職員とも積極的に協力し、あらゆる角度から検討する機会を持ちます。
④報告・連絡・相談はチームワークには不可欠であることを認識し、遵守します。

（9）管理者の責務

　管理者は、社会福祉法人の使命と当該法人の理念を十分に理解した上で、施設等の健全な経営と利用者の権利擁護に邁進しなければなりません。

　施設等における人権侵害は、少なからず施設長などをはじめとする管理職の人権感覚やリーダーシップの欠如によるものであるという自戒の念を忘れず、利用者の人権擁護と権利保障に努めます。

①利用者への体罰や不適切な対応を行った支援者に対しては、就業規則に基づき懲戒免職を含め厳正な処分を行います。

②苦情解決委員会等を設け、利用者や家族等の意見、苦情、要望等に対しては、速やかに、適正かつ誠実に対応します。

③利用者の権利擁護のため、第三者による評価の機会を設けるように努めます。

④利用者の権利擁護に向けて、支援者の研修を実施します。

⑤利用者の安全、安心、快適な生活を守るために、事故防止、個人情報保護等に関する各種マニュアルを整備し、遵守するよう努めます。

⑥施設等に倫理委員会等を設置し、人権に対するチェック体制を確立します。

⑦利用者、家族等、関係機関と権利擁護に関する意見交換の場を設けるように努めます。

⑧本来は家族等の管理が望ましいが、やむを得ず利用者の年金・預かり金を管理する場合には、管理規程を作成・遵守するとともに、チェック体制を確立します。

⑨利用者の年金・預かり金に関する通帳等の内容については、利用者または家族等に定期的に通知もしくは説明し、確認を得るようにします。

⑩家族等あるいは一般市民やオンブズマンなどの第三者からの情報開示を求められた場合は、個人情報保護規程に則り、適正に対応します。

⑪利用者や家族等と法律的な問題が生じた場合は、専門家に相談するなどして、適正かつ誠実な対応を講じます。

⑫利用者の選挙権の行使にあたっては、積極的かつ適切な対応に努めます。

2．厳守事項

（1）利用者への虐待

　暴力や虐待は、最大の人格否定行為であり、支援者としてはもとより、人間として恥ずべき行為です。暴力・虐待の全否定こそが、利用者支援、人間支援の根本であることを認識すべきだと考えます。また、障がいのある人たちの尊厳と人格を尊重し、その人らしい人生の実現のために、私たちは障がい者支援を専門とする者としての使命を果たさなければなりません。

①利用者の身体に外傷が生じる、または生じるおそれのある暴行を加えません。

②利用者に対し、長時間の放置をしないなど、支援を怠りません。

③利用者に対し、暴言、拒絶的な対応その他利用者を精神的に傷つけ、不安にさせる言動はしません。

④利用者に対し、わいせつな行為をしません。

⑤利用者の財産を侵害しません。

⑥他の支援者の不適切な言動を見過ごしたり、容認しません。

（2）利用者への差別

　施設・事業所などの福祉施設が閉鎖的になればなるほど、施設や事業所の中だけで通用するルールがはびこることとなり、結果としてそのことが、幾多の差別を生み出すこととなります。

　障がい者の権利に関する条約で示された「合理的配慮の否定も差別である」ということを常に問い続けます。

①子ども扱いするなど、年齢にふさわしくない接し方はしません。
②本人の前で障がいの呼称・状態を表す用語や差別的な用語を使用しません。
③障がいが故の特性や克服困難なことを、本人の責めに帰すような発言をしません。
④日頃の行動から、その利用者に対して予断を持つなど、憶測で判断しません。
⑤利用者の言葉や歩き方などをまねるなどの行為はしません。
⑥利用者の行為を嘲笑するなど、興味本位では接しません。

（3）利用者に対するプライバシーの侵害

　プライバシーの保護は、利用者の人権を尊重する上で非常に重要です。

　プライバシーが保護されることによって、自尊心や相手への思いやり、羞恥心などの社会的な道徳規範が獲得されます。

①職務上知り得た利用者の個人情報を、利用者や家族等の同意なく他に漏らしません。
②利用者本人の同意を得ずに、居室に入ったり、所持品を扱ったり、郵便物等を開封しません。
③利用者の衣服の着脱やトイレ使用の際、他人から見えないようにします。
④利用者の生理の話を人前でしません。
⑤事前に利用者の同意を得ることなく、見学者などを招きません。
⑥第三者に対し、利用者の生活・活動状況の説明が必要な場合、本人の同意を得ずに行いません。
⑦利用者本人や家族等の了解を得ずに、本人の写真、名前や制作した作品を掲載、展示しません。

（4）利用者の人格無視

　施設等は利用者が社会の中の一市民としての平等な権利を有し、それにふさわしい人間関係や支援を受ける権利があることを認識し、個々に応じた人格を高める機会を提供する場です。そのため支援者は常に利用者の人格を尊重した支援を行わなければなりません。

①呼び捨てやあだ名、あるいは「ちゃん」、「くん」で呼ぶことはしません。

②利用者に対して命令調で話したり、大声で叱責したりしません。

③利用者の訴えに対して、無視や拒否をするような行為をしません。

④利用者の理解が困難な表現や言葉を使用しません。

⑤利用者が自らできることまで支援者が行ってしまうなど、利用者の自立を妨げるようなことはしません。

⑥利用者の人格を傷つけるような作品や写真の展示はしません。

⑦利用者の入浴、下着の着脱、排泄、生理等の場面では、異性介助はしません。

⑧医師の指示によらず、支援者自らの判断で、薬物等を使用することはしません。

⑨支援者側の価値観や都合での一方的・画一的な支援内容にはしません。

⑩いかなる場合も、利用者の尊厳を傷つける対応を行いません。

（5）利用者への強要

　支援を行う目標は、利用者の意欲や能力を最大限に引き出すことにあります。そのために、利用者の自主性を最大限に尊重します。本人が納得しない支援は強要であり、結果として本人の人格無視や虐待につながることとなります。

①本人の生命や健康を守るためにどうしても必要な場合を除き、利用者の嫌がることを強要しません。

②本来支援者がなすべきことを、作業・訓練・指導と称し、利用者や家族等に強要しません。

③作業等諸活動に対し、ノルマを課しません。

④利用者及び家族等に対して、帰省を強要しません。

⑤施設等は、利用者や家族等の意思に反する福祉サービスの利用を強要しません。

（6）利用者への制限

　危険回避を前提とした行動制限は慎重であるべきです。「危険回避ありき」の支援が前提となれば、支援者自身の支援の質を向上しようとする意識が育成されません。

　また、支援員の人員不足を理由とした利用者への行動制限は、断じて許されるものではありません。

①自傷や他の利用者に害を与えるなどの危険回避のための行動上の制限を、支援者ならびに施設だけで判断しません。

②万が一、行動上の制限を行った場合には、速やかにその理由等につき、本人及び家族等に説明します。

③いかなる場合も、障がいのあることが自由を束縛する理由として、正当化されないように努めます。

④家族、友人、知人等への電話や手紙などの連絡を制限しません。

⑤利用者の帰省や来訪者との面会、外出を制限しません。

⑥日用品などの購入を制限しません。

財団法人 日本知的障害者福祉協会　人権・倫理委員会（平成22年6月1日発行）

第３章

コンプライアンスと
事故発生時の法的責任

3-1 知的障害施設・事業所における コンプライアンスについて

（1）コンプライアンスとは

　近年、行政機関や企業において、組織ぐるみの事件・不祥事などが相次ぐ中、マスメディア
の報道などによって、「コンプライアンス」という言葉が多用され、広く認識されるようになり
ました。

　そもそも「コンプライアンス」とは「（要求・命令などに対する）応諾・追従」を意味する
"Compliance"という英単語からきている言葉です。コンプライアンス＝「法令遵守」と訳さ
れることがありますが、事業を行う組織においては「さまざまな事業活動が、社会一般に求め
られる『ルール』に準拠していること」という意味合いで用いられています。つまり、コンプ
ライアンスとは、憲法、法律、政省令、規則、条例などの法令を守ることはもちろん、社会が
求めるルールを守ることであると理解してください。なお、支援費制度以後、障害分野も原則
として利用者・事業者間の契約に基づくサービス提供の仕組みとなりました。契約は法的な効
果を持つ利用者・事業者間の合意ですから、当然に遵守しなければならないルールであること
はいうまでもありません。

　また、これまでに、知的障害分野では、人権擁護への積極的な取組みが種々行われてきまし
た。これら取組みも、憲法が保障する「基本的人権の尊重」について、職員自身が主体的に行
う「コンプライアンス活動」の一つとして位置付けることができます。人権を擁護することは
もちろんコンプライアンスのコアの部分といえますが、それにとどまってはなりません。社会
福祉サービスは公共性が高く、施設・事業所は、民間営利企業以上にコンプライアンスの徹底
を図る必要があります。なお、コンプライアンス違反は、意図する・意図しないにかかわらず、
違反に当たる何らかの行動をすることにより発生する場合と、逆に、法令や社会が求めるルー
ルに対して、必要な行動を行わないことによって発生する場合の双方があることに留意が必要
です。

（2）施設・事業所におけるコンプライアンス違反の特徴

　施設・事業所においては、比較的軽微なもの（刑事事件性が高いとはいえないもの、重大な
損害が発生していないものなど）も含めると、ちょっとした原因でコンプライアンス違反が発
生します。福祉分野でのコンプライアンス違反には特徴があります。食品偽装など企業活動で

のコンプライアンス違反の多くは「故意」ですが、福祉分野の違反は故意というよりは、「理解不足」や「思い込み」「過失（連絡ミスなど）」「行き過ぎた（あるいは誤った）『利用者のための意識』」が原因となっているものが多いといえます。「利用者のために」という心は常に支援の土台たるべきですが、安易な対応は、その支援が法令違反であったり、他の利用者の権利を侵害する結果を招いたり、利用者の意思を踏みにじる権利侵害行為となったりしてしまうことに注意が必要です。

（３）リスクマネジャーに求められるコンプライアンス意識

　対人サービスである福祉サービスには公共性の高いサービスであるという特徴以外に、コンプライアンス違反があった場合、利用者の命や生活、生命、人権、尊厳に直接的な悪影響を及ぼしうるという特徴があります。また、対人サービスは信頼をベースに行われるものですが、コンプライアンス違反は利用者や保護者・家族の信頼を一度に崩壊させてしまいます。さらに、多忙な日常業務は、ついついルーティン化を招きやすいものです。不適切な支援は当然にコンプライアンス違反を伴いますが、日頃行っている支援は本当に法令等を遵守したものになっているでしょうか。「適切だと思っている」だけでは大きな落とし穴にはまります。

　このように施設・事業所にはコンプライアンス意識が強く求められます。リスクマネジャーは、率先垂範してコンプライアンスの徹底を図るとともに、日頃行っている支援内容をコンプライアンスの視点で定期的に見つめ直す姿勢が求められます。

（４）コンプライアンスの取組み

▶ ①なぜコンプライアンスに取り組むのか

　コンプライアンス違反があった場合には、民事責任（損害賠償請求）、刑事責任（刑罰による制裁）、行政責任（福祉関係法令の最低基準違反に対する制裁）のいずれか、あるいはすべてを問われる可能性があります。もちろん、それぞれに制裁の要件が異なりますので、必ず問われるわけではありません。

　ただし、何らかの責任を問われるからコンプライアンスをする・しなければならないという消極的な姿勢でこれに取り組むことは適切ではありません。まずはコンプライアンス違反は福祉サービスに求められる基準を満たしていない状態であって、利用者に対し明確な権利侵害を行っていることだと認識してください。そのうえで、利用者の権利を擁護し、より良いサービスを展開するというリスクマネジメントにとってはその土台になる活動として取り組むことが求められます。

▶ ②コンプライアンスの難しさ

　一方、遵守すべき法令などの対象が幅広く、関係者も利用者・家族・職員をはじめとしてさまざま考えられるため、「コンプライアンス」を観念的に理解することはできても、具体的にどのような行動を行えば遵守したことになるのか分かりにくいという問題があります。

　また、コンプライアンスの徹底には手間も（場合によっては）費用もかかります。にもかかわらず「目に見える成果が実感しにくい」「達成感を感じにくい」ため、ついつい取組みの優先順位が下がりがちになります。

　加えて、コンプライアンスの遵守は目に見える利益に直結しないばかりか（なぜなら、遵守して当然なのがコンプライアンスだからです）、違反した方が目先の利益につながることがあります（不正請求などが典型例です）。

　ですから、強い使命感と日頃からの意識付けなしにはコンプライアンスの徹底は難しいのです。

▶ ③コンプライアンスの取組み

　コンプライアンスを確実に行うためのポイントとして以下の6点が挙げられています。リスクマネジメントと同様に、コンプライアンスについても「Plan（計画）⇒Do（実行）⇒Check（チェック）⇒Act（改善）」のPDCAサイクルで取り組むべきと指摘されているのです。すべての職員が遵守できるように、具体的にどのような点に気をつければ良いか、リスクマネジャーが中心となって、関係職員と議論を重ね、実効的なルールづくりを期待します。

コンプライアンスを確実に行うためのポイント（高野範城 他著『高齢者・障害者の権利擁護とコンプライアンス』（あけび書房、2005年））

- ア）自らの組織に関わる法令などをチェックする
- イ）法令などを守り、活動を行うために具体的なルール（コンプライアンスルール）を自分たちで考えてつくる
- ウ）上記ルールを周知徹底する
- エ）上記ルールを常日頃から守っているかどうかを検証しながら活動を展開する
- オ）ルールを外に向けて情報公開し、第三者の目からも確認できる状態にする
- カ）外部と内部双方から自らの活動の公正さが検証できるようにし、ルールの改善に結びつける

（5）コンプライアンスとリスクマネジメントの関係性

　コンプライアンスは「最低限の」サービスの質を確保する手段であり、施設・事業所の義務です。もちろん、最低限のサービスの質で満足してはならず、より良いサービスの質を目指すことが施設・事業所に求められます。

　コンプライアンス違反は、利用者の安心・安全を脅かすもので、サービスの質が悪く、利用者が満足するはずのない状況を生み出します。よって、コンプライアンスができていない施設・事業所がまともな「福祉におけるリスクマネジメント」を展開できるはずはありません。コンプライアンスはリスクマネジメントの土台となるものです。安心・安全を前提に「サービスの質の向上と利用者満足度の向上」を図るリスクマネジメントを果樹に例えると、コンプライアンスは「土づくり」です。よい土づくりをしなければ、そもそも果樹は成長しないか、または、根腐れして木は倒れることでしょう。

参考文献

・西田和弘監修　「セルフ・コンプライアンスのすすめ」　㈶日本知的障害者福祉協会　2010

3-2 法的責任の整理

（1）はじめに

　福祉サービス提供に関わって、事件・事故が発生した場合やコンプライアンス違反があった場合、担当職員および（あるいは）その職員を雇用する事業者には、「法的責任」「社会的責任」「道義的責任」が問われる可能性があります。「法的責任」は、「刑事責任」「行政責任（福祉行政上の責任）」「民事責任」に大別できますが、事故に対して常にこれら三つの法的責任が問われるというわけではありません。「刑事責任」「行政責任」は問われなかったが、「民事責任」は問われたなど、その事故の態様によって法的責任追及の度合いは異なります。簡単にいえば、これは三つの法的責任はその目的を異にし、判断基準も異なるからです。福祉サービスで、これまでに裁判にまで発展した法的紛争の大多数は、「民事責任」を問うものです。

（2）刑事責任

　サービス提供時の職員の過失により利用者がけがをしたとき、「刑事責任」としては、業務上過失致死傷罪などの罪状に問われる可能性があるものの、福祉サービスでこれを問責する事例は、死亡などの重大な結果が生じ、それが看過しがたい過失に基づく場合に限られています。知的障害分野では、必ずしも「過失」のみによって事故が生ずるわけではなく、過去には虐待等の「故意」に基づく行為が傷害罪などに問われた事例があり、また、雇用助成金詐欺、障害年金の横領、強制性交等罪、わいせつ行為が問題となった事例があることは記憶に新しいところです。後者のような事例は、事故というよりは事件というべきものですが、厚生労働省の検討会指針の事故概念には含まれていることに注意が必要です。よって、「故意」に基づく行為についても、その職員個人の問題だとするのではなく、そうした行為が行われないようにマネジメントしていくことが求められるのです。

　例えば、職員による暴行が行われていることを知りつつ、管理的立場の者が速やかにそれを中止させ、改善できないような施設・事業所があるとすれば、まさにリスクマネジメントの基礎の基礎さえできていないことになります。リスクマネジメントの基礎の基礎とはコンプライアンスであり、刑事罰の対象となるような人権侵害は法令等の遵守がなされていないことを顕著に表しているからです。

（3）行政責任（福祉行政上の責任）

　ここにいう「行政責任」とは、「行政庁自身の責任」を意味するのではなく、「福祉サービス立法の規定や基準に関して、事業者が行政に対して負う責任」を指します。「行政責任」として、施設・事業者に対する障害者総合支援法、知的障害者福祉法上の制裁（総合支援法50条など）や専門職の登録取消・名称使用停止（社会福祉士及び介護福祉士法32条2項など）が考えられます。施設・事業所で事故が発生した場合も、一足飛びに指定の取消に向かうことは少なく、段階的に指導、勧告、改善命令などが行われるのが通常です。ただし、近年は、行政が法律上付与された権限を適切に行使しないことに対して、利用者・家族から行政に対し国家賠償責任等の法的責任が追求されるケースが見受けられることから（例えば、香川県の認可外保育所における児童虐待死事件で、行政の権限不行使が不作為の違法にあたり賠償を命じられたという事件があります）、その段階を経ることなく、指定取消等の厳しい処分を課していくこともありえます。虐待への組織的対応が不十分だったケースで、指定取消がなされた事例もあります。現場の視点で見ると、これまで以上に「行政責任」を強く意識する必要があるでしょう。

（4）民事責任

＊注：改正民法が2020（令和2）年4月1日に施行されますが、本記述は2019（令和元）年12月時点で有効な法令に基づいています。なお、本記述に関する限り改正法施行後も大きく変更される箇所はありません。

▶ ①民事責任の枠組み

　最後に、介護を含む福祉サービスでの法的紛争の大多数を占める「民事責任」について概説します。「民事責任」は、債務不履行責任（契約責任）（民法415条）または不法行為責任（民法709条）に基づく損害賠償責任（金銭賠償）の形で問われますが、一部の例外を除いて、故意または過失がなければ賠償責任を負いません（過失責任主義）。過失の有無は、予見可能性があったか否か、結果回避の義務を尽くしたか否かで判断され、その過失と相当因果関係にある損害に対して賠償責任を負うことになります。とはいえ、福祉サービスにおいては、職員や事業者に過失があったか・なかったかが自明でない事例も多く、また、過失がないから謝罪しない・賠償しないという態度をとって、訴訟に発展するケースも多々見られます。加入する賠償責任保険の補償範囲が、職員・事業者の過失によるものに限定されているのか、過失の有無を問わず補償する商品なのかを再確認する必要があります。支援費制度以降、障害分野もサービス提供は、施設・事業所と利用者等との契約関係に基づくものになっています。措置時代と異なり、サービス提供にあたって具体的なサービス内容など重要事項を説明し、同意を得る仕組

みが入ったことで、利用者・家族は、契約という約束の中で、何が行われ・何が行われなかったのかを知ることができるようになりました。また、費用負担は応能負担に戻ったとはいえ、一定のコスト負担は利用者・家族の消費者意識も高めました。こうした制度変更により、福祉サービス事業者が利用者に対して負う責任がいっそう明確になり、重くなってきているといえます。

「民事責任」は、金銭による損害賠償請求の形で問われ、利用者が怪我をした場合には治療費や慰謝料、就労不能期間の逸失利益などが請求されることになります。死亡事故となった場合には、一般的に高齢者福祉での事故は、慰謝料が中心となるため、賠償額は比較的低額になりがちですが（そうはいっても、過去の裁判例では2,000万円を超える賠償が認められたケースがあります）、知的障害者福祉の場合は、慰謝料だけでなく、障害年金や就労している場合あるいは就労可能性のある場合の賃金などの逸失利益（得べかりし利益：実際の賠償額は、これから生活費を控除した額）も認容されるため、高齢者よりも高額になる可能性はあります。いずれにしても、事故が発生した場合には、事業者は高額の賠償責任を負う可能性があるので、その責任を担保するために、賠償責任保険への加入が強く指導されているのです。

▶ ②不法行為責任

図3-2-1

不法行為

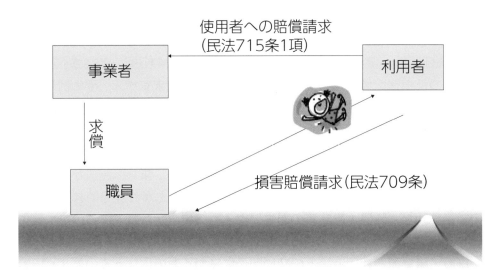

使用者への賠償請求
（民法715条1項）

事業者

利用者

求償

職員

損害賠償請求（民法709条）

図:筆者作成

　不法行為責任が追求される場合には、基本的に事故を発生させた職員個人に対して賠償請求が行われます。あるいは、職員と事業者の共同不法行為として、連帯して賠償するよう求める場合もあります。ただ、現実には、職員個人には賠償能力がない場合が多いので、民法715条１項の使用者責任を問い、事業者に賠償請求するケースのほうが多いといえます。使用者である施設・事業者が当該職員の選任・監督を十分に行っていた場合は、使用者責任は問われません。ただし、裁判実務において使用者責任が否定されるケースはそう多くはありません。なお、事業者が賠償した場合に、事故を起こした職員に求償することも可能ですが、過去の最高裁判例の基準に照らせば、福祉サービスではそれが認められたとしても求償額は極めて小さくなります。

　①で述べたように、職員・事業者に故意・過失がない場合は賠償の責を負いませんが（ただし、施設・事業所の構造設備が事故の原因である場合にはそれだけで民事責任の対象となります：民法717条）、対応を誤って紛争化した場合には、多大な時間と労力を要することになります。ゆえに事故発生時の対応の一環として、紛争化を回避するというリスクマネジメントが必要ということになります。また、リスクマネジメントの考え方からすれば、責任の有無にかかわらず、「改善」の方策を検討することは不可欠です。

　また、福祉施設では、利用者同士のトラブルが発生することも多くあります。一般社会でのトラブルは当事者同士の問題ですが、福祉施設内で発生したトラブルについては、当事者の問題と片付けられません。特に知的障害分野では、加害者に責任能力がないとされる場合もあります。「責任能力」とは、法律上の責任を負うために要求される資格ないし能力のことで、加害行為が法律上の責任を発生させるものであることを弁識しうる能力を欠く状態にある者が他人に損害を与えた場合には、本人に賠償責任は生じません。この場合、法定監督義務者および代理監督者が不法行為責任を負いますので、施設・事業所の責任が問われる場合があります。また、加害した知的障害者自身に賠償能力がないことが多く、被害者側が何らかの賠償を得ようとすれば、施設・事業所内での監督義務者たる事業者の不法行為責任を問う、あるいは後述の債務不履行責任（安全配慮義務違反）を問うことになります（P92「利用者同士のトラブル」裁判例参照）

▶ ③債務不履行責任

図3−2−2

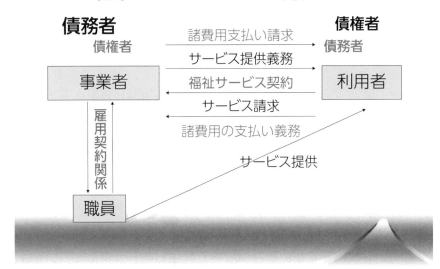

福祉サービスの契約関係

図:筆者作成

図3−2−3

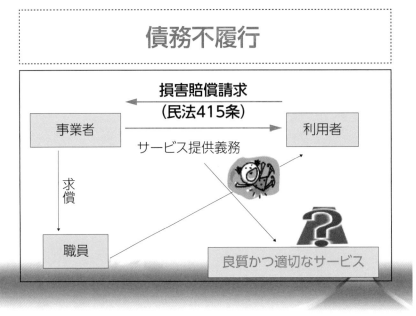

債務不履行

図:筆者作成

　債務不履行責任は、契約責任とも呼ばれ、契約の定めを遵守しなかったことによって発生した損害を賠償する責任を指します。契約上の責任ですから、契約当事者である利用者と事業者（法人）との関係で問われることになります。契約においては、個々の職員は、その履行補助者という位置付けとなります。債務不履行の原因が職員の行為に基づくものである場合であっても、契約当事者である事業者に対して責任追及が行われますが、事業者は事後的に職員に対して求償権を行使できることは不法行為と同様です（同様に、その求償額も縮減されます）。債務不履行責任を問う場合には、その債務内容（契約内容）を具体的に明確にし、どの点に不履行があったか、その不履行と損害との間に因果関係があるかを判断することになります。福祉サービス利用者の場合には、サービス提供者が行うべきサービスの内容が、利用者の身体状況によって変化するという性質があるため、内容確定に困難な側面もあります。しかし、近年の判決の中には、債務不履行責任を問う際に「安全配慮義務」を契約上の本来的義務あるいは付随的義務として認める事例が増えてきています。福祉におけるリスクマネジメントとは、「安心・安全を最大の前提とした上で、サービスの質の向上と利用者満足度の向上を図る活動」とされています。改めて、「安心・安全」がサービス提供の前提であることを強く意識すべきでしょう。

（5）むすび

　繰り返しになりますが、故意・過失のある行為を原因として、利用者に損害が発生した場合、その原因と相当因果関係にある損害に対して、債務不履行あるいは不法行為に基づく損害賠償責任が発生します。ただし、福祉サービスでは、相当因果関係の判断が難しいケースもあります（例えば、高齢者に顕著ですが、いつ・なぜ骨折したかわからないようなケース）。過失のあるなしは、予見可能性があったか否か、適切な結果回避の義務を尽くしたか否かで判断されます。ですから、障害者福祉においては、サービス開始前のアセスメントをしっかりと行い、それを踏まえて利用者の個別リスクへの対応を含めた個別支援計画を立てること、状況の変化に応じて計画を適宜修正することが、「予見」として求められます。そして、（i）そのような利用者のリスクが顕在化しないような適切な支援を行うとともに、（ii）万が一リスクが顕在化した場合には（事故等）、損害を最小限にとどめる適切な対応を行うことが、「結果回避」として求められます。しかし、過失がない（あるいは現時点では不明）からといって、不適切な対応をとると、無用の紛争化を招くことにも留意が必要です。過失がない場合も、自らの施設・事業所内あるいはサービス提供過程で発生した事故に対して、事故状況の説明を行い、人間的な共感の気持ちに基づく謝罪を行うなどの誠実な対応が求められます（なお、「謝罪」したからといって、そのことが過失を認めたことと直結するわけではありません）。また、施設・事業所の賠償責任保険は、こうした事業者の責任の金銭的な側面を担保する手段の一つに過ぎません。「金さえ払えばいいのでしょ」といったような考え方は、類似の事故の再発を防止できず、結果、信頼を失い、組織運営に大きな支障をきたすことになります。

事故等の発生は、このような法的責任に加え、事業者の社会的責任も問われることになります。特に、福祉サービスは法に基づく公的サービスなので、この社会的責任は重いといわざるを得えません。さらには、事故を発生させた職員と雇用主である事業者との間の労働契約上の責任も考えられます。しかし、短絡的に、「事故＝個人責任→懲戒」という流れで処理することは労務管理上もリスクマネジメント上も問題があります。このような短絡的な対応は、職員を萎縮させサービスの質の低下を招くだけでなく、再発防止に役立ちません。なによりも大切なのは、個人ではなく組織として事故等の問題に対処し、原因究明と再発防止を図ることです。個々の職員の責任は、リスクマネジメントとは切り離して考慮されるべきです。

　ここで取り上げたいずれの責任も、リスクマネジメント体制が不十分であったり、実際に機能していなかったりすれば、「責任アリ」の判断に傾くことは間違いありません。特に、民事責任では、リスクマネジメントが不十分であること自体が、過失の認定に大きく傾くことになると思われます。ですから、法的責任の観点からも、リスクが顕在化しないように、あらかじめリスクマネジメントを確実に行うことが不可欠なのです。近年では、法的責任以上に、特に事故後の対応が不適切な場合の社会的非難によって、ブランドダメージを受けることがしばしばあります。事故対応のためには、マスコミ対応等のスキルを磨く必要もあります。

3-3　施設・事業所事故の裁判例（民事事件）

　この節では、比較的多く発生している施設・事業所事故類型についての裁判例を学習し、リスクマネジメントへのヒントをつかむことを目標とします。知的障害分野に比べ裁判例の多い高齢分野を取り上げたものもありますが、リスクマネジメントの素材として適したものを選択しただけであって、障害特性に固有の事故を除けば、福祉サービスにおいて発生する事故は共通しています。

（1）転倒・転落

＜横浜地裁平成17年3月22日判決＞

▶ ①事実の概要

ア）X（大正6年2月18日生、認知症・問題行動なし）は、娘Aと同居し、社会福祉法人Yとの間で通所介護契約を締結した上、平成12年2月から、Y施設において週一回、通所介護サービス（デイサービス）を利用していた。XはY施設利用当時、要介護2と認定されていた。本件事故以前、Xは、何かにつかまらなければ立ち上がることはできず、必ず、手元においてある杖をついて立ち上がっており、また杖をついて歩行することはできたが、不安定で、いつ転ぶかわからない状態であり、Y施設内においても、常時、杖をついて歩行することにより移動していた。Xは、平成13年2月12日にY施設内でつまずき、しりもちをついて転倒したということがあった。Yは、Xの歩行状態が不安定であることを認識しており、Xが歩行中いつ転倒するかわからず危険な状態であったので、Xの転倒の防止に努めていた。

イ）Xは、平成14年7月1日、Y施設で午後3時ころまで通所介護サービスを受けた後、同施設二階において、送迎車が来るのを待つ間、座っていたソファーから、近くにある身体障害者用トイレ（本件トイレ）まで歩いて行き、同トイレ内に入った。ソファーから本件トイレに行くまでの間、施設職員Bが歩行介助したものの、本件トイレの中に入った段階で、Xが「自分一人で大丈夫だから。」といって戸を閉めたため、Bはそれ以上介助しなかった。その直後である午後3時30分ころ、Xは同トイレ内において転倒した（本件事故）。

ウ）Y施設二階には複数のトイレがあるが、上記ソファーに近い方に本件トイレがあり、それより離れた方に通常のトイレがあった。本件トイレの内部は、車椅子が利用可能なように広く、トイレの入口の戸から便器（洋式）までの距離は約1.8メートル、横幅は約1.6メートル

であり、入口から便器まで行く間の壁には手すりがなかった。本件事故の前、Xが本件トイレを利用するにあたって、本件施設の職員が本件トイレの中に入って便器までXの歩行の介護をしたことはなく、Xがこれを求めたこともなかった。本件事故後、看護師を含む施設職員は、Xを座らせ、湿布薬を貼付して救急車を呼ぶことなく車椅子に乗せたままにし、同日午後４時30分頃、車椅子を手で押して近くのCクリニックに連れて行ったところ、右大腿骨頸部内側骨折で手術が必要と診断されたため、D病院に搬送した。同病院でXは手術・リハビリを受けたものの、心身の状態が悪化し、生活のほぼ全てに全面的な介護を要する状態となり、要介護４の認定を受けるに至った。

エ）XはYに対し、債務不履行又は不法行為に基づき損害賠償を求めて出訴した。

▶ **②判旨**

ア）「Yとしては、通所介護契約上、介護サービスの提供を受ける者の心身の状態を的確に把握し、施設利用に伴う転倒等の事故を防止する安全配慮義務を負うというべきである。」

イ）「本件事故当時において、Xは、杖をついての歩行が可能であったとはいえ、歩行時に転倒する危険性が極めて高い状態であり、また、Xのそのような状態について本件施設の職員は認識しており又は認識し得べきであったといえるから、Yは、通所介護契約上の安全配慮義務として、送迎時やXが本件施設内にいる間、Xが転倒することを防止するため、Xの歩行時において、安全の確保がされている場合等特段の事情のない限り常に歩行介護をする義務を負っていたものというべきである。」

ウ）「本件トイレは入口から便器まで1.8mの距離があり、横幅も1.6mと広く、しかも、入口から便器までの壁には手すりがないのであるから、原告が本件トイレの入口から便器まで杖を使って歩行する場合、転倒する危険があることは十分予想し得るところであり、また、転倒した場合にはXの年齢や健康状態から大きな結果が生じることも予想し得る。そうであれば、Aとしては、Xが拒絶したからといって直ちにXを一人で歩かせるのではなく、Xを説得して、原告が便器まで歩くのを介護する義務があったというべきであり、これをすることなく原告を一人で歩かせたことについては、安全配慮義務違反があったといわざるを得ない。」

エ）「確かに、要介護者に対して介護義務を負う者であっても、意思能力に問題のない要介護者が介護拒絶の意思を示した場合、介護義務を免れる事態が考えられないではない。しかし、そのような介護拒絶の意思が示された場合であっても、介護の専門知識を有すべき介護義務者においては、要介護者に対し、介護を受けない場合の危険性とその危険を回避するための介護の必要性とを専門的見地から意を尽くして説明し、介護を受けるよう説得すべきであり、それでもなお要介護者が真摯な介護拒絶の態度を示したというような場合でなければ、介護義務を免れることにはならないというべきである。」

オ）「本件施設は介護サービスを業として専門的に提供する施設であって、その職員は介護の専

門知識を有すべきであるが、本件事故当時、原告が本件トイレに単独で入ろうとする際に、本件施設の職員は原告に対し、介護を受けない場合の危険性とその危険を回避するための介護の必要性を説明しておらず、介護を受けるように説得もしていないのであるから、被告が上記の歩行介護義務を免れる理由はない…。」

カ）「本件事故当時、Xは、本件トイレを自ら選択し、同トイレ内部での歩行介護について、本件施設の職員に自らこれを求めることはせず、かえって、本件施設職員に対して「自分一人で大丈夫だから。」と言って、内側より自ら本件トイレの戸を閉め、単独で便器に向かって歩き、誤って転倒したのであるから、Xにおいても、本件事故発生について過失があるものというべきで、上記のような転倒に至る経緯やXが高齢者である一方、Yは介護サービスを業として専門的に提供する社会福祉法人であることも斟酌すると、原告の過失割合は3割というべきである。」

（2）誤飲・誤嚥

<横浜地裁川崎支部平成12年2月23日>

▶ ①事実の概要

ア）亡Aは、平成7年当時、多発性脳梗塞及び重症の認知症で、全介助を必要とする73歳の男性であった。Aは、Y（社会福祉法人）の経営する特別養護老人ホームBに、入所準備として、3日間の予定でショートステイの形式で入所した。咀嚼に関して、Aは食べ物を噛んでいる時間が長く、なかなか飲み込まないという傾向があった。

イ）職員KがAに食事介助を行っていた午前8時23分頃、ティースプーンに水分ゼリーを一口取って、その上に薬をのせて口の中に入れた。Aは、咀嚼するようにごっくんとしたので、Kは、他の利用者の食事介助等を行った。2分後頃、Kが再びAに水分ゼリーを勧めようと思って様子を見ると、Aは意識はなくチアノーゼを起こしていた。Kら2名は、Aを車椅子で居室に連れて行き、ベッドに横にした上でバイタルチェックをした。午前8時27分頃出勤してきた看護師が心臓マッサージをしたものの、効果はなかった。午前8時36分、看護師はAの自宅に電話し、Aの妻の指図を受けて病院に電話をする一方、救急車を呼んだ。午前8時50分、救急車が到着したときには、Aはすでに息絶えた状態で、救急隊員が吸引器を用いて、Aの口腔内から異物を吸引した。搬送された病院において、医師によりAの死亡が確認された。

ウ）妻とその子二名はYに対し、Aの死亡はY職員の過失によるものであるとして、不法行為（使用者責任）又は債務不履行に基づく慰謝料などを求めて提訴した。裁判所は、慰謝料2,000万円、葬儀費用120万円、弁護士費用100万円を含む総額2,200万円の損害賠償請求を認容した。

ア）「Aは、食事の際に、飲み込みが悪く、口にためこんで時間がかかる者であったこと、Aは、朝食時、ご飯を半分近く、なめたけおろし、茄子、味噌汁のおつゆを摂取していたこと、本件事故が朝食直後に起きていること、救急隊員の応急処置において、口腔内から異物が発見されていること、N医師の診察時も、気道に食物が詰まっていたこと、同医師が、死因を窒息と判断していること、などが認められるのであり、これらに照らすと、Aの死因は、食物の誤飲による窒息と認められる。」

イ）「Aは、食事の際に、飲み込みが悪く、口にためこんで時間がかかる者であったこと、本件事故が朝食直後に起きていることなどからすれば、Aの異変を発見した際に、真っ先に疑われるのは、誤飲であったと言うべきである。しかしながら、Kらは、誤飲を予想した措置を取ることなく、吸引器を取りに行くこともせず、また、午前8時25分ころに異変を発見しながら、午前8時40分ころまで救急車を呼ぶこともなかったのであり、この点に、適切な処置を怠った過失が認められる。」

ウ）「本件において、仮に、速やかに背中をたたくなどの方法を取ったり、吸引器を使用するか、あるいは、直ちに、救急車を呼んで救急隊員の応急処置を求めることができていれば、気道内の食物を取り除いて、Aを救命できた可能性は大きいというべきである。」

（3）行方不明

＜静岡地裁浜松支部平成13年9月25日判決＞

▶ ①事実の概要

ア）亡Aは、失語を伴う重度の老人性痴呆症（原文ママ）であったが、歩行に不自由はなく、妻であるX1との意思疎通は可能であった。Yは、特別養護老人ホーム等を経営する社会福祉法人で、Sデイサービスセンターにおいて、認知症高齢者を対象とする老人デイサービスセンターE型（Y施設）を開設し、H市より在宅老人福祉対策事業として、運営を委託され、老人デイサービスを実施していた。

イ）介護負担が増してきたことから、X1は同サービスの利用を申し入れ、平成9年4月30日に参観訪問した後、Aは同年5月2日以降、週2回通所するようになった。Aは、ときおり不安定になり、帰宅したがったり、廊下をうろうろすることがあり、Y施設の職員もAの上記状態を把握していた。

ウ）同月21日、デイサービスを受けていた午前11時40分頃、Aは廊下面から高さ84センチメートルの1階廊下の網戸付サッシ窓から脱出し、そのまま行方不明となった。当日のY施設におけるデイサービスE型利用者は男性4名、女性5名の合計9名で、寮母2名で支援し

ていたが、１名は、入浴サービスに従事しており、他の１名は、要トイレ介助の女性２名をトイレに連れて行っていた。Ａ失踪時、Ｙ施設の北側玄関は内側からは容易に開かないようになっており、裏口は開けると大きなベルとブザーが鳴る仕組みになっていた。

エ）平成９年５月28日、Ａと面識のあるＪ町所在のＫがＡが来店したのを目撃したが、特に異常を認めなかった。しかし、同年６月21日午前４時40分頃、Ｉ市の海岸の砂浜に死体となって、打ち上げられているのを発見された。

オ）Ａの妻Ｘ１、子Ｘ２・Ｘ３・Ｘ４はＹに対し、使用者責任（民法715条）に基づく損害賠償を求めて出訴した。

▶②判旨

ア）「Ａは、Ｙ施設内では、職員一対一で精神状態が安定するような状況であれば、職員とも簡単な会話はでき、衣服の着脱などもできたが、多人数でいる場合には、緊張して、冷や汗をかいたり、ほとんどしゃべれなくなったり、何もできなくなったりした。また、不安定になり、帰宅したがったり、廊下をうろうろすることがあり、Ｙ施設の職員もＡの上記状態を把握していた。」

イ）「Ａは、失語を伴う重度の老人性痴呆と診断されており、このような者が、単独で施設外に出れば、自力で施設又は自宅に戻ることは困難であり、また、人の助けを得ることも困難であると考えられる。Ａは、失踪直前に靴を取ってこようとしたり、廊下でうろうろしているところをＹ施設の職員に目撃されており、Ｙ職員としては、ＡがＹ施設を出て行くことを予見できたと認められるから、Ａの行動を注視して、ＡがＹ施設から脱出しないようにする義務があったと認められる。しかし、当日のＹ施設におけるデイサービスＥ型利用者を担当していたのは、寮母２名のみであり、１名は、入浴サービスに従事しており、他の１名は、要トイレ介助の女性２名をトイレに連れて行き、Ａを注視する者はいなかったため、Ａは網戸の開いた窓にのぼり、そこから飛び降り、そのまま行方不明になったものである。

ウ）Ａ失踪時、Ｙ施設の北側玄関は内側からは容易に開かないようになっており、裏口は開けると大きなベルとブザーが鳴る仕組みになっていて、Ａが出ることは困難であった。しかし、Ａのような身体的には健康な痴呆性老人が、84センチメートル程度の高さの施錠していない窓（84センチメートル程度の高さの窓であればよじ登ることは可能であることは明らかである。）から脱出することは予見できたと認められる。したがって、Ｙ職員には、Ａの失踪について過失がある。

エ）たしかに、二人の寮母で、男性４名、女性５名の合計９名の痴呆老人を介助し、入浴サービスに連れて行ったり、要トイレ介助の女性をトイレに連れて行ったりするかたわら、Ａの挙動も注視しなければならないのは、過大な負担であるが、これをもって回避の可能性がないということはできない。

オ）Yは法令等に定められた限られた適正な人員の中でデイサービスE型事業を実施しているので過失はないと主張する。しかしながら、法令等に定められた人員で定められたサービスを提供するとサービスに従事している者にとって過大な負担となるような場合であっても、サービスに従事している者の注意義務が軽減されるものではない。したがって、Y職員は、Aの失踪について過失があり、Y施設の建物及び設備に瑕疵があるかについて判断するまでもなく、Yは、Y職員の前記過失と因果関係のある損害を賠償するべき責任がある。」

カ）「平成9年5月28日、Aと面識のあるJ町所在のKがAが来店したのを目撃したが、特に異常を認めなかった。」

キ）「Aは、平成9年5月21日、Y施設から失踪した後、同年同月28日まで、外見上とくに異常なく生存していたと認められ、その後、Y施設から遥か離れた砂浜に死体となって、打ち上げられるにいたった経緯は全く不明である。……Aは、事理弁識能力を喪失していたわけではなく、知った道であれば、自力で帰宅することができていたのであり、身体的には健康で問題がなかったのであるから、自らの生命身体に及ぶ危険から身を守る能力まで喪失していたとは認めがたい。Aは、Y施設から出た後、帰宅しようとしたが、バスで通所していたため、道がわからず、他人とコミュニケーションができないため、家族と連絡がとれないまま、放浪していたものと推認できる。そうすると、同人の失踪からただちに同人の死を予見できるとは認めがたく、他にY職員の過失とAの死との相当因果関係を認めることができる証拠はない。」

ク）「Aが行方不明になることにより、同人の家族が被った精神的苦痛は、Y職員の前記過失と相当因果関係にあると認められる。しかし、失踪後のAの状況について不明であるので、A固有の慰謝料を認めるのは相当でない。」X1につき130万円、X2・X3・X4につき各43万円の慰謝料等にかかる請求を認容した。

（4）利用者同士のトラブル①

＜青森地裁平成21年12月25日判決＞

▶ ①事実の概要

ア）亡Aは、自閉症、てんかん、行動障害および重度の知的障害を負っており、平成15年1月に実施された知能検査（全訂版田中ビネー知能検査）では、IQ24と判定されていた。亡Aは、平成15年4月8日、児童福祉法に基づく措置決定により、被告Y1（社会福祉法人）の関連法人である学校法人の開設するH養護学校の高等部に入学し、Y1の経営するF学園内のG寮に入所した。

イ）亡AがG寮に入所した当時、同寮には、児童福祉法に基づく措置決定により、行動障害を伴う知的障害を有する成人男性（平成16年当時33歳。以下、「加害者」という）も入所して

いたところ、亡Aは、同年10月１日以降、加害者から３回の暴行行為を受けたほか、受けそうになったところをＹ１職員が２回制止した。いずれも負傷はなく、治療を要する状況ではなかった。最初の暴行行為直後に、担当職員から母親に対し亡Aが加害者の標的の一人にされてしまうと伝えられていた。なお、Ｙ１としては、加害者が成人施設に移ることができるよう努力していたが、受け入れ施設が見つからないため、G寮における支援を継続していた。

ウ）平成16年当時のG寮には、男性11名が入寮し、４名の担当職員が日課の支援や介助等を行っていた。なお、夜間における利用者の支援や介助等は、Ｙ１の当直職員が行っていた。亡Aは、平成15年11月26日、G寮の浴室で入浴中にてんかん発作を起こしたが、Ｙ１職員がこれに対応したため、命に別状はなかった。

エ）亡Aは、平成16年７月21日午後３時50分ころ、G寮内の浴室において、浴槽内に心肺停止状態で沈んでいる状態で発見され、救急車で市立Ａ病院に搬送されたが、同日午後５時５分に死亡が確認された（本件死亡事故）。亡Aの死因は、溺水とされている。

オ）Ｆ学園においては、本件死亡事故後の平成19年当時には、施設利用者の「入浴支援マニュアルリスクレベル表」が作成されており、この中で、障害状況としててんかん発作を有する者が入浴する場合は、リスクレベルが高いものとされ、遵守事項として、常に職員が浴室内にいることとされているが、本件死亡事故が発生した平成16年当時は、被告Ｙ１職員の間で入浴中に利用者がてんかん発作を起こした場合に死亡事故につながる危険性があることは認識されていたものの、上記のようなマニュアルは作成されておらず、利用者が入浴する際は、５分ないし10分に１回の頻度で見守りをする運用とされていた。

カ）亡Aが入浴を開始した時点では、G寮においては、被告Ｙ２を含む３名の職員が勤務していたが、本件死亡事故の発生時点では、被告Ｙ２は当直後の時間外勤務を終えて退勤しており、勤務を継続していた２名の男性職員のうち１名は、本件死亡事故発生の前日から勤務し始めたばかりであり、亡Aがてんかん発作を起こすおそれがあることを十分に理解していなかった。

キ）Ｙ１は、同年７月30日、本件死亡事故の資料の写しを原告Ｘら（亡Aの両親）に送付したところ、これを読んだＸらは亡Aが加害者から受けていた暴行の具体的内容を知った。

ク）その後、Ｙ１は、保険会社が認定した死亡慰謝料1,700万円とＹ１およびＦ学園元園長の出捐による800万円の合計2,500万円の支払を提示した。しかし、Ｘらは、上記賠償金の算定において、亡Aの逸失利益が含まれていないことなどを理由に、これを受け入れなかった。そこで、Ｙ１は、死亡慰謝料を増額するとの名目で、さらに300万円を加算した合計2,800万円の支払を提示したが、Ｘらはこれを受け入れず、平成19年３月30日、〔1〕亡Aと同じ寮に入所していた加害者から亡Aが繰り返し受けていた暴行被害について、（ア）暴行を防止しなかったＹ１の安全配慮義務違反により亡Aが取得し、Ｘらが相続した亡Aの身体的及び精神的苦痛に対する債務不履行による損害賠償請求権、および（イ）Ｙ１が上記の暴行による亡Aの被害等をＸらに報告すべき信義則上の義務を怠ったことにより、Ｘらが被った精神

的苦痛に対する債務不履行による損害賠償請求権に基づき、Ｙ１に対し慰謝料等の支払を求めるとともに、〔２〕本件死亡事故について、担当職員であった被告Ｙ２およびその使用者であるＹ１に亡Ａに対する安全配慮義務違反があったとして、債務不履行又は不法行為による損害賠償請求権に基づき、連帯して賠償するよう求めた。

▶ ②判旨（請求一部認容・一部棄却）

ア）「施設利用者が安全に施設を利用しうる環境を確保すべく、施設利用者の行動を注視し、その身体的安全が確保されるように適切に配慮すべき義務を負うものというべきである。とりわけ、Ｇ寮のように、知的障害者が入所する施設の場合、〔１〕施設利用者が自己の生命・身体に危険を及ぼすような行動に出ることや、〔２〕行動障害を伴う者が、他の施設利用者に対し、暴力的行動に出ることを十分に予測しうるのであるから、施設の管理者である被告Ｙ１において、より一層、施設利用者の行動に意を払うべきものといわざるを得ない。」

イ）「Ｇ寮の利用者らは知的障害者であるから、そのうちの誰がいかなる場合に他の施設利用者へ加害行為に及ぶかを具体的に予測することには困難な面があることは否定しがたいものの、他方で、被告Ｙ１は、知的障害者の支援施設を設置する社会福祉法人であり、知的障害者の行動への対処については知識や経験を有するはずであり、施設利用者が、常時、突発的に他の施設利用者への加害行為に出るおそれがあること、特に加害者のような行動障害を伴う知的障害者が加害行為に及ぶ可能性があることを当然に予測しうるというべきである。」

ウ）「本件各行為（暴行行為）は、知的障害を有する施設利用者同士のトラブルというべきものであって、Ｇ寮のような障害者が利用する施設において、このようなトラブルが発生することは当然に想定されているものというべきである。Ｙ１としては、既に説示したように、暴力行為に至るような事態の発生を防止すべき安全配慮義務を負っているものではあるが、同義務違反にまでは至らない多くのトラブルが発生しているであろうことは十分に推認できるところであって、このようなトラブルの発生を完全に防止することは現実的に極めて困難というほかなく、その発生したトラブルの全てについて、その保護者に報告することも現実的とはいいがたい。」

エ）「知的障害者施設の設置者が、同施設において発生する多くのトラブルの全てについて、トラブルの当事者の保護者に対し、報告義務を負っているものとはおよそいうことができないし、仮にそのトラブルのうちに施設設置者の安全配慮義務違反が問われざるを得ないものがあったとしても、そのことから直ちにＸら主張のような報告義務が生ずるものということもできない。そして、施設利用者が医師の治療を要する負傷を受けるほどの被害に遭った場合や、負傷するまでには至らないとしても、頻繁に暴行を受けるような状況が生じたのであれば格別、上記認定説示のとおり、亡Ａは、本件各行為によって負傷したものではなく、加害者による暴行も頻繁で継続的なものとまではいえないところであるから、Ｙ１が、Ｘらに対

し、Xら主張のような報告義務を信義則上負っていたものと解することはでき」（ない）。

オ）「本件死亡事故に関し、被告Y２がてんかん発作の危険性がある亡Aの入浴時の見守りを怠り、かつ、他の職員に対する適切な引き継ぎを怠ったことについては被告らも認めており、争いがない。したがって、本件死亡事故につきY２は不法行為に基づく損害賠償義務を、Y１は使用者責任に基づく損害賠償義務をそれぞれ負うものというべきである。」

カ）（亡Aは、重度知的障害で、直ちに一般的な就労が可能とはいえないが、今後の成長や社会環境などの変化・進展を考えると、）「自閉症を含む重度の知的障害を抱えながらも、その就労可能な全期間を通して相当の賃金を得ることができた蓋然性を否定することはできない」（として、）「亡Aは、その就労可能な全期間を通して、一定の生活支援及び就労支援を受けることを前提として、少なくとも最低賃金額に相当する額の収入を得ることができたと推認するのが相当であるというべきである。したがって、亡Aについては、最低賃金額を基礎収入として逸失利益を算定すべきである。」

＊慰謝料・逸失利益等各原告につき、1,623万円余、計約3,250万円の賠償を命じた。

（5）利用者同士のトラブル②

＜大阪高判平成18年８月29日判決＞

▶ ①事実の概要

ア）亡Aは、B園のショートステイを利用するため、その前に利用していたCが帰宅するまでの間、デイルームで過ごしていた。本件事故が発生した午後８時15分ころはB園では３名の介護職員が勤務していたが、いずれも業務のためデイルームにはいなかった。

イ）Aがデイルームテーブル付近で車椅子に座ってテレビを見ていたところ、CがAの車椅子を自らの物と勘違いして、デイルームに入っていき、Aの車椅子のハンドルをつかんだ。職員DはCがデイルームに入っていくところを見かけたため、Cのところへ行き、Cに対して、Cの車椅子を示し、ハンドルをつかんでいる車椅子はAのものであることを説明して居室に戻らせた。そこで、Dはまた別の利用者の介護に戻ったが、その後、Cが再度デイルームに行き、Aの車椅子のハンドルを揺さぶったり、Aの背中を押していることに気づき、再度Cに言い聞かせて、居室に戻らせた。しかし、Cは、その後もまたデイルームに来て、Aの車椅子のハンドルを揺さぶったり、Aの背中を押したりしたので、DはまたCを居室に戻らせた後、別の利用者のおむつ交換に当たっていた。

ウ）ところが、デイルームからドスンという物音が聞こえたため、Dはすぐにデイルームに向かったところ、デイルームでは、Aが車椅子の横に車椅子の方向とは反対方向を向いてうつぶせに倒れていた。車椅子は倒れておらず、Cは、車椅子の背後にハンドルをつかんで立っていた。

エ）Aは同日、医師の往診を受け、翌日に検査、その翌日にも検査を行った。その数日後、A
　　の孫で成年後見人であったEらがB園を訪れ、Aが歩行できないことを告げたところ、B園の
　　職員は同一医療法人の経営する別の病院に連れて行った。同病院での検査の際、Aが暴れた
　　ため、左大腿部のレントゲン撮影はできなかった。

オ）その翌日から3日間の予定でAはショートステイでB園を利用し、その間少なくとも3回
　　の足の曲げ伸ばし運動を行った。後日、Aは左大腿骨頚部骨折と診断され手術を受けたが、歩
　　けなくなり身障1級に認定されるに至った。

カ）AはB園経営の社会福祉法人（Y）に対し、ショートステイ利用契約上の債務不履行を、医
　　療法人に対し、医師の診療契約上の債務不履行を主張して、損害賠償を請求し、Aの死亡後
　　（なお、死亡自体は本件事故とは関係しない）、Aの子2名が訴訟継承して争った。

▶ ②判旨

（職員配置が不十分であることが安全配慮義務違反に当たるかについて）

ア）「このような人員の配置自体が介護保険法や老人福祉法及びその他の関係法令に違反すると
　　いうのであれば格別、このような事実を認めることのできない本件においては、…人員配置
　　の結果、入所者に対して十分な配慮や対応ができず、その結果、安全配慮義務違反が生ずる
　　結果となったとの事情の一つとして考慮されることはあり得るとしても、このことが直ちに、
　　違法なものであり、被控訴人Yの負う安全配慮義務に違反するということはできない」（契
　　約上の事業者の義務としてサービス提供にあたり、契約者の生命、身体の安全に配慮すべき
　　義務を負うのは当然として、本件においてこのような義務を怠ったといえるかについて）

イ）「…Cの行動に照らせば、CはDの説得には納得せず、その後も継続してAに同様の行為を
　　行うことは予測可能であったというべきであり、このことは、被控訴人Yにおいても、自認
　　するところであって、むしろ、このような経過に照らせば、Cの行動は、さらにエスカレー
　　トしていくことも十分に予測可能であった」

ウ）「…Dは、単に、Cを自室に戻るよう説得するということのみではなく、さらに、Aを他の
　　部屋や階下に移動させる等して、Cから引き離し、接触できないような措置を講じてAの安
　　全を確保し、本件事故を未然に防止すべきであったものというべきところ、このような措置
　　を講ずることなく、本件事故を発生させたものであり、被控訴人Yには、安全配慮義務の違
　　反があるといわざるを得ない。」

　　補足：事故後の診療に当たった医療法人社団に対して、適切な診断を行うべき義務を怠った
　　　　　という主張もなされたが、裁判所は義務違反なしと判断。

（6）その他①

＜千葉地裁平成20年7月4日判決＞

▶ ①事実の概要

　知的障害者生活支援施設の職員である被告人が、施設を利用している障害者6名を車に乗せて作業場から施設に帰る途中、障害者の1人が車内において突然てんかん発作を起こしてしまい、同人の様子を観察するために脇見運転をし、その結果自車を対向車線に進出させ、対向してきた大型貨物自動車に直前になって気付き、あわてて急制動措置を講じると共に左転把したが、対向車も右に回避措置をとったことから正面衝突事故になり、自車を大破させ、自車同乗者（施設利用者）のうち4名を死亡させ、2名に重傷を負わせ、対向車の運転手にも傷害を負わせた。

▶ ②判旨

　「被告人の注意義務違反の態様は、前方注視義務及び進路の安全確認義務を欠き、その結果自車を対向車線に進出させたものであって、その過失の程度は大きい。」「しかしながら、被告人が上記過失に至った事情については、同乗者の1人が走行中に突然てんかん発作を起こしてしまい、その場で対応できる者が施設職員である被告人1名だけであったところ、突然のことで気が動転し、適切な措置を講ずることができなかったという側面も存するのであって、上記過失に至った事情には酌量の余地がある。また、死亡したBの死因は、本件事故による小腸穿孔等であり、医学的に早期発見が困難であった（早期発見できていれば救命の可能性は高かった。）という不幸な事情も存在する。」

　「また、被告人は、…本件過失について深く後悔・反省し、改悛の情が顕著であること、…死亡した被害者の遺族や傷害被害者らにおいて、被告人を重く処罰することを望んでいないこと」などの諸事情を酌量して、禁固3年執行猶予4年とする。

（7）その他②

＜福岡高裁平成24年7月12日判決＞

▶ ①事実の概要

　被控訴人Yが管理する病院に入院していた控訴人Xの娘Aの病状等を、同病院の看護師Cがその夫Bに漏洩し、Xが経営する飲食店で、夫BがXに告知したことにより、Xが、その秘密が漏洩されたことを知り、精神的損害を受けたと主張し、Yに対し、民法709条又は715条に基づき、慰謝料等の請求をした。なお、XとB、C間ではすでに示談が成立している。

▶ ②判旨

ア）「もとより、夫婦間の会話において、互いの職業上体験した事実が話題になることはあり得ることであるが、Aの病状の重大性からすると、大変重い病気にかかっていることや余命については、医師がその判断によって本人や控訴人等の親族に告知する以外の方法でこれが明らかにされることを避けるべき必要性が高く、高度の秘密として秘匿すべきことはいうまでもなく、このように秘匿すべき程度の高い秘密を、その個人が特定できる形で漏洩し、そのことが伝播する可能性を認識しながら口止めもしなかったというのは、軽率のそしりを免れない。」

イ）「職務上知り得た上記のような控訴人の秘密を夫であるBに告げて漏洩し、口止めもしなかったというCの行為は、夫婦間で私的に行われた行為であるから被控訴人の事業の執行について行われたといえないのではないかとの疑問も生じ得ないではない。しかしながら、Cが、Xの子供が重い病気にかかり、半年の命であるという秘密を知ったのは、当然ながら、看護師として被控訴人の事業に従事することによるものである。そして、Cは、被控訴人の従業員として、その職務上知り得た秘密を、勤務時間の内外を問わず、また、勤務場所の内外を問わず、漏洩してはならない不作為義務を被控訴人に対して負っていたものであり、被控訴人もまた、被控訴人の管理する当該秘密が漏洩されることのないよう、被用者であるCに対し、勤務時間及び勤務場所の内外を問わず、職務上知り得た秘密を漏洩しないよう監督する義務を負っていたものであり、そのような監督は十分に可能であったといえる。そうすると、Bに当該秘密を漏洩し、口止めすることもなかったというCの行為は、勤務時間外に自宅で夫に対して行われたものとはいえ、CがXに対して従業員として負う上記不作為義務に反する行為であり、これによりYの管理する秘密が漏洩されたから、Yの事業の執行について行われたものに当たるといわなければならない。」

ウ）「Yが、個人情報管理規程の制定、職員への周知、備え置きをしていたこと及びCに誓約書を作成、提出させていたことは認めることができる。」

エ）「しかし、C本人尋問の結果によれば、CがBに患者の個人情報を漏洩したのは今回が初めてではないことが窺われ、Cがそのことについて問題意識を有していたとは認め難く、この事実に上記の指導が法規の制定に伴う個人情報保護の説明をするものであったことを併せ考慮すると、秘密の漏洩の意味やそのおそれについて具体的に注意を喚起するものであったとは考えられず、およそ十分なものであったと認めることはできない。さらに、Yにおいては、本件について、報告書を作成したり、所轄官庁への報告をしたりはしていないこと、Cに対する懲戒処分にしても、事実を確定させ、守秘義務違反を認めるものではないことが認められ、これらは、守秘義務に対するYの認識が不十分であること、その指導も不十分であったことを推認させるものであるということができる。そうすると、Yにおいて、Cの選任及びその事業の監督について相当の注意をしたものとは認め難い。」

3-4 訴訟を想定した事故解決に向けた取組みの各段階でのポイント

　万一、家族との関係がこじれて訴訟にまで発展してしまった場合、事故発生から解決に至るまでのプロセスは、①初期対応、②原因究明・責任検討、③損害確定、④示談交渉の大きく4段階に分類することができます。ここでは各段階での対応の実践ポイントを解説します。

▶ ①初期対応

ア．初期対応の重要性

　事故解決において最も重要なのは「適切な初期対応」であり、まさに「初期対応ですべてが決まる」といっても決して過言ではありません。

　適切な初期対応がなされなかったばかりに先方との関係が悪化し、その後の関係修復に多大な労力を費やすケースも珍しくありません。何らかの申し出を受けた場合には、まず、正確な事実の把握および関連情報の入手に努めるとともに、何よりも誠実な対応を心がけることが必要です。そして適切な初期対応を行うためには、客観的な視点から事実を適正に把握し、文書として記録・保管すること、損害保険会社や弁護士などの第三者に必要に応じて協力を求める体制を整えておくことがポイントとして挙げられます。

イ．初期対応における基本的スタンス

＜施設・事業所側に過失がないと予想される場合＞

　施設・事業所側に何ら過失がないにもかかわらず、不幸にして事故が発生し、損害が生じた場合において、最初から、当たり前のことだから仕方がない、自分たちに責任はないといった頑な態度は避けなければなりません。利用者側からクレームがあった場合は、次の点に留意して、十分に話を聞くことから始めなければなりません。

　・利用者側の期待と結果にどのような違いがあったのか。
　・利用者側の期待は実現可能性のあるものなのか。
　・具体的にどのような措置に不満を持っているのか。
　・不満の原因は何か（感情の吐露か、責任の追及か）。
　・現時点において何を求めているのか（謝罪か、損害賠償か）。

利用者側から担当職員に対して不満を訴えたのに、職員が「それは仕方のないことです」の一言で放置し、上司に全く相談せず、またそれ以上の対応をしない間に、不信感が募って弁護士に委任し、訴訟が提起されることは少なくありません。最初に苦情を受付けた職員の対応が、その後の解決に大きな影響を与えます。

　また、話を聞き取った後の対応にあたっては、次の点に留意する必要があります。

・利用者側の主張を整理して繰り返す。
・利用者側の心情には基本的に同意する。
・利用者側が理解できるまで丁寧に説明する。

　先ほども説明しましたが、道義的責任に基づきお見舞いの言葉や気持ちを伝えることと、責任を認め謝罪をしたり、損害賠償をしたりすることは全く別の問題であるということを理解しなければなりません。すなわち、クレームが発生する場合は、常に利用者側に不幸な結果が発生しており、同情に値するのですが、不幸な結果が発生したということと、施設・事業所側に過失があり、それによって不幸な結果が引き起こされたということは全く別の問題だということです。一方で、自らの責任追及を回避するがために、利用者側の心情に配慮することなく、必要以上に事実のみを冷徹に説明することも得策ではありません。

　このように、利用者側を思いやることと、法的な責任を負うことを、意識の上でしっかりと区別して対応する必要があります。

＜施設・事業所側に過失があると予想される場合＞

　施設・事業所側に何らかの過失があった可能性のある場合は、「十分に内部で検討し、協議の上で対応させていただく」との姿勢を明らかにすることが必要です。特に過失が明らかな場合には、利用者側の申し出を待つことなく、自ら進んで解決に動くことが必要不可欠です。利用者の声に左右されるのではなく、あくまでも原因や内容に従って適切な解決に向けて取り組むことが求められます。

　なお、繰り返しになりますが、法律上の損害賠償責任の有無に対応の機軸を置いた上で、必要に応じて道義的責任を果たしていくとのスタンスに立ち、お見舞いをすること、誠意を持って対応すること、要望をしっかりと聴取することが円満な解決の鍵となります。

　具体的な交渉に入る前段階では、道義的な責任（礼節や常識を重んじる）について十分な配慮をすることが求められます。一方、示談交渉に差しかかった段階では、道義的な責任を強く意識するあまり、交渉のスタンスがはっきりとせず、かえって解決を困難にする場合もあるため、まず法的な責任を果たすために最低限すべきことは何か、そして道義的な観点からさらに付加的に対応すべき点は何かという順序で考えるようにすることが大切です。

ウ．損害保険会社への通知

　賠償責任保険に加入している場合には、損害保険会社に対して速やかに事故報告を行い、その損害保険会社の専門家の協力を得ながら対応していくことになります。

▶ ②原因究明・責任検討

ア．原因究明

　収集した情報や、その後の診断・治療において判明した事実から、被害発生の原因を分析します。原因を分析する際には原因究明チームを組織します。あらかじめチームに参画する役職員を決定しておくことが望ましいです。そしてその際には、当事者である職員本人に与える影響や、聴取可能な情報の種類などを考慮しつつ、事務長やリスクマネジャーが本人から、いかに事実を吸い上げられるかが重要なポイントになります。

イ）責任検討

　責任の検討についても、責任検討チームを組織します。基本的にこの後の示談交渉は、法律上の損害賠償責任の有無が明確にならなければスタンスを決めることができません。法律上の損害賠償責任は、高度な法律的な判断を要することも少なくなく、このため加入している損害保険会社の専門家や、弁護士などに相談しながら判断していくことが重要です。さらに、組織として、道徳的・道義的な観点からどのような対処をすべきか、併せて検討することも必要になります。

　責任の有無を検討する手順を図３－４－１で示します。

図３－４－１　責任の有無の検討手順

> a．利用者に関する基礎データを整理する。
> b．事実関係（利用者の変化やスタッフによる対応）を時系列で整理する。
> c．時間の流れにしたがって、予見可能性、結果回避可能性（何をすればよかったか）を順に検討していく。
> d．立証書類の内容を検討する（支援記録の内容・整合性など）。
> e．問題点（予想される争点、特に事実上の因果関係と過失の有無）を洗い出す。
> f．争点について、正当性を立証できる文献・判例などを検討する。
> g．総合的な評価を行う。

　これらを実施した後、今後の具体的な利用者側との交渉方針を決定することになります。

▶ ③損害の確定

ア．支払うべき損害賠償金の範囲

　加害者が支払うべき損害賠償の範囲は、民法の規定に基づき相当因果関係の認められる損害となり、具体的には次の通りです。

> 人的損害の場合：治療費、慰謝料、通院交通費
> 後遺障害の場合：後遺障害慰謝料、逸失利益
> 死亡の場合：葬儀費用、本人・遺族の慰謝料、逸失利益

　具体的な金額の決定にあたっては、これらの費用の支出に関する証明書類（領収証など）や所得証明（源泉徴収票など）を被害者から提出してもらう必要があります。また、施設・事業者に責任が認められたとしても、利用者側に不注意があった場合などには、その程度に応じて過失相殺＊が適用されることになります。

　　＊過失相殺…損害賠償請求にあたって、被害者にも損害発生に寄与するような過失があれば、それを特に考え合わせて損害額を減らすこと。

イ．専門家のアドバイス

　損害額を確定させ、損害賠償金を算出するには、専門知識が必要になります。適正な損害賠償金の算出に際しては、賠償責任保険に加入している場合、損害保険会社のアドバイスを得ることが得策です（事前に損害保険会社の承諾なく損害賠償金を支払った場合は、保険金が支払われないこともあります）。

▶ ④示談交渉

ア．示談交渉の基本的スタンス

　自らに何ら過失がなかったのであれば、被害者に対する損害賠償義務は発生しません。したがって、そのような場合は、申し出の内容を十分に聴取し、事故原因と自らに過失がなかったことを論理的に丁寧に説明し、損害賠償請求については丁重にお断りすることになります。

　しかし、検討の結果、賠償責任があることが明らかな場合には、できるだけ早期かつ円満に解決することが、信頼を回復する有効な手段となります。

　賠償責任の有無を判断する場合のポイントは「過失があったか」および「過失と損害の発生との間に因果関係があったか」です。ただし、仮に過失があったと認めざるを得ないとしても、被害者の請求内容が過大かつ不当なものである場合には、その請求を断固拒否することも必要になります。

イ．示談交渉の心構え

　示談交渉にあたって最も大切なことは、利用者側とはある意味で対等な立場であるという姿勢を失わないことです。加害者であるという点に負い目を感じて、おどおどしたり、卑屈になったりすることなく、冷静に対応することが大切です。

　示談交渉のポイントを図3−4−2で示します。

図3−4−2　示談交渉のポイント

・事前に交渉のポイントを相手方に伝える。
・説明用の資料を書面で準備する。
・交渉担当者は、示談交渉が必要以上に困難な仕事であると考えない。
・無理に一回で解決しようと思わない。
・許容範囲を超える場合は即答を避ける。

ウ．解決前のトラブル防止

　示談交渉の過程において、例えば、施設・事業所側が事故により発生した傷病に関する治療費を利用者に請求することになり、利用者側の感情を害し、交渉が難航することがあります。まったく責任がない場合はともかく、それ以外の場合については、治療費の請求をする、しないの判断基準を事前に設けておくと同時に、事務手続き上もそれを徹底しておくことが得策です。

エ．訴訟提起回避の手法

　被害者側から訴訟提起されることを防止するための特効薬はありません。しかし、客観的に判断して、施設・事業所側に過失がないにもかかわらず訴訟提起されることを防ぐには、過失がないことをいかに利用者側もしくはその代理人の弁護士に理解させるかであるといえます。また施設・事業所側に責任があると認められる場合は、適正な金額の範囲内で早期に和解を試みることも考えられます。

　民事訴訟に至る原因は、事実上の因果関係（施設・事業所側の措置と損害の発生の因果関係）が不明であり、裁判所の判断に委ねる以外にない場合、損害賠償金の折り合いがつかずに、妥当な損害賠償金の決定を裁判所に委ねる場合などが考えられますが、中には、施設・事業所や職員の責任を公の場で明確化したいとの利用者側の強い思いもあります。

　そもそも、訴訟は当事者の解決のために設けられた制度ですから、それを無理に回避する必要はないのかもしれませんが、わが国の風土に鑑みれば、当事者間の和解により円満に解決することの方が得策といえます。少なくとも、単なる心情的なしこりから訴訟に至ることのないように、事実を可能な限り究明し、利用者側の理解を得る真摯な取組みを忘れてはなりません。

オ．その他の留意点

　示談交渉において、特に利用者側が代理人として弁護士に委任している場合には、将来の訴訟への発展を視野に入れて対応しなくてはなりません。例えば、訴訟においては、示談交渉過程における施設・事業所側の説明や開示した情報の内容が、原告の主張のベースとなる場合が少なくありません。中途半端であったり不正確であったりする説明は、後から覆すことが困難となるケースも少なくありません。本来は、施設・事業所側に過誤はないと想定される事案の場合には、利用者側代理人が、早期かつ円満に和解をしようとしているように見えても、実は訴訟を維持するための単なる証拠収集が目的であることも少なくないため、慎重な説明が必要となります。

3-5 リスクマネジメントとしての保険の活用

（1）リスクマネジメントとしての保険の活用

　いつ発生するか分からない事故に対しては、保険の活用により、不確かな損害を保険料という確定したコストに置き換えられることから、安定的な事業活動を実施することが可能となります。

　公益財団法人日本知的障害者福祉協会では、協会会員専用プランとして『知的障害施設総合賠償保険』を創設し、支援費制度導入時の2003（平成15）年度より補償を行ってきましたが、時代とともに多様化するリスクへ対応可能な魅力ある制度とすることを目指して、補償内容並びに保険料の見直しを行い、2015（平成27）年４月に『障害者施設総合補償制度』へと改定しました。施設・事業所のリスクマネジメントの一環として、施設・事業所が抱えるさまざまな賠償リスクに対応するための幅広い補償を揃えています。

（2）障害者施設総合補償制度について

　障害者施設総合補償制度
　（日本知的障害者福祉協会会員専用プラン）

　この保険は、障害者施設を対象とした保険で、賠償責任保険（業務遂行上の事故や施設・事業所の所有、使用、管理に起因する損害賠償責任等）を基本補償として、職員の傷害や什器・備品等の物損害に関する補償等、事業者を取り巻くさまざまなリスクを総合的にカバーできる公益財団法人日本知的障害者福祉協会会員専用商品です。

　障害者施設総合補償制度の基本補償では、施設や事業所が被る法律上の損害賠償責任を補償し、損害賠償責任が発生しない場合にも慣習として支払った見舞金や施設・事業所が負担した治療費・葬祭費を補償します。また、基本補償以外にもさまざまなリスクに対応するため、必要に応じて各種オプションを自由にセットすることができます。

障害者施設総合補償制度

※「障害者施設総合補償制度」は「介護保険・社会福祉事業者総合保険」「役員賠償責任保険」のペットネームです

基本補償（内容）			1型 支払限度額	2型 支払限度額	3型 支払限度額	4型 支払限度額	5型 支払限度額	6型 支払限度額
①	対人賠償	1名	5億円（対人・対物共通）※生産物補償は対人のみ	2億円	1億円	5,000万円	1億円	3億円
		1事故・保険期間中		10億円	10億円	5億円	10億円	20億円
	対物賠償	1事故・保険期間中		2,000万円	1,000万円	500万円	1,000万円	2,000万円
②	管理財物	1事故・保険期間中	100万円	200万円	200万円	100万円	200万円	300万円
		うち現金・小切手	10万円	20万円	20万円	10万円	20万円	30万円
③	使用不能（注1）	1事故・保険期間中	3,000万円	3,000万円	3,000万円	3,000万円	3,000万円	3,000万円
④	事故対応費用	1事故・保険期間中	1,000万円	1,000万円	1,000万円	1,000万円	1,000万円	1,000万円
		うち（注2）臨時雇い入れ費用	100万円	100万円	100万円	100万円	100万円	100万円
⑤	人格権侵害	1名・1事故・保険期間中	5,000万円	1,000万円	1,000万円	500万円	1,000万円	3,000万円
⑥	経済的損害	1事故・保険期間中	1事故100万円 保険期間中300万円	1事故100万円 保険期間中300万円	1事故100万円 保険期間中300万円	1事故100万円 保険期間中300万円	1事故100万円 保険期間中300万円	1事故100万円 保険期間中1,000万円
⑦	【1型2型3型】被害者治療費・対人見舞費用等（注3）／【4型5型6型】対人見舞費用	死亡・後遺障害（1名あたり）	死亡100万円 後遺障害0.4～10万円	死亡100万円 後遺障害0.4～10万円	死亡100万円 後遺障害0.4～10万円	死亡5万円 後遺障害0.2～5万円	死亡10万円 後遺障害0.4～10万円	死亡10万円 後遺障害0.4～10万円
		【1型2型3型】1名・1事故・保険期間中（1名あたり）／【4型5型6型】入院・治療の場合（1名あたり）	被害者1名につき100万円 期間中1,000万円限度 上記見舞金と合算して、被害者1名につき、1事故・保険期間中につきこれらの額が限度となります。	被害者1名につき100万円 期間中1,000万円限度 上記見舞金と合算して、被害者1名につき、1事故・保険期間中につきこれらの額が限度となります。	被害者1名につき死亡の場合100万円 死亡以外の場合50万円 期間中500万円限度 上記見舞金と合算して、被害者1名につき、1事故・保険期間中につきこれらの額が限度となります。	入院（31日以上）3万円 入院（15日以上）2万円 入院（8日以上）1万円 入院（7日以内）0.5万円 治療（31日以上）2万円 治療（15日以上）1万円 治療（8日以上）0.5万円 治療（7日以内）0.3万円	入院（31日以上）5万円 入院（15日以上）3万円 入院（8日以上）2万円 入院（7日以内）1万円 治療（31日以上）3万円 治療（15日以上）2万円 治療（8日以上）1万円 治療（7日以内）0.5万円	入院（31日以上）5万円 入院（15日以上）3万円 入院（8日以上）2万円 入院（7日以内）1万円 治療（31日以上）2万円 治療（15日以上）2万円 治療（8日以上）1万円 治療（7日以内）0.5万円
⑧	【1型2型3型】（就労支援実習用）対物見舞費用等	1事故・保険期間中	1事故2万円 保険期間中50万円	1事故2万円 保険期間中50万円	1事故2万円 保険期間中50万円			

※基本補償に免責金額はありません。／（注1）財物損壊を伴わない財物の使用不能。／（注2）定員のない施設・事業所のみでご加入いただいた場合は補償されません。／（注3）入院・治療の場合も補償します。

オプション項目

オプションⅠ：施設・事業所の抱えるリスクに関する補償	オプションⅢ：施設・事業所役職員に関する補償
Ⅰ－1　使用者賠償責任補償特約	Ⅲ－1　業務中傷害補償特約（Ⅱ－3と同内容）
Ⅰ－2　借用自動車危険補償特約	Ⅲ－2　感染症見舞金補償費用補償特約
Ⅰ－3　借用不動産補償特約	Ⅲ－3　等級ダウン補償費用補償特約
Ⅰ－4　受託物賠償責任補償特約	Ⅲ－4　役職員等の私有物補償費用補償特約
Ⅰ－5　情報漏えい賠償責任補償特約	
Ⅰ－6　身元信用特約	オプションⅣ：役員の賠償責任に関する補償（役員賠償責任保険）
Ⅰ－7　財産補償特約	
Ⅰ－8　施設追加補償特約	Ⅳ－1　管理職員補償特約・雇用慣行賠償責任補償特約（限定）
Ⅰ－9　雇用慣行賠償責任補償特約	Ⅳ－2　会社訴訟補償特約
Ⅰ－10　緊急費用補償特約　NEW	Ⅳ－3　コンサルティング費用補償特約
Ⅰ－11　製造業者危険補償特約　NEW	Ⅳ－4　被保険者間訴訟補償特約
オプションⅡ：ご利用者に関する補償	Ⅳ－5　雇用慣行賠償責任補償特約（Ⅰ－9と同内容）
Ⅱ－1　施設利用者傷害見舞金補償特約（居住系・日中系）	
Ⅱ－2　自動車搭乗中傷害補償特約	
Ⅱ－3　業務中傷害補償特約	

（2019年1月承認）B18-104324

　　詳細については、日本知的障害者福祉協会ホームページ（http://www.aigo.or.jp/）をご覧ください。

（3）事故事例及び保険金支払い事例

【事例１】
　防災訓練中に利用者同士が押問答となり、倒れて頚椎損傷
　支払保険金：5,890,650円
　（補償項目／対人賠償、事故対応費用、見舞金見舞品費用）

【事例２】
　利用者が就寝中、他の利用者に唇を噛みちぎられる
　支払保険金：2,491,625円
　（補償項目／対人賠償、事故対応費用、見舞金見舞品費用）

【事例３】
　レクリエーション中に利用者が壁にぶつかり、すねヒザを強打し骨折
　支払保険金：250,662円
　（補償項目／対人賠償）

【事例４】
　利用者が施設・事業所内の機械に指を入れてしまい、第一関節を切断し手術
　支払保険金：1,370,650円
　（補償項目／対人賠償、事故対応費用、見舞金見舞品費用）

【事例５】
　利用者が施設・事業所内の作業所入り口で転倒し、左大腿骨を骨折し手術
　支払保険金：1,495,703円
　（補償項目／対人賠償、事故対応費用、見舞金見舞品費用）

【事例６】
　利用者がおやつを喉につまらせ意識不明の重体
　支払保険金：4,132,452円
　（補償項目／対人賠償、事故対応費用、見舞金見舞品費用）

【事例７】
　利用者がポットのお湯を流しに捨てる際、右手にお湯がかかりヤケドを負う

支払保険金：83,165円

（補償項目／治療費用、見舞金見舞品費用）

【事例8】

　ボランティアが木を切るためイスを使用し、降りるときにバランスを失い落下、腰を打ち脊

椎骨折

　支払保険金：228,932円

（補償項目／ボランティア補償）

【事例9】

　利用者が病院で他の患者にケガを負わせる

　支払保険金：123,180円

（補償項目／対人賠償）

【事例10】

　利用者が敷地内に停めてあった別の利用者の親の車を傷つける

　支払保険金：73,742円

（補償項目／対物補償）

【事例11】

　利用者が散歩中多数の幼児と母親を見て、通りすがりの母親の服と髪につかみかかり、髪

が抜け、首から肩を痛めて通院

　支払保険金：1,800,423円

（補償項目／対人賠償）

　※上記「事例1〜11」の内容は、『知的障害施設総合賠償保険』の支払い実績によるものです。

参考文献

・「知的障害者施設のリスクマネジメント　事故防止マニュアル2」㈶日本知的障害者福祉協会　2008

第4章

リスク要因分析と
対策立案

4-1 事故関連情報の収集・活用

　1-10ではリスクマネジメント体制に関する事項として「リスクマネジメント方針」と「リスクマネジメント委員会」について説明を行いました。ここからは実際に行う具体的な取組みについて説明していきます。

　まず取組みの第1段階として行うのはリスクの把握です。どこにどのようなリスクがあるか分からなければ、手の打ちようがありませんので業務に潜むリスクを洗い出します。具体的には事故報告書・ヒヤリハット報告書を収集して要因分析を行います。おそらくほとんどの施設事業所で、すでに行われている取組みだと思います。しかし、必要な視点を見落としているために、形だけの取組みに終始してしまい、本来の効果を得られていないケースも多いのではないでしょうか。そのような陥りがちなケースを指摘し、押さえるべきポイント・視点をまとめていきます。

（1）なぜ事故関連情報を収集するのか

　なぜ事故報告書やヒヤリハット報告書を作成して情報を収集するか、その目的を明確にすることが大切です。大別すると以下の2点が考えられます。

▶ ①事故の再発防止

　事故が発生した場合、必ず再発防止の処置を取る必要があります。例えば、事故の原因が施設・事業所の設備の老朽化であったり、職員のケアレスミスであったりした場合、そのまま放置して同じような事故が再発すれば、その責任を問われる可能性は一段と高くなるでしょう。このため、事故報告書に基づいて、再び同じ事故が起こらないための対策を検討・実施しておくことが不可欠になります。

　また、事故報告書は事故に直接関係していない職員にとっても事故防止意識を高める上で非常に役立つ情報であるということができます。同じ施設・事業所内での事故は身近な問題であるため、自分が当事者であったならどうすべきであるかを真剣に考えやすく、その結果、リスク感性を高め、自分が業務を行うにあたって十分な注意を払うことにつながります。

　このように、事故に関する情報を関係者で共有し、同種の事故を起こさないためどのような工夫をするべきかを検討材料とすることは、施設・事業所での事故防止のために非常に重要です。

▶ ②事故の迅速な解決

　事故が発生した場合、利用者家族に内容を連絡する必要があります。その際、事実を正確に把握しておかなければ、混乱を招き、話がこじれる要因になります。さらに、もし利用者家族から責任を追及され、訴訟に発展した場合、不利な状況になると考えられます。

　また近年、施設・事業所に対する社会の関心が高まっており、将来的には医療過誤の場合と同様、マスコミが事故について大きく報道することも十分予想されます。また、その報道は必ずしも正確であるとは限らず、不正確な報道がなされた場合は、速やかに反論をしていかなければなりません。その際、報道内容のどこが不適切であるかを指摘するにあたっては、事故報告書による状況確認が必要になります。

　このように、事故による紛争をできる限り迅速かつ適正に解決するために、事故報告書を作成しておくことが極めて重要な意味を持つことになります。

　ここでは、①の事故の再発防止の観点での事故報告書のあり方について説明し、事故報告書を書くときの大前提を押さえます。

「事故報告書から事故要因を把握し、再発防止につなげる」

　あまりにも当たり前のことです。しかし、この前提を意識せず抜け落ちたままで事故報告書を作成したために、要因分析につながらない報告書が集まり、途中で行き詰まるケースが非常に多く見られます。

　報告者が上記を理解した上で、事故報告書を作成しなければ、その後いくら頑張って分析を試みても、要因分析はできないでしょう。事故報告書の作成と要因分析は切り離して考えるのではなく、要因分析を意識しながら事故報告書を作成しなければ、結果が得られないことを心に留めてください。

（２）事故報告書に最低限記載すべき事項

　繰り返しになりますが、事故報告書は事故要因を把握し、再発防止につなげるためのツールです。実際に事故防止につながる事故報告書となるよう、最低限記載すべき事項をここでは整理します。

▶ ①利用者情報

ア．利用者氏名、年齢、性別、サービス利用開始年月日

　事故対応を行う上での基本情報であると同時に、すでに入手済み情報であるため、初回報告の段階から必ず記入します。

イ．既往傷病、サービス提供状況

　最低限業務日誌などの記録に記入されている事実を要約して記入しておきます。それ以外に、職員が認識している特別な事実があれば、これも併せて記入します。

▶ ②事故情報

ア．事故発生日時、事故発生場所

　日時・場所を特定するために正確に記入します。しかし、実際には、夜間利用者が居室から抜け出したことにしばらく気がつかなかったなど、時間を厳密に特定できない場合や、職員が気づいた時にはすでに利用者が負傷していた場合のように、場所を特定しにくい場合もあります。前者の場合は、「発見時刻2時20分（前回見回り23時には異常なし）」、後者の場合は「5階（利用者は他のフロアに移動していない）」など、可能な範囲で特定できる記載を行うようにします。

イ．事故状況

　5W1H［いつ（when）、どこで（where）、誰が（who）、何を（what）、なぜ（why）、どのように（how）］を意識して記入します。一般論としては、できる限り詳細に書くのが望ましいといえます。例えば次の2つの事故状況の説明はどちらが分かりやすいでしょうか。

（例1）利用者Aが興奮してパニックになった後、窓ガラスを割って怪我をした。
（例2）利用者Aが別の利用者Bから注意を受けて立腹し、興奮状態になった。Aは一旦落ち着いたが、怒りがおさまっていなかったようで、しばらくして自室の窓を叩き手に怪我をした。

　例1の記述より例2の記述の方が、事故状況をより正確に捉えることができるのは明らかです。

　しかし、とにかく何でも書いておこうとするあまり、事故と直接関係のないことを長々と記載して、かえって事故状況がわかりにくくなるのは問題です。事故の迅速かつ適切な解決および再発防止という事故報告書の目的から、必要となる事項のみを詳細に記載するように心がける必要があります。

ウ．事故原因

　「利用者要因」「職員要因」「管理・環境要因」の3つの視点から、どこに原因があったのかを職員が検討して記入します。その際には机上で検討するだけではなく、事故が発生した現場を複数人で検証したり、事故発生時の利用者の位置や設備の状況を確認することも必要です。ケアレスミスが原因と思われる場合は、まず本来どのようにすべきであったのかを考え、それと比較して、どこにミスがあったのかという視点で記載することが必要です。事故が起きたことに職員が強い責任を感じ、事実関係を振り返ることなく、「自身の不注意」と記載してしまうケースが見られます。

　責任感が強いことは非常に素晴らしいことですが、事故原因の分析においては、すべて自分のせいという考え方は適切とはいえません。適切に事実関係を振り返れば本当の事故原因を見つけることができたにも関わらず、振り返りを行わず「自身の不注意」と結論付けてしまうと、事故報告書作成の目的である再発防止策の検討につながらず、その結果同じような事故の発生を防ぐことができません。

　障害者の支援に携わるプロフェッショナルとして、どこにミスがあったのか、あるいはミスがなかったのかを冷静にとらえることが求められます。

エ．被害内容

　事故によって利用者に生じた被害を記載します。身体的損害の場合は、症状を記載します。分かる場合には、治癒見込みも記載しておきます。（例：「右大腿部骨折、全治1ヶ月」）。財産に損害が生じた場合は、品名に加え、購入金額、購入時期などもわかる範囲で記入しておきます。（例：「毛布　約2万円　3年前購入」）。

オ．説明内容

　事故について利用者および家族との間でトラブルが発生し、当初どのような説明を行ったかが非常に重要な問題となることが少なくありません。後になって「言った」「言わない」の議論をしても、両者の感情を悪化させるばかりで、解決になりません。したがって、利用者・家族に対して行った説明をできる限り正確かつ詳細に記載しておくことが重要です。また説明に対して利用者側がどのような反応をしたかについても、併せて記載しておくことが重要です。

事象項目	ひやりはっと	イレギュラー	事故
定義 (内面心理を問わず 結果現象とする)	事故に至る寸前で止めることができ、被害のなかったもの	被害の大きくなかった事故	被害の大きかった事故
骨折	総て事故		
怪我 (原因事象の わからないもの)		切り傷・擦り傷・ひっかき傷・内出血・噛み痕	通院を要したもの (頭部打撲・骨折・裂傷・化膿他)
他害	職員が情緒不安等を未然に察知し、対応したもの	叩く・噛む・蹴る・頭突く・倒す、押す、物をぶつける ※故意でなくても該当(物投げがたまたまぶつかる・衝突等)	通院を要したもの (頭部打撲・骨折・裂傷・化膿他)
転倒・転落	崩れるように倒れ打撲が殆どないもの 職員が支えることができ、身体が床等に軽く当ったもの クッション性のあるものに転倒し、明らかに症状のないもの	尻もち・膝をつく・背中からの転倒 前面から倒れたが自分で支えたもの ※いずれも頭部打撲や腫れ等の症状のなかったもの(看護師判断)	通院を要したもの (頭部打撲・骨折・裂傷・化膿他)
自傷	自傷の恐れがあったが職員の対応により防げたもの	叩く・噛む・蹴る・頭突く・ひっかく (掻痒や気になり掻く等も含む)	通院を要したもの (頭部打撲・骨折・裂傷・化膿他)
薬	配薬準備段階で発見できたミス	渡し忘れ(外泊・外出時) 服用漏れ(1時間未満)	服用漏れ(1時間以上)・与薬ミス(別の薬を服用)
行方不明	敷地内であっても一時所在が不明となったもの	施設・事業所の敷地内(フロアー内)から出ていたもの・外出先での行方不明(単独で外出可能な方を除く)	
器物破損	物品破損の寸前で止めることができ、かつ利用者の怪我のなかったもの	物品は破損させたが、利用者の怪我が軽傷のもの	通院を要したもの (頭部打撲・骨折・裂傷・化膿他) 10万円以上の物損
誤飲・異食	異物(食物以外)を口に入れる前に発見し防げたもの	口腔内で発見・取り出せたもの	通院を要したもの (毒性のあるもの・鋭利なもの)
誤嚥	食事中・飲用中のむせ、咳き込み(4〜5回の咳)程度のもの	総て事故とする	
溺水	てんかん等で意識低下を伴い、口・鼻を浴槽内につけた段階にて総て事故とする (お湯を飲む、潜る等の個別の行為を除く)		
感染症・食中毒		感染症・食中毒 単発の場合	感染症・食中毒にて同一症状が同時期に2人以上出た場合

参考4−1−2　事故・イレギュラー・ひやりはっと発生時のルール

【ルール】

期　　限	事　　故		イレギュラー		ひやりはっと	
下記以内	担当者	方　　法	担当者	方　法	担当者	方　法
発生直後	ナース職員	初期対応（応急処置）				
		係長又は管理者へ報告（早急に連絡のつく者）				
	係長又は管理者が指名	管理者報告				
		家族への事故発生及び受診前報告				
		受診				
		管理者へ受診結果及び経過観察方法の報告				
発生後12時間		家族へ受診結果及び経過観察方法の報告				
		関係職員に聞き取り、様式1を記入し、原本を施設長へ提出　※コピーを全フロアーにファイリング	発見者 関連者	報告書を記入し、原本を係長へ提出	発見者 関連者	報告書を記入し、原本を係長へ提出
発生後24時間		再発防止策を関係職員と検討後、施設長と協議				
発生後2日		様式2の再発防止策までを記入し、施設長へ原本を提出　※事故後の対応が続く場合は、随時施設長へ報告し、追加記入				
		保険連絡及び連絡欄記入（施設長報告）				
発生後3日		家族への防止策報告	係長 関連者	再発防止策を関係職員と検討後、報告書を記入し、施設長へ提出　※コピーを各フロアーにファイリング　※再発防止策を検討		
		家族との防止策報告結果を追加記入				
実行確認・検証　設定日2日		実行確認・検証実施				
		実行確認・検証欄を追加記入し、施設長に確認・検証結果を報告				
家族来園時等		再発防止策後の状況の報告		家族への防止策報告		
				家族との防止策報告結果を追加記入		
毎月10日締め		集計を実施、施設長へ提出				

参考4−1−3　感染症・食中毒発生状況表（事故報告書に添付）

【ルール】

期　　限	実施者	方　　　法
感染者完治まで	ナース	状況表に毎日記入　　※状況表は各フロアーにファイリング
	係長	施設長へ毎日原本を見せ、報告
対応終了時		施設長へ原本を提出　　※確認後は事務所内に保管

実際に施設・事業所で使用されている事故報告書のフォームをいくつかご紹介します。

事故報告書（障がい部門）　様式1　　　　事故報告　事業所A

		事業部長	施設長	副施設長	係長	主任	記入者

事業所：□事業所A　□事業所B　□事業所C　□事業所D　□事業所E　該当者名　内容区分

事故発生時の本人や周りの状況はどのようだったか

発生時の状況：発生日　月　日（）　発生時間　発生場所　発見者　状況　怪我の状況

職員配置：職員　時間　業務内容

直前の様子：確認者　利用者　時間　場所（所在）　直前の利用者の状況（体調・情緒等）

平面図・付近見取り図

直後にどのような対応をしたか

初期対応：時間　対応者　対応内容（発見以降の連絡の流れ・対応者の医療以外の行動・利用者の様子）

誰に、いつ報告したか

看護師への報告　報告時間　報告者　指示内容

管理者への報告　報告時間　報告者　指示内容

看護師がどのような対応をしたか

受診までの対応：応急処置　時間　対応者　処置内容（バイタル・観察記録）

受診指示　　　　より指示　受診対応職員

医師からどのような診断・処置を受けたか

受診：医療機関名　到着時間　搬送方法　□救急車　□施設車　検査内容　□レントゲン　□CT　□血液検査　診断結果　処置内容　以後の対応指示

家族や行政にどのように報告したか

家族への事故発生報告　報告日時　月　日　：　報告者　ご家族名　報告方法　□電話　□fax

家族への受診後の報告　報告日時　月　日　：　報告者　ご家族名　報告方法　□電話　□来所　□訪問

行政への報告　報告日時　月　日　：　報告者　担当者　報告方法　□電話　□fax　□事故報告書

116

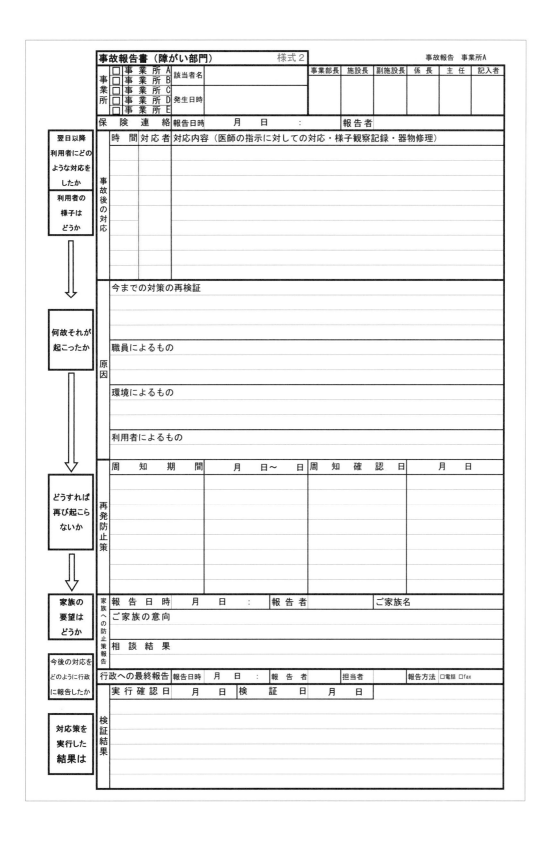

ひやりはっと報告書（障がい部門）

事業所	□ 事 業 所 A □ 事 業 所 B □ 事 業 所 C □ 事 業 所 D □ 事 業 所 E	該当者名		事業部長	施設長	副施設長	係 長	主 任
		内容区分						

発生時の状況	発生日	月　　日（　）	発生時間		発生場所		発見者	
	発見方法							
	ひやっと した時の 状況							

職員配置	職　員	時　　間	業　務　内　容	

直前の様子	確認者	時　　間	場所（所在）	利用者の状況

考えられる原因	利用者によるもの
	職員によるもの
	環境によるもの

イレギュラーに至らなかった原因	利用者によるもの
	職員によるもの
	環境によるもの

未然防止策	周　知　期　間	月　日～　日	周　知　確　認　日	月　　日

職　員	職　員	職　員	職　員	職　員	職　員	職　員	職　員	職　員	記入者

（P116 ～ 118　提供：社会福祉法人永寿福祉会　資料改編）

（3）事故報告書作成のポイント

　事故報告書を作成するときのポイントを説明します。以下の点は必ず押さえましょう。

▶ ①様式を統一し、記入方法を周知・徹底させること

　よく練られた様式を使えば、この後に行う要因分析が容易になります。記載上の注意点を記載要領としてまとめ職員へ周知させること、さらに事故報告書の記載の練習や指導を行うことが効果的です。

▶ ②事実に基づく記載を徹底すること

　内容は事実を素直に具体的に書くことが重要です。作成者の憶測と事実が入り混じっていては事故の事実把握の妨げになります。例えば、利用者に誤った薬を飲ませてしまった場合において、配薬準備をしていた際に「取り違えた可能性がある」場合は、本当にその時点で取り違えがあったのか、一旦全プロセスを振り返って検証する必要があります。また、実際に「取り違えた」場合、取り違えた原因は薬品が似ていたせいなのか、単純なミスによるものなのかなどの分析を行うことになります。

　このように、記載内容が事実であるか、推測であるかは、その後の事故要因分析の進め方に影響します。このため、事故報告書の記載にあたっては、この点を十分に意識しておくことが大切です。また、根拠のない憶測を記載することは避けなければなりません。

　簡単なことのように思えますが、どうしても無意識に自分の憶測や感想が入ってしまいがちですので、意識して練習する必要があるでしょう。また、作成者の感想欄や意見欄を設けている場合がありますが、事故要因分析に関しては必要ないといえます。

▶ ③第三者が読んでも分かるように書くこと

　報告書は当事者だけが内容を理解できても意味をなしません。第三者が説明を聞かなくても一読しただけで内容を理解できるよう書くことが理想です。施設長・管理者や事故管理担当者が分かるように意識して書くことが多いと思いますが、さらに踏み込んで、全く知らない人が読んでも分かるように書くことを意識してみましょう。

▶ ④事故報告書を「反省文」にしないこと

　事故というネガティブな事態に直面した直後に、その内容を報告書に書くわけですから、担当者はどうしても後ろ向きになってしまいます。責任感から自分のミスを悔やみ、「自分の不注

意」とか「経験不足」などと記載してしまうケースが見られますが、それでは要因分析にはつながりません。また、施設・事業所が本来責任を負う必要のないところまで、責任を負わされてしまう可能性があります。

▶ ⑤プロセスの把握に努めること

　要因分析とは、簡単にいってしまえば、正しい事実確認の積み重ねによって、事故発生までのプロセスを把握することです。逆にいえば、事故発生までのプロセスが把握できれば、事故の要因は把握できたといえます。

▶ ⑥負担感の軽減を図ること

　多くの事例を収集し、効率的に管理するためには作成者の負担軽減や記載事項の絞込みも必要です。多くの項目を詰め込みすぎてしまうと、負担が増すだけでなく、視点がぼやけてしまうので注意が必要です。また、単純な項目は選択式にするなどの工夫も効果的でしょう。

（4）具体的な事故報告書の考察

　これまでのポイントを振り返るために、報告書例をもとに考察します。図4－1－1報告書記載例をご覧ください（報告書の一部分を抜き出したものです）。

図4－1－1　報告書記載例（一部抜粋）

<table>
<tr><td colspan="2" style="text-align:center">事故報告書</td></tr>
<tr><td></td><td>職名：　○○○○　　　　　　　　氏名：A職員</td></tr>
<tr><td>・　・　・</td><td>・　・　・　・　・　・</td></tr>
<tr><td>事故状況</td><td>　施設の2階で生活している利用者の方たちに入浴してもらうため、私は誘導支援を新人のC職員と二人で行っていました。
　階段での誘導支援の途中で、C職員が利用者の方たちの下着を脱衣場に準備するのを忘れたことに気づき、私に何も告げずに持ち場を離れました。
　私はC職員が持ち場を離れた時には、別の利用者を誘導しており、1階に着いたときに、後方で「どすん」と音がしました。
　振り返るとBさんが踊り場で倒れていました。
　Bさんはつまずいて転落し、けがをしていました。
　すごく痛そうに足を押さえていたので、急いで周りに応援を頼みました。</td></tr>
<tr><td>事故原因</td><td>　C職員が私に何も告げずに持ち場を離れたことが原因だと思います。</td></tr>
<tr><td>反省点</td><td>　C職員も徐々に仕事に慣れてきたため、油断があったと思います。
　自分達の不注意でBさんにけがをさせて、とても申し訳なく思っています。</td></tr>
</table>

　一読すれば、どんな事故が起きたのか状況が目に浮かんできて、何となく状況を把握したような気になるでしょう。しかし、要因分析を行う上で、問題がいくつか含まれています。前述のポイントを確認しながら、細かく掘り下げて見ていきましょう。

▶ ①事実に基づいた記載について

　報告者のA職員は、事故の瞬間を見ていなかったにもかかわらず、「つまずいて転落した」と断言しています。もしかしたらつまずいたのではなく、別の原因で転落したにもかかわらず、A職員の先入観で「つまずいて転落した」と決めつけている可能性があります。「つまずいて転落した」ことが事実なら根拠を示し、根拠がなければ判明した事実を記載します。
　（例）現場に偶然出くわした○○さんの家族によれば、Bさんが階段からつまずいて転落した。
　（例）…戻った時には、Bさんは倒れこんでいた。

　「すごく痛そうに」も望ましい表現とはいえません。どのような状態でどの足を押さえていたのか具体的事実を書きます。
　（例）唸りながら、両手で右足を抱えるように押さえていた。
　「急いで周りに応援を頼みました」は具体性に欠けており、何をしたのかつかめません。誰に何を伝えて、何をしてもらったのか、具体的に書きます。
　（例）現場にいた○○職員に、施設長と看護師を呼んでもらった。

　続いて、事故報告書に事故原因を記載するときの視点を説明します。

▶ ②プロセスの把握

　「事故が発生した原因」の項目を見れば、「C職員がA職員に何も告げずに持ち場を離れた」ことが原因であると記載しています。確かに間違いはありませんが、なぜC職員が持ち場を離れることになったのか、その点がこの事故が発生した本来の原因ではないでしょうか。
　各事象を個別にとらえるのではなく、事故に至るまでのプロセスを把握するまで、掘り下げて考えていきます。
　C職員が持ち場を離れたのは、利用者の方たちの下着を脱衣場に準備するのを忘れていたことが原因です。では、なぜ下着の準備を忘れたのでしょうか。入浴時の下着の準備を行うまでには手順があるはずです。その手順の通りに業務が遂行されなかったことが、この事故発生の本当の原因です。下着の準備について、改めて手順を振り返れば、見直すべき点が見えてくるでしょう。
　このように、「なぜ」を繰り返すことによって全体のプロセスを把握すれば、事故原因の本質

が見えてきます。逆にいえば、このようにプロセス全体が分かるように報告書を記載することが望まれます。このような視点を是非ご理解いただきたいと思います。

▶ ③「反省文」にしない

　最後に「反省点」の項目をご覧ください。ここからは、Ａ職員の深い反省と悔恨が見て取れます。しかし、事故予防の観点からこの項目から得られる情報は見当たりません。反省文を書かせたいのであれば、事故報告書と切り離す方が良いでしょう。

　なお、念のために付け加えると、反省点の項目に記載されている内容から、「この事故の原因はＡ職員とＣ職員の油断である」と判断するのは、誤りです。これはＡ職員の反省からでた言葉です。実際に両職員に油断があったのかも知れませんが、事故原因をすべて「担当の油断やミス」と決めつけてしまえば、そこで事故防止の取組みが終わってしまいます。

　リスクマネジメントの考え方は、「人はミスを起こすもの」から出発し、「組織でミスを防止する」ことが基本であることを再確認してください。

（5）ヒヤリハット報告書収集のポイント

　ヒヤリハット報告書を作成する際に注意すべきことは事故報告書の作成と同じです。ヒヤリやハットした要因が何かを突き詰めるには、事故報告書から事故要因を分析することと変わりありません。

　ただし、事故報告書と違うのは、ヒヤリやハットした事実は担当者しか分からない点です。事故報告書は「事故」という事実が発生すれば必ず書くことになりますが、ヒヤリハット報告書を作成するかどうかについては担当者の判断によるところが大きいのです。そこで、ヒヤリハット報告書を収集する際の注意点を以下で整理します。

▶ ①ヒヤリハット報告書収集の目的と位置づけを明確にする

　ヒヤリハット報告書収集の目的は、事故発生のリスクを把握し、事故が起こる前に対策を講じることです。そのため目的に合った報告書作成を周知徹底させます。またヒヤリハット報告書の提出は処罰の対象としないことも大切です（事故報告書についても同様です）。ヒヤリハット報告や事故報告の内容について叱責すれば、職員は萎縮し、提出を控えたり、事実を捻じ曲げて作成したりする恐れがあります。特にヒヤリハット報告書の提出は職員からの業務改善提案として位置付け、自発的に提出するように働きかけます。そのためヒヤリやハットした内容だけではなく、業務改善策を併せて記入させることも有効です。

▶ ②収集方法を工夫する

　短期集中的にヒヤリハット報告書を収集するケースが多く見られます。例えば「１ヶ月以内に一人３件必ず提出すること」といった指示を出し強制的に提出させるような方法です。これらは効率的に収集できる反面、職員が自主的・積極的に提出する報告書に比べて、その「質」は大きく劣ることを覚悟しなければならないでしょう。形だけのヒヤリハットをいくら収集しても、要因分析には結びつきません。また、ヒヤリハットをとにかく数多く収集し、事故の類型、時間帯、怪我の程度などを表やグラフにまとめて満足しているケースが見られます。しかし、そこから先に進まず実効的な事故予防策に結びつかないことも多いようです。優れた報告書（有効な事故予防策に結びついた報告書など）を提出するようインセンティブを与え、職員から自発的に提出するように工夫することが望ましいでしょう。

　(例)・優れたヒヤリハット報告を表彰
　　　・ヒヤリハット研修の実施

▶ ③分析結果は必ずフィードバックする

　一方、提出されたヒヤリハット報告書について分析を行い、職員へフィードバックすることで提出の意欲を高めます。例えば、毎週の定例会議の場で、「今週のヒヤリハット大賞」などを表彰し、業務改善策を職員へ指示することで職員のやる気を引き出すことも有効です。

▶ ④ヒヤリハットの感性（気づきの感性）を高める

　危険に気づく感性がなければ、ヒヤリやハットすべきところを見落とす可能性があります。気づきの感性を高める手法として危険予知訓練（KYT）などが有効でしょう。KYTについては４－７で説明します。

（6）報告書書式の見直し

　事故報告書の様式について触れておきます。ほとんどの施設・事業所では事故報告書の様式を統一していることと思います。事故報告書は、施設・事業所の状況や取組みに応じて様式を検討し、作り上げていくべきものです。

　事故予防の取組みを進めていけば、最初に決めた報告書様式では、「集約しにくい」「要因分析につながりにくい」「不必要な情報まで含まれている」などの問題に突き当たることがあります。実はそのような問題に突き当たることが大変重要です。要因分析を進めていく中で、様式の問題点についてもフィードバックを行い、より完成度の高い様式を作り上げていくことが可

能になるからです。そうして見直しを行った報告書の様式次第では、事実把握の精度が向上するばかりではなく、要因分析まで的確に行えるようになります。

　具体的な例を見てみましょう。図４－１－２の上段は事故報告書の「事故状況」の欄です。この記載例から実際に事故要因を分析しても、難しいと感じることでしょう。導き出される結論は「担当の不注意」「確認不足」になってしまい、予防策も「今後はよく注意します」といった、半ば反省文に近い報告書になりかねません。しかし様式を工夫するだけで、そのようなことを避けることができます。

　下段は様式を修正したものです。事故に至るプロセスに着目して様式を改善すれば、事故の結果だけではなく、要因についても自然と記入することにつながります。このように様式の工夫次第で、得られる結果が大きく変わってくるのです。

図4-1-2　事故報告書の様式見直し例

事故報告書の様式：修正前

事故状況
施設の２階で生活している利用者の方たちに入浴してもらうため、私は誘導支援を新人のＣ職員と二人で行っていました。 　階段での誘導支援の途中で、Ｃ職員が利用者の方たちの下着を脱衣場に準備するのを忘れたことに気づき、私に何も告げずに持ち場を離れました。 　私はＣ職員が持ち場を離れた時には、別の利用者を誘導しており、１階に着いたときに、後方で「どすん」と音がしました。 　振り返るとＢさんが踊り場で倒れていました。 　Ｂさんはつまずいて転落し、けがをしていました。 　すごく痛そうに足を押さえていたので、急いで周りに応援を頼みました。

事故報告書の様式：修正後

事故状況	
プロセス	実際に行ったこと。
実行前	下着の準備担当のＣ職員が準備を失念し、直前に確認もしなかった。
実行	誘導支援の途中でＣ職員が利用者の方たちの下着を脱衣場に準備するのを忘れたことに気づき、Ａ職員に何も告げずに持ち場を離れた。
結果	Ｂさんは踊り場下の階段で足を押さえてうずくまっていた。
対応	至急現場近くにいた○○職員に、施設長と看護師を呼ぶように依頼した。

ため息をつく前に

　リスクマネジャーは事故を未然に防ぐ方策を分析、検討することが求められます。しかし、現場からは報告書があまり出ないとため息をつきたくなる時がありますよね。現場があまりに忙しすぎて…。インシデントに気づいていない…。いや、もしかすると、

①事故・インシデント・ヒヤリハットの区別が判っていないのかも。

　服薬のミスで他者へ与薬してしまった。これは事故か、インシデントか、すぐに判断でき、その判断基準は統一されている必要があります。

②報告書提出の手順が明確でないのかも。

　報告書提出の５Ｗ１Ｈが明確になっていないと、せっかくの報告書が死蔵されますよ。

③書き方がよく判らないのかも。

　誰もが書けるような工夫をすると提出しやすくなりますね（P123、124参考）。

事故等の定義やフロー等、自施設の現状に合わせて職員間で話し合ってみませんか？

4-2 事故要因分析

　ここでは事故報告書・ヒヤリハット報告書から事故要因分析を行う上で、必要な考え方や視点を整理します。さらに代表的な要因分析手法を説明し、事例を参考にしながら理解を深め、事故予防策の立て方を学びます。

（1）事故要因分析の目的

　4－1の「（6）報告書書式の見直し」で「事故発生のプロセス」をつかむための考え方について、例を挙げて説明しました。実はこれが要因分析の基本的な考え方です。事実の積み重ねによって事故発生に至るプロセスを把握していけば、どこに事故発生の根本的な原因があったのか分かります。

　事故発生の根本的な原因は、「予定されていた業務が予定通りになされなかったこと」であると考えることができます。簡単に言い換えれば「本来やるべきことをやらなかった」あるいは「やってはいけないことをやってしまった」ことになります。この点は要因分析を行う上で、基本的な視点となりますので必ず押さえる必要があります。

　また要因分析では、事故が発生した場所や時間あるいは事故の類型や怪我の程度を一覧表やグラフにするケースがよく見られます。このような定量的な分析によって、事故の傾向をつかむことは重要ですが、これで終わってしまっては、対策を立てるどころか事故の原因をつかむことも難しいでしょう。このような一覧表やグラフの作成は、「事故の要因分析」というより「事故類型の分類」と言った方が正しいでしょう。要因分析を行うには、重要と思われる事例をいくつか掘り下げて原因を突き詰めていく方が得られる効果は大きいでしょう。

図4-2-1　事故類型の分類例

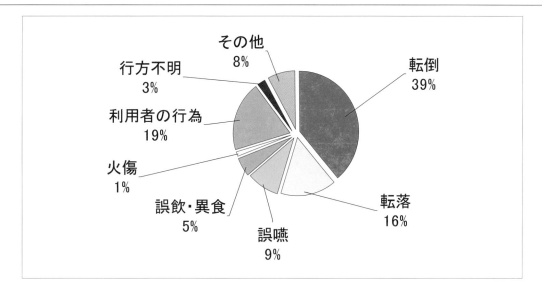

・事故報告書やヒヤリハット報告書から事故の類型をグラフ化
　　→グラフから分かるのは転倒が最も多い
　　→転倒事故の対策を最優先で講じるべき
・では具体的にどのような対策が必要か？
　　→表やグラフを作成することで終わっていては、実質的な対策にはつながらない

ここからさらに踏み込むことが本当の要因分析！！

（2）要因分析手法

　実効性のある事故予防対策を立てるためには、事故事例を掘り下げて分析する必要があります。要因分析に必要な考え方は既に説明しましたが、具体的に分析を行う際には、ツール類（マトリックス）を活用すれば分析が行いやすいでしょう。
　そこで、要因分析の代表的な手法を紹介します。この手法がすべての施設・事業所で必ずしも最適であるとは限りませんが、効率的に分析作業を進めるには有効です。

▶ ①RCA分析（Root-Cause-Analysis分析）

　起こった事象について、「なぜそうなったのか、なぜ、なぜ」と繰り返し事故発生に至るプロセスを詳しく追跡する手法です（図4-2-2参照）。

図4-2-2　RCA分析

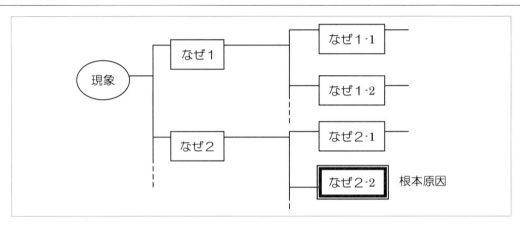

▶ ②SHEL分析

　起こった事象について、異なる視点から分析を行う方法です（図4-2-3参照）。具体的には事故の要因をソフトウェア（職員の教育体制や作成されたマニュアル）、ハードウェア（建物の構造や段差等）、環境（利用者本人の生活環境や職員の労働環境）、ヒト（職員や利用者の行動の心理、背景等）の4つの面から事故の要因を分析していきます。事故分析の視点が一点に偏らず、多角的に捉える方法です。

図4-2-3　SHEL分析

S（ソフトウェア）	職場の教育体制、マニュアル
H（ハードウェア）	建物・設備
E（環境）	生活環境、労働環境
L（ヒト）	職員の要因、利用者の状態

（3）具体例を用いた要因分析の実施

▶ ①問題点の絞込み

　先程の事例から具体的に要因分析を行い、対策を検討していきましょう。

　図4－2－4は、前出の事例に一部内容を付け加えたものです。前出の説明では、事故原因は「現場から離れたこと」→「下着が準備されていなかったこと」→「下着を準備する業務に問題があったのでは」と掘り下げて考えました。要因分析は「なぜ、下着がきっちり準備されなかったか」という視点に移ります。

　この業務に関する詳細を確認したところ、次の事実が判明しました。

- ・下着などを準備する業務はC職員が担当している。
- ・C職員は新人で、これまで事故には至らなかったものの何回か下着の準備を失念することがあった。
- ・入浴準備の業務マニュアルはなく、先輩から何回か教わっただけであった。
- ・C職員は全利用者の入浴持ち物の準備をしていた。

　ここで、入浴前の準備物に関する業務の問題点が見えてきました。このままでは、同じような事故が再び起こることが容易に想像できるのではないでしょうか。

図4－2－4　事故原因の掘り下げイメージ

利用者が階段で転倒
↓なぜ？
誘導支援中、目を離したから
↓なぜ？
下着の準備を忘れたから
↓なぜ？
事前に下着が準備されていなかったから
↓なぜ？
C職員が「うっかり」下着の準備を忘れていたから

⬇なぜ？

「うっかり」が起きた背景・要因 　・C職員は新人 　・1人で全利用者の持ち物を準備 　・業務マニュアルの未整備 　・業務引継ぎの不備・不足　など

▶ ②原因を押さえ対策を立案する

　「RCA分析」を行い、「なぜ？なぜ？」と今回の事故の原因を追跡しました。そして分析した内容を基に、事故原因を取り除くあるいは事故を未然に防ぐための対策を立案します。図４－２－５をご覧ください。「利用者要因」「職員要因」「管理・環境要因」の３つの側面から多角的に分析することによって、要因がより一層はっきり見えてきて、対策の立案もできました。

　ここまでくれば、あとは立案した対策を実行に移すだけです。対策の優先順位を決め、具体的にどのような段取りで進めていくか工程表を作成すれば、効率的に対策に取組むことができるでしょう。また、そこでは必ず誰がいつまでに何を行うのか明確にします。もし、予定通り進まなければ、その理由を明らかにした上で、解決策や代替策を検討し、必ず対策を実行できるレベルまで掘り下げます。

　このようにしていけば、入浴前の準備業務について、抜本的な改善が図れることになるでしょう。

図４－２－５　３つの視点による分析例1

	要因	対策案
利用者	・Bさんは日頃は下着を自分で用意するが、時々忘れることがあった	・Bさんの自主的な準備を基本とするが、チェックを行うことで忘れ物を防ぐ
職員	・C職員は新人だった	・A職員が再度入浴前の準備業務について教育を行う
管理・環境	・一人で利用者全員（20名）の準備物を担当していた ・不備がないかチェックする担当者は他にいなかった ・準備物チェックリストはあるが忙しくて、使用していなかった ・準備物の用意は残業時間に行っていた ・準備物は利用者ごとに棚に入れるが、棚の名札が見えづらかった ・準備物を用意するスペースが狭く、散らかっていることが多い ・入浴準備物業務マニュアルは作っていなかった	・サブ担当者の配置 ・入浴30分前までにリストを用いて再度確認し、サインする ・最終確認を脱衣担当者が必ず行い、リストにサインする ・チェックリストを必ず用いて確認し、確認後はリストにサインする。主任がリストの使用状況を毎週確認する ・チェックリストのチェック欄を改定する ・サブ担当と業務分担を決め、負担を軽減する ・棚の名札を新調する ・作業スペースを整理し、主任が整理状況を毎日確認する ・既存の入浴業務マニュアルに準備物に関する業務を追加し改定する

▶ ③関係する業務についても改善する

　さらに今回の事例についてもう少しだけ、踏み込んで見てみましょう。

　「下着が準備されていない」という事故原因が生じたとしても、何とか事故を未然に防ぐことはできないでしょうか。Ｃ職員は下着がないことに気づき、誘導支援の途中で持ち場を離れて下着を取りに行きましたが、ここにも問題がありそうです。たとえ「下着がない」という事故原因を取り除くことができなかったとしても、その後の対応で事故を防ぐことはできたと思われます。

　次にＡ職員の誘導支援に関する情報を収集し、先程と同じように３つの視点で分析したものを図４－２－６で示します。これで誘導支援についても、業務の見直しを図ることができます。

　もし、万一準備物に漏れがあって持ち場を離れることになっても、事故を未然に防ぐ可能性は非常に高くなります。このように事故予防策を複数層で構築すれば、事故発生の可能性を大きく軽減することができるでしょう。

　また、今回の誘導支援の見直しから、さらに範囲を広げて入浴業務の見直しを図っていくことも有効です。このように１つの事故事例で、様々な業務について抜本的な改善が図れることを、ご理解いただきたいと思います。事故事例を単にデータの一つとして埋もれさせることなく、業務の改善に粘り強くつなげていってください。

図４－２－６　３つの視点による分析例２

	要因	対策案
利用者	・Ｂさんは自立歩行可能だが、てんかんの発作が時折見られる	・てんかん発作のある利用者に対しては、あらゆる場面での発作を想定した対応を心がける
職員	・Ａ職員は入所５年目の中堅職員であった ・Ｃ職員は入所１年目の新人職員であった ・現場を離れるときにＡ職員に声をかけなかった	・中堅職員向け教育プログラムを検討する ・他の職員との連携について演習形式で学ぶことができるよう新人研修のカリキュラムに盛り込む ・一緒に支援を行う職員とのコミュニケーションを意識する
管理・環境	・10名の利用者を２名の職員で誘導していた ・利用者の居住スペースは２階、浴場は１階であった ・誘導支援中に現場を離れる時の取決めなどはなかった ・階段の床の舗装が剥がれている箇所があり、段差となっているため引っかかりやすい	・一度に誘導を行う利用者の数について業務マニュアルを見直す ・業務用携帯電話を配備し、持ち場を離れることなく職員間の連携を取ることができるようにする ・現場を離れるときの取決め（離れていい場合、いけない場合など）を至急定める ・離れてもいいケースでは、誰がどのような声かけをするかルールを決める ・階段を降りる際には利用者と一緒に階段を降りて、利用者だけの時間を作らないよう誘導支援業務マニュアルを改訂する ・舗装が剥がれている箇所を至急補修する

▶ ④予防策の実施と定着

　要因分析を行い、事故予防策も立てました。しかし、いかに練られた予防策を立てても、職員がきっちりと実行しなければ意味がありません。職員へ周知徹底を図るための取組みを整理しましょう。大きく分ければ、以下の方法が考えられます。

・規則（ルール）として定着させる
・業務マニュアルに反映させる
・会議や研修会を活用

　当たり前のことですが、対策については正式な形で文書化することが大前提です。いくら対策を検討しても、文書化しなければ対策を立てたことになりません。そして文書化したものは、無秩序にバラバラと配付するのではなく、統一的に運用することが必要です。また、業務マニュアルの反映については改訂ルールを定めて、ルールに沿った運用が必要です。業務マニュアルについては次の４－３で詳しく説明します。いずれの方法を選択するにせよ、対策の確実な定着に向けて、実行計画を立て進行具合をチェックすれば効果的です。実行計画は施設・事業所の規模や職員数、職員の習熟度などを勘案して無理のないように立てる必要があるため、各施設・事業所によって計画の立て方や計画表の作りは変わってきます。

　確実に計画が進むようきっちりと計画表を作りこむことが大切です。４－２－７は計画表フォームの一例ですが、参考にしながら施設・事業所に応じた実行計画表を作成してください。

図４−２−７　実行計画表フォーム例

予防策の周知徹底			A さん（リスクマネジャー）	B さん（支援）	C さん	D さん（看護）	E さん	10月 1~5	10月 8~12	10月 16~19	10月 22~26	10月 29~3	11月 6~10	11月 14~17	11月 20~24	11月 27~30	12月 4~7	12月 10~14	12月 17~21	12月 25~28
									8日打合せ	25日打合せ		6日第1回説明会	15日第2回説明会	21日第3回説明会	28日打合せ		10日打合せ		25日テスト実施
	全体方針策 進め方検討 スケジュール管理	方針案策定	○	○															
		全体進め方検討	○	○		○													
		スケジュール検討	○	○															
	説明会・ 修得管理検討	説明会内容検討	○	○															
		職員管理方法検討	○		○	○													
	説明会準備	資料作成	○	○	○														
		職員へ案内			○	○													
		最終チェック	○				○												
	説明会実施	①転倒	○	○			○												
		②転落	○		○														
		③誤嚥	○			○													
		④誤飲・異食	○			○													
		⑤火傷	○	○															
		⑥行方不明	○		○														
		⑦その他	○				○												
	周知徹底管理・ 修得テスト	修得管理	○			○													
		修得テスト検討	○	○															
		修得テスト作成	○		○		○												
		修得テスト実施	○	○		○													

▶ ⑤予防策の評価と見直し

　実行計画に基づき、予防策が職員へ周知され、徐々に全職員へ定着してきました。ここで一安心したいところですが、まだやらなければいけないことがあります。

　予防策が実際に機能しているか、全職員へ問題なく定着するのか、予防策を実行することによってこれまでの業務に支障が生じていないかなど、予防策を評価することが必要です。予防策を立てる際には、こういった問題が生じないように検討することはもちろん必要ですが、実際に実行してみて初めて問題に気づくことも多々あります。

　そこで、どんなに検討を重ねた予防策であっても、一定期間実行してから必ず評価を行います。評価の方法については、特に決まったルールはありません。予防策の内容や施設・事業所の状況などによって、柔軟に対応すべきですが、評価する際に押さえるべき視点について、整理しましょう。

また、評価によって問題を見つけた場合は必ず速やかに予防策の見直しを行います。ここで注意すべき点は、当初の予防策立案の責任についてあれこれ議論して、肝心の見直しが進まず中断してしまうことです。予防策の不備について職員同士で責任を押し付けあうことは避け、より適切な予防策を検討することに注力するように心がけましょう。最終的な責任はトップが負うことになるのですから、職員は事故をなくすための取組みに全力を注ぐよう、高い意識を持って臨みましょう。

＜予防策の評価と見直しの視点＞

●予防策の定着
　・関係職員全員に予防策が周知されているか。
　・予防策の必要性や重要性を関係職員全員が認識しているか。
　・担当すべき職員全員で取り組まず、トップやリスクマネジャーに分からないよう一部の職員に押し付けるようなことはしていないか。
　・周りが見ていないところで、手を抜いたりしていないか。

●予防策の実施
　・現場の実状にそっているか、無理は生じていないか。
　・要員上問題はないか。
　・さらに効率化できる点はないか（必要以上に手間をかけ過ぎていないか）。
　・取組みが形骸化していないか（意識が薄れていないか）。

●予防策の効果
　・事故やヒヤリハットすることが減っているか。
　・コストを必要以上にかけ過ぎていないか。
　・利用者や利用者家族から評価されているか。
　・サービスの質の向上につながっているか。

POINT

4-3　業務マニュアルの作成と周知徹底

（1）業務マニュアル作成の意義

　業務マニュアルの整備状況は施設・事業所によって大きく異なっています。利用者の状況に応じて、個別にサービスを提供するためマニュアルは作成しない、現場の判断にすべて任せるといった施設・事業所が少なからず見られますが、リスクマネジメントの観点からは業務マニュアルは必ず作成する必要があります。

　なぜならば図4－3－1で示したとおり業務マニュアルはサービス提供の土台をなすものであり、すべての職員がマニュアルの内容をきっちり守ってサービスを提供することにより、サービスの質の標準化が図れるからです。つまり、その施設・事業所のサービスの土台を築くことになります。

　また、利用者の状況に応じたサービスの個別化も必要ではありますが、個別化を図るために業務マニュアルは不要、サービスの質の標準化は無意味といった考えは間違いです。標準化されたサービスを土台とした上で、さらに個別化されたサービスを上乗せして提供するべきで、土台のないサービスにいくら個別のサービスを提供しても、サービスの質の底上げを図ることは難しいといえます。

　なお、提供するサービスの質を標準化するためには、設計図が必要です。この設計図が「業務マニュアル」になります。

　事故防止の取組みや事故予防対策を業務マニュアルに反映させることにより、事故予防を兼ね備えたサービスの提供が可能となり、サービスの質の向上につながることになります。

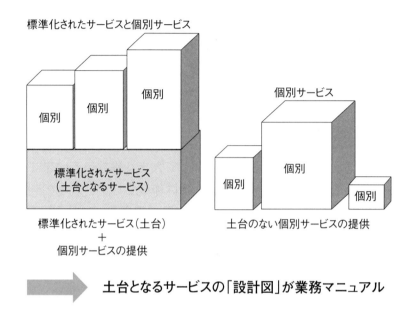

土台となるサービスの「設計図」が業務マニュアル

（2）業務マニュアル作成の流れ

　業務マニュアルには要因分析を行って検討した事故防止策を反映させます。しかし、その前に業務マニュアルがない、作成したことがないといった施設・事業所のために、最初の作成段階から大まかな流れを説明します。

▶ ①日々の業務をすべて書き出す

　最初は難しく考えず、日々の業務を思い起こし、具体的に何を行っているか、残さず書き出していきましょう。これがマニュアルの原型になります。作業は一人で行うよりも、作業委員会（小委員会）などでお互い思いつく内容を出し合いながら進めていく方が効率的です。

▶ ②優先順位をつける

　日々の業務が書き出せたら、項目ごとにまとめた上で優先順位をつけます。マニュアルは基本的に「食事」「入浴」「排泄」など項目ごとに作成しますので、どの項目から作成するか決めましょう。事故が多い項目を優先することが原則ですが、最初は作成しやすいと思われる項目から手をつけるのが得策です。

▶ ③体裁を整える

　項目ごとにまとめたものを、見やすく・分かりやすくレイアウトを工夫します。特に注意すべき点、忘れると事故に直結する点などは赤字で記載するなど工夫します。

▶ ④事故予防策を加える

　最後に事故予防策などを加えていきます。RCAモデルによる事故要因分析と事故予防策の検討を行いましたが、このような予防策を盛り込んでいくことで、事故予防の取組みが業務マニュアルに反映されることになります。もちろん事故予防策の項目を赤字や太字にするなどの工夫をしても良いでしょう。

▶ ⑤中身を検証する

　ここまで業務マニュアルが作成できれば、リスクマネジメント委員会（本委員会）で中身を検証します。検証の結果、無事に承認されれば正式な業務マニュアルとして、職員へ周知徹底させます。職員への周知徹底についてはこのあと説明します。

▶ ⑥マニュアルの評価・見直し

　最初から完璧なマニュアルは作れません。見直しを重ねることによって、中身を充実させていきましょう。こちらに関しても詳しくは後ほど説明します。

（3）周知徹底について

　いくら苦労して業務マニュアルを作成しても、職員がマニュアル通りに業務を遂行しなければ、絵に描いた餅のごとく全く意味を成しません。マニュアルは作ることが目的ではなく、使うことが目的です。以前、マニュアルを作ったものの、もはや誰も見ていない、その存在すら知らない職員もいる、ということではせっかく作ったマニュアルも無駄になってしまいます。ここでは、いかに職員へマニュアルを周知させ遵守させるか、取組みのポイントをまとめます。

▶ ①マニュアルの重要性を浸透

　マニュアルの意義やあり方についてはすでに説明しましたが、まずは、この内容を職員へ周知させることから始めます。そのためには会議の際に分かりやすく説明します。ベテラン職員

の中には、自分の支援スキルに絶対的な自信を持っているため、マニュアルを重要視しなかったり、あるいは自分の支援手順を優先したりすることがあります。このような職員には、マニュアルの内容をきっちり遵守した上で、個人のスキルを発揮するよう説得します。マニュアル作成段階から作成メンバーに加えることも有効です。

▶ ②研修会や勉強会の実施

業務マニュアルの理解やスキルの修得を図るため、研修会や勉強会を開催します。マニュアルの修得度や徹底度に応じて、ランクを設定することも有効です（初級、中級、上級、名人、達人など）。ランク付けにはマニュアルの理解度テストや支援の実演テストなどを実施することにより、取組みの真剣度をアップさせることができるでしょう。

▶ ③周知徹底度合いの確認

業務内容が徹底されているか、チェック担当を決め、随時チェックすることも必要です。その際、なぜ徹底されなかったか原因を把握するようにします。職員の怠慢が原因であれば、ランクの降格なども検討に値します。なお、マニュアルに問題があるため徹底されないケースも大いにあり得ます。その場合、マニュアルの評価・見直しにつなげる必要があるため、必ず原因を明確にします。

▶ ④職員の声を反映

職員の意見や感想なども業務マニュアルに反映させる必要があります。そのための取組みや仕組みをきっちり整備します。

▶ ⑤マニュアルの保管

マニュアルは職員がいつでも見られるように保管します。保管場所を定め、全職員に周知します。紛失を避けるために、番号を付して管理簿をつけるなど取扱いルールを決めておくとよいでしょう。

▶ ⑥他の施設・事業所との情報交換

研修会などの機会を利用して、親交のある他の施設・事業所と業務マニュアルについて情報交換することも参考になります。これまで気づかなかった点や自らの業務レベルを知ることが

でき、お互い刺激しあうことが期待できるでしょう。

（4）業務マニュアルの見直し

　業務マニュアルについて一通り説明してきましたが、最後にマニュアルの見直しについて触れておきます。業務マニュアルの作成の流れを既に説明しましたが、これで完璧なマニュアルが作れるわけではありません。正直なところ最初のマニュアルは使い勝手が悪く、漏れた視点も多いことでしょう。理想を追求するあまり、現実的に実行が困難な内容も含まれているかもしれません。しかし、最初はそれで構わないのです。マニュアル作りのプロでもないのに、精緻に作りこんだり、分厚いものを作ったりする必要はありません。むしろ大切なことはマニュアルの見直しを怠らず、粘り強く改良を繰り返していくことです。マニュアルの見直しのポイントをまとめます。基本的な視点は予防策の評価・見直しと同じです。ここでは、注意すべきポイントに絞って説明します。

▶ ①見直しの視点

　見直しの視点は前述の「予防策の評価と見直しの視点」と基本的に同じです。「予防策」を「マニュアル」に置き換えて再度確認してください。当たり前のことですが、事故予防策が見直されれば、それに関係するマニュアルも改定する必要があります。

▶ ②職員の意見・感想などを反映

　実際にマニュアルに沿って業務を行う担当職員がマニュアルの問題点を一番よく知っています。そのため職員の意見を吸い上げる取組みが必要です。研修会や会議の際には、必ず確認するようにします。業務マニュアルに関するアンケートを取ることも有効でしょう。出された意見には、必ず回答し、マニュアルの見直しにつながった有益な意見は、「○○職員の意見によって見直した」と公表するなどして、職員に意見を出すインセンティブを与えることも有効でしょう。

▶ ③マニュアル見直し作業委員会の開催

　事故が発生した場合はもちろんですが、たとえ事故が起きていなくても、マニュアルは定期的に見直すべきです。マニュアルは時間とともに陳腐化するものと考えましょう。なお、見直しは実務に関する内容だけではなく、レイアウトや事故事例など、追加すべき項目などについても、広く検討すべきです。作業委員会を再度立ち上げて作業を進めていきます。

4-4 取組みの評価・見直し

（1）取組みの評価と見直しの必要性

　1－10で工程表作成について説明しました。前述した工程表は、設定した目標を達成するための道標になると同時に、当初の目標が達成できたか振り返って評価するための機能も有しています（図4－4－1）。目標を設定し、スケジュール化しているからこそ、後日、これまで実施してきた取組みについて評価・見直しができるともいえます。逆説的ですが、この評価・見直しをするためにも前述した目標設定と工程表の作成が重要となるのです。

図4－4－1　実施計画見直しシート

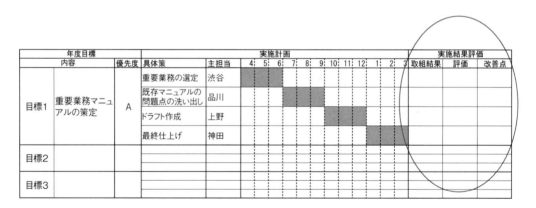

年度目標			実施計画																実施結果評価		
	内容	優先度	具体策	主担当	4	5	6	7	8	9	10	11	12	1	2	3		取組結果	評価	改善点
目標1	重要業務マニュアルの策定	A	重要業務の選定	渋谷																
			既存マニュアルの問題点の洗い出し	品川																
			ドラフト作成	上野																
			最終仕上げ	神田																
目標2																				
目標3																				

　当初の目標がすべて達成できるとは限りません。もし、当初の目標を達成できなかった場合には、その原因分析を実施し、原因分析から得られた内容を次年度に向けた課題として洗い出し、それを整理した上で、次年度の目標に活かしてください。

　このように一連の取組みを繰り返し継続することによって取組みの中身が次々と改善され、全く新たな課題が生じたとしても解決していくことが可能となるでしょう。こうして全体のレベルアップを図り、成長していくことがリスクマネジメントの狙いです。

　逆にいえば、しっかりとしたPDCAサイクルの流れを作り上げ、継続した取組みとして定着させなければ意味がないのです。リスクマネジメントに取り組んだものの、最初の一年だけで終わっては、リスクマネジメントの本来の効果を得るどころか、その効果に気づくことすらなく終わってしまう恐れがあります。

　最初は予定通り進まないことも少なくありませんが、最初から完璧を目指す必要もないので
す。むしろ、PDCAサイクルを継続して実施し、明らかになっていく課題を克服していく過程
こそがリスクマネジメント取組みの最大のポイントなのです。

4-5 緊急時対応体制の整備

（1）はじめに

　リスクマネジメントは事故を未然に防ぐための事故防止対策のみが強調されやすいですが、リスクマネジメントの本質からいえば、それだけでは不十分だといえます。リスクマネジメントは、損害の最小化を目的とした取組みですので、事故防止の取組みはもちろん必要ですが、事故発生後の取組みについても検討しておく必要があります。

　ここでは事故発生に備えて、整備すべき内容を具体的に示しますので、施設・事業所のリスクマネジメント委員会などで検討し、対応原則を文章化し、職員へ周知徹底を図ってください。特に事故発生後の対応について念頭に置くべきことは次の3つです。

- ・利用者の生命、身体の安全を最優先する
- ・迅速に事実を把握する
- ・施設・事業所の責任の有無を問わず、誠意をもって利用者家族へ接する

　事故発生直後の初動がその後の結果に大きく影響を及ぼしますので、迅速かつ細心の注意を払って対応する必要があります。実際に事故が発生した場合、どうしても気が動転してしまいますので、研修・訓練などを繰り返し行い、対応力を高める取組みも大切です。

（2）緊急時行動の整理

　事故発生など緊急事態が起きた場合を想定して、職員が行うべき行動を予め整理しておきます。万一事故が発生した場合、行動の拠り所となるものがなければ、必ず行動に「漏れ」が起きてしまいます。また、その場限りの行動をしていては、そこで得た対応力や反省点を活かせずに同じ過ちを繰り返す可能性が高く、施設・事業所の信頼を失いかねません。緊急時に行うべき行動は必ず整理し、職員へ周知徹底を図る必要があります。ここでは、利用者が負傷する事故に的を絞って、緊急時の行動を整理します。

▶ ①緊急事態の認識（早期発見）

　緊急時とはどんな状態を指すのか、職員の認識を一致させておくことが重要です。危険が現場で認識されなければ、事態がより悪化し、その後の対応もすべて後手に回ってしまいかねません。

　一般的な知識として、利用者の障害特性やデータに表れる危険信号にはどのようなものがあるかを体系的に把握しておくこと、個別の知識として、例えば利用者ごとにどのような危険信号が発生し得るかを事前に洗い出しておくことが大切です。単に通常の業務を行うだけでなく、常に危険信号を読み取ろうとする姿勢が大切です。

　明らかに危険が顕在化し、緊急時であると誰もが認識できる場合だけでなく、隠れた危険信号をつかみ取るためのノウハウが、緊急時に速やかな行動を行うことに最も必要なことだといえます。

▶ ②初動（緊急措置）

　事故内容（転倒、誤嚥・誤飲など）に応じて検討すれば行動を整理しやすいでしょう。事故発生時はチームプレーが必要です。職員同士の連携を予め決めておくことも必要です。

　また、初動（緊急措置）を施すにあたり、危険の察知の直後に適切な対応ができるように、次の点に留意する必要があります。

> ・日ごろから緊急措置に必要な知識を身につけること。
> ・危険な状態ごとに対応の優先順位を明確にしておくこと。
> 　→自らがどこまでの情報をつかむべきか、措置を施すのか、医師に連絡するのか。
> ・緊急措置に必要な機器や用具を常に準備しておくこと。
> 　→いざというときにすぐに使える状態で、現場の適切な場所に設置する。

▶ ③事実把握と連絡（指示命令）

　事故内容が責任者へ迅速に伝わるための体制を整備します。その際、誰が指示を出すのか責任範囲も併せて明確にしておきます。

▶ ④医療機関との連携

　医療機関へ連絡しますが、夜間や休日の際はどこに連絡すればいいのか確認しておきます。また、日頃から医療機関と良好な関係を築き、円滑に連携が図れるようにしておくことが重要です。

▶ ⑤利用者家族、行政への連絡・対応

　施設・事業所の責任の有無を問わず、家族へ誠意を持って事実を伝えます。また市区町村などの行政機関の窓口へも報告しなければなりません。

▶ ⑥利用者への賠償責任

　施設・事業所側に賠償責任が生じる場合、賠償資金の準備が必要です。損害保険に加入していれば、保険会社へ連絡・相談します。利用者家族と折り合いがつきそうにないときは、早めに弁護士へ相談します。

▶ ⑦改善の取組み

　事故原因をつきとめ、必ず改善策を講じます。改善策は利用者や利用者家族へ報告し、再発防止に努めている施設・事業所の姿勢を伝えます。往々にして発生した事故の解決のみに関心を奪われたり、デリケートな問題であることを理由にして、肝心の再発防止の検討がおろそかになる場合があります。教訓として確実に生かすためには、再発防止の検討までを含めて一連の緊急時の行動とすることが適切です。

参考４－５－１　緊急時の行動の流れ（ある法人の取組み）

事故発生	・発見した職員が速やかに対応 　→（緊急を要する場合）最優先で救急車を手配 　→（上記以外）看護師に報告　→　応急手当　→　通院
↓	
報告	・所属組織の上司は当該職員に、事故報告書の作成を指示する
↓	
事故対策	・施設長・管理者は必要な対策を速やかに行う他、必要に応じ緊急リスクマネジメント委員会を招集し、事実確認・状況整理の実施、必要な対策の検討を行う
↓	
業務改善	・施設長・管理者が指名をした者が、緊急リスクマネジメント委員会で検討を行った内容を基に、改善提案書を作成する ・改善提案書を基に、リスクマネジメント委員会で業務手順の見直しなど再発防止策を検討する
↓	
改善状況の評価	・リスクマネジメント委員会は改善提案の１ヵ月後を目処に、改善の評価を行い、施設長・管理者へ報告する

（3）緊急連絡体制の整備

　前項では全般的な項目を説明しましたが、ここでは緊急時連絡体制の整備に的を絞ってさらに詳しく説明します。

　事故が発生した場合など、緊急時には迅速・確実・正確に情報が責任者へ連絡される必要があります。そのためには指揮命令体制を構築し、その上で連絡網を作るようにします。特に事故発生時は決断・対応のスピードが極めて重要です。緊急連絡体制を整備するためには、各種連絡ルールを定めて、体系化する必要があります。

　問題が生じた場合に施設長・管理者へ連絡する携帯電話の番号を掲示しているだけ、といった内容では緊急連絡体制を整備しているとは言えないでしょう。施設長・管理者が出張している場合や携帯電話がつながらない場合はどうするのか、施設長・管理者不在時に代行者が指示するならば、誰が指示し、どこまで指示する権限があるのか、さまざまなルールを定める必要があります。

　どのような体制を構築するか、施設・事業所の状況によって変わってきます。基本的な緊急連絡体制の整備項目をまとめますので、これらを参考にしながら施設・事業所に応じた体制を構築してください。

▶ ①誰が誰に何を伝えなければならないか

　報告ルートを明確に定め、周知徹底を図ることが必要です。リスクマネジャーが不在の場合は直接施設長・管理者に報告する、応急処置が必要な場合は真っ先に看護師へ連絡するなど、なるべく分かりやすい基本ルールを定めます。

▶ ②責任者と責任範囲

　緊急時は迅速な判断が求められます。しかし、責任と権限がなければ決断が下せません。施設長・管理者やリスクマネジャーが不在の場合は誰が何について判断を下せるのか、明確にしておきます。

▶ ③医療機関への連絡

　「施設長・管理者に連絡が取れないので、救急車が呼べません。」といった体制では、事故後の状況が悪化するばかりです。必ず明確化します。

▶ ④家族への連絡

　最も慎重な対応が求められます。責任追及を恐れて事実を伝えないということがあってはなりません。対応窓口は一本化する方が望ましいでしょう。

▶ ⑤行政への連絡

　市区町村などの行政機関の窓口へ原則責任者が速やかに事実を端的に報告します。

▶ ⑥保険会社・弁護士への連絡

　利用者家族との交渉がこじれる前に、事実を速やかに報告します。

POINT

4-6　事故解決に向けた取組み

（1）事故解決のために本当に必要なこと

　知的障害福祉サービスにおけるリスクを低減させるためには、まず事故を起こさないように努めることに尽きますが、不幸にして事故が発生した場合においても、解決に向けて適切な対処をすることが大切です。隣接分野である医療分野や高齢者介護分野における訴訟事案の増加を受けて、訴訟を見越した対応の必要性も増えてきたため、ここでは事故が発生した場合の利用者・家族への対応について説明したいと思います。

▶ ①利用者側が求めるもの

　まず大切なのは、事故の被害者となった利用者や家族が施設・事業所に対して何を求めているかを正確に把握することではないでしょうか。図４－６－１では事故を起こした施設・事業所に対して利用者・家族が求めるものを挙げてみました。

図４－６－１　利用者・家族が求めるもの

- ・正確な事実の説明
- ・今後の改善、再発防止策
- ・施設・事業所からの補償
- ・施設・事業所への処罰　他

　「なぜこのような事故が発生したのか事実が知りたい」という利用者や家族に対して、施設・事業所の側が補償の話をしてもかみ合わないでしょうし、そうした説明をされた家族は施設・事業所のことをどう思うでしょうか。また、「施設・事業所からの謝罪がほしい」という利用者や家族に対して、訴訟を前提にした対応を施設・事業所が行ったら、利用者・家族はどう思うでしょうか。施設・事業所の側は適切な対応を取っているつもりかもしれませんが、利用者や家族が何を求めているか把握せずに対応することで、不要なトラブルが発生するかもしれません。

▶ ②紛争を招くもの

　多くの場合は事故が発生して速やかに家族へ説明するでしょうから、その際にはまだ事実関係の全容は解明されてはいないでしょう。しかしその場合でも、事実関係が分からないから説明しなかったり、施設・事業所に不利になるかもしれないから隠したりしたら、家族はどう思うでしょうか。家族は事故発生の事実ではなく、往々にして事故発生後の施設・事業所の対応に不信感を抱き、その結果紛争に発展することが多いようです。家族に説明する時点で分からないことは、「現時点では調査中です」と伝えるようにしましょう。また、責任の追及を恐れて事実を開示しないということもあってはなりません。その場を繕うことはできても、事実を隠蔽したことが後日明らかになったときに、事故解決が困難になりかねません。

▶ ③施設・事業所の責任

　責任という言葉が出るとどうしても「法的責任」「損害賠償」ということが思い浮かぶことでしょう。しかし家族との関係ではそれだけではなく、「道義的な責任（礼節や常識を重んじる）」についても十分配慮することが求められます。

　具体的には必要に応じて、お見舞い、通夜・葬儀・初七日などへ出席・参列を行うことや、家族の側からアプローチがあった場合には、丁寧に対応することなどが挙げられます。また利用者や家族にお見舞いの言葉や気持ちを伝えることは、賠償責任を認めることとは別問題であり、問題ありません。むしろ、施設・事業所での支援に関連して利用者側に不幸な結果が生じているのですから、後の賠償責任を懸念してお見舞いの意を表さない態度の方が、不信や不満を抱かせ、後のトラブルへと発展しかねません。

▶ ④対応の心構え

　先ほど、道義的責任に配慮してお見舞い、通夜・葬儀・初七日などへ出席・参列することも大切だと述べました。しかし本当に重要なのは型通りに出席・参列しお悔やみを述べることではなく、心から申し訳ないという気持ちを伝えることであり、そうした気持ちに基づいた誠実な態度をとることです。

　そうした気持ちや態度は、発生させてしまった事故に対して速やかに対応すること、最大限の努力をして対応すること、といった行動からも示すことができるのではないでしょうか。

▶ ⑤平時からの利用者家族との関係づくり

　①〜④までは事故が発生した場合の利用者側への対応についてでした。しかしながら、平時

から家族と施設・事業所とのコミュニケーションが良好に推移していれば、ことさら意識しなくても上記の対応は行えるのではないでしょうか。そして何より、平時からの良好なコミュニケーション関係が築かれていれば、そもそも紛争などに発展しないのではないでしょうか。逆説的ではありますが、平時からの関係構築こそ、事故解決に向けた取組みの最も重要なポイントなのかもしれません。

4-7 職員教育について

　リスクマネジメントにおける取組みは個人的ではなく、組織的に行うことが重要だと先に説明しました。しかしこのことは個々の職員のレベルアップが必要ないということを言っているのではありません。施設・事業所において、個々の職員のレベルアップは不可欠であり、職員の質は提供サービスの質に直結します。

　ここでは職員個人のレベルアップを図るべく行う、職員教育について取り組むポイントを整理していきます。

（1）職員教育の重要性

　施設・事業所において提供するサービスの質は人材によって決まるといっても過言ではありません。サービスの質は設備や環境などハード面によるところが少なくないものの、最も大きい要素は職員の技術や利用者への接し方など職員の質であることに間違いはないでしょう。サービスの質を高めるためには、職員への教育が最も重要であり、不可欠であるといえます。見方を変えれば、職員教育にどれだけ真剣かつ効果的に取り組んでいるか、そして職員が必要な技術や知識をどれだけ修得しているか、といった点が施設・事業所のサービスの質を左右するといえます。

　そこで、職員の質を高めるためには、組織的・体系的に職員教育に取り組むことが必要であるといえます。そのためには手間もコストもかかります。しかし、これらは施設・事業所としてサービスを提供するために付帯的に発生するコストと考えるのではなく、サービスの質の向上のために必要不可欠な投資であると考えてください。

　では、具体的にどのように取り組んでいけば良いのか、図4－7－1にまとめています。ただし、職員教育は施設・事業所の状況や考え方によって方法は違ってきますので、取り組む際の参考とするようにしてください。

図4-7-1　職員教育体制構築の流れ

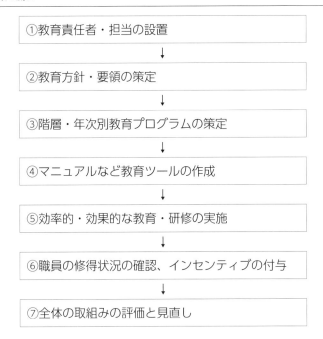

①教育責任者・担当の設置

↓

②教育方針・要領の策定

↓

③階層・年次別教育プログラムの策定

↓

④マニュアルなど教育ツールの作成

↓

⑤効率的・効果的な教育・研修の実施

↓

⑥職員の修得状況の確認、インセンティブの付与

↓

⑦全体の取組みの評価と見直し

（2）組織的な職員教育導入のポイント

　図４－７－１に職員教育体制構築の流れを示しましたが、具体的に各々の内容について説明します。この流れを見ると非常に大げさな取組みと感じるかもしれません。大企業ではないのだから、もっと手軽な方が良いと思われるかもしれません。しかし、職員教育は場当たり的に行っていては、なかなか身につかないものです。組織的に取り組むためのポイントを示しますので、施設・事業所の規模や状況に応じて適宜アレンジの上、必要な要素を取り入れるようにしてください。

ア．教育責任者・担当の設置

　職員教育全般に関する責任者を設置します。最終的な責任者は施設長・管理者になりますが、実質的に職員教育を推進する責任者を決めてください。どの施設・事業所でも職員教育を取り仕切っている人がいることでしょう。その人を明確に「教育責任者」と位置付けます。さらに教育責任者の下に数名の教育推進担当者を任命します。

イ．教育方針・要領の策定

　次に施設長・管理者と教育責任者は施設・事業所の教育方針を定めます（法人としての方針でも構いません）。職員のあるべき姿をイメージし、そこに近づくための教育のあり方

などを簡潔な言葉で箇条書きにすれば、方針案が策定できるでしょう。方針が定まれば、実際に教育を行うための教育要領を定めます。要領は、「第1条-目的」「第2条-責任者」…といった具合に条文書きにすれば良いでしょう。

ウ．階層・年次別教育プログラムの策定

　方針・要領が定まれば、それらに沿って具体的な計画を策定します。経験や年次によって、どのレベルまで到達すれば良いか項目ごとに目標を定め、目標に到達するために必要な技術・知識の修得内容や方法などを示します。

エ．マニュアルなど教育ツールの作成

　教育にはマニュアルやテキストは欠かせません。自らの状況に応じて独自のテキストを作成することが理想ですが、なかなか難しいことだと思います。最初は市販の参考書などを活用すれば良いでしょう。ただし、自ら定めた業務上のルールなどは、マニュアル化する必要があります。

オ．効率的・効果的な教育・研修の実施

　惰性的に研修を行っても身につきません。目的意識を持たせることが重要です。外部のセミナーに参加する場合などは、必ずレポート（単なる感想文ではない）を書かせて回覧するなど、工夫が必要でしょう。

カ．職員の修得状況の確認、インセンティブの付与

　目標レベルに到達しているかどうか、テストを実施すれば緊張感が増すでしょう。また、「支援技術コンテスト」を開催し、優秀者を表彰するなどのイベントも有効でしょう。

キ．全体の取組みの評価と見直し

　上記取組み全体についても、4－4で説明した考え方に基づいて、評価・見直しを必ず行ってください。

（3）効果的な教育・研修手法のご紹介

　前項でマニュアルなどの教育ツールを作成して行う研修が組織的な職員研修に有効だと述べましたが、ここでは産業界で生み出され、福祉の世界に持ち込まれた演習手法を紹介したいと思います。演習の進め方は大変簡単で、手軽に行える演習ですので、是非とも施設・事業所で取り組んでみてください。

▶ ①危険予知訓練（KYT）

　危険予知訓練（KYT）とは、職員が日々の業務の中で「何かおかしい」「危ないかもしれない」といった危険を予知する能力を高める取組みです。職員一人ひとりがこのような危険に対する感受性を高めれば、事故を未然に防ぐことが大いに期待できます。

　また、「気づきの感性」が高まれば、万一事故が起きたり、ヒヤリやハットしたことが起きたりした場合、自然にその要因をつかむ習慣が身につくことでしょう。要因分析力を高める取組みとしても大いに効果が期待できます。

　KYTはイラストを見ながら、グループで意見を出し合い、危険度の高い内容を絞り込んでいきます。その後、絞り込んだ危険に対する対策を出し合い、それら対策についても絞り込んでいきます。最終的に絞り込んだ対策がグループの目標となります。

図4-7-2　KYT演習の進め方

KYT基礎４ラウンド法		
1 R	現状把握 ＊どんな危険が潜んでいるか	◎「危険の要因」と「想定される事故」をグループ全員で挙げていきます。 例．歩行障害のある利用者が階段を下りる時に職員が目を離した際、つまずいて転落する。
2 R	原因追求 ＊これが危険のポイント	◎１Rで出された意見の中で、特に危険な項目を２つに絞り込みます。【重大危険の絞り込み】
3 R	対策検討 ＊あなたならどうする	◎２Rで絞り込んだ重大危険に対する実行可能な対策を具体的に挙げていきます。
4 R	目標設定 ＊私たちはこうする	◎３Rで出された中で特に重要な対策を絞り込みます。 ◎重要な対策をまとめて、「グループ行動目標」にします。 例．歩行障害のある利用者が階段を下りる際には、目を離さず、一緒に降りることで、転落を防止しよう！

▶ ②KYT演習の進め方の注意

グループで話し合う場合の注意点をまとめます。

ア．「間違い探し」ではない

　イラストのなかにいくつ問題点があるかについて話し合うことが目的ではありません。イラストから思い浮かぶ「危険」を出し合って、危険の本質について、お互い納得し合うこ

とが目的です。

イ．答えは限りなし

　想像力を働かせれば、危険は無数に存在しているといえます。そのため、「正解」はありません。言い換えれば「正解」は無数にあるといえます。重要なポイントは、気づいた「危険」について積極的に意見を出し合うことです。その中で特に危険と思われるもの、見落としてしまいそうなものなどを、グループで話し合い絞り込んでいくようにします。

ウ．場面設定の説明は最小限

　イラストの場面説明は最小限です。例えば、次頁の食事場面のイラストでは「左奥に座る利用者は食べるペースが早い」「右手前に座る利用者はテレビに注意が向いている」などの説明は一切ありません。なぜなら話し合いのなかで「もし、左奥の利用者が早く食べ終わって、隣の利用者のご飯も食べようとしたら、ケンカになって怪我をするね」といったように、登場人物や器具・設備面などの状況に関しても、深く踏み込んで話し合うことが目的だからです。

＜話し合いのポイント＞
●イラストの中の職員になりきって考える
　・「危険の要因」と「想定される事故」の組み合わせで危険を表現する。
　・「～なので～して」（要因）　＋　「～になる」（想定事故）

●「想定される事故」は「事故の型」で表現する
　・落ちる、転ぶ、ぶつかるなど、事故の型で言い切る。
　・「～してケガをする」といった漠然とした表現や「～かも知れない」「～の危険性がある」といった曖昧な表現は避ける。

●危険要因は「なぜ」の繰り返しで掘り下げる
　（例）「大きな荷物を抱えて、階段を降りている」というイラストがあるとします。
　・「足を踏み外して落ちる」という危険が思い浮かぶ。
　・なぜ「踏み外すか」→「足元が見えないので、踏み外して落ちる」
　・なぜ「足元が見えないのか」→「両手で荷物を抱えていて足元が見えないので、踏み外して落ちる」

●「危険の要因」を具体的に表現する
　（例）無理な姿勢なので～　→　中腰で持っているので～
　（例）不安定なので～　　　→　つま先で立っているので～

図4-7-3　KYTイラスト例

○食堂（あなたは食堂で見守りをしています。）

○駐車場（あなたは降車支援をしています。）

危険予知訓練記入シート

イラスト　No.　　　　　　　　　　　　　　　　　　　　　実施日　　　／　　　／

実施場所：

グループ No.	グループ名	司会	書記	発表者	その他のメンバー

第1R（どんな危険が潜んでいるか）
潜在危険を発見・予知し、危険要因とその要因によってひきおこる現象を想定する。
第2R（これが危険のポイントだ）
発見した危険のうち重要危険に〇印。更に絞り込んで特に重要と思われる危険のポイントに◎印。

〇	◎	NO	危険要因と想定される事故を記入
		1	
		2	
		3	
		4	
		5	
		6	
		7	
		8	

第3R（あなたならどうする）危険のポイント◎印を解決するための具体的で実行可能な対策を考える。
第4R（私達はこうする）
重点実施項目を絞り込み※印。更にそれを実践するためのチーム行動目標を設定する。

◎印のNo	※	NO	対応策を記入	グループ行動目標
		1		
		2		
		3		
		4		
		5		
No		1		
		2		
		3		
		4		
		5		

参考文献

・「知的障害施設・事業所の危険予知訓練（KYT）KYTかんたんマニュアル」（公財）日本知的障害者福祉協会 危機管理委員会　2015
・㈱インターリスク総研(著)「かんたん！福祉施設におけるリスクマネジメント80のポイント」　筒井書房、2010
・㈱インターリスク総研(著)「福祉施設における危険予知訓練（KYT）かんたんガイド」　筒井書房、2003

緊急時対応の教育・シミュレーションの実施

　緊急時対応に関しても、業務マニュアルの周知徹底などと同様に、定期的な勉強会の開催や研修などにより、知識の定着を図ることが得策です。緊急時対応は、危険の種類が違っても一度経験したことがある人と、そうでない人とでは、事態を把握する力や、具体的な行動を想定する力に違いがあります。可能であれば、ベテラン職員の過去の体験談などを題材に勉強会や研修を行うなど、臨場感を生み出す工夫をすると良いでしょう。

　また、職員の多くは、担当業務の日常的な流れの中で実務経験を積んでいく過程をたどっているため、平常時のさまざまな現象から危険信号を察知する訓練をあまり受けていないようです。このため、危機を察知するための危険信号のつかみ方について、体系的に学習できるような仕組みとしていくことも大切になります。

　具体的には、マニュアルの反復学習だけでなく、４−７で説明した危険予知訓練（KYT）同様の手法を用いて、勉強会で危険信号を察知して緊急時対応手順を検討することも有益でしょう。

　一般に発生頻度が高いと思われるリスク、利用者固有のリスクについては、緊急時の判断基準・対応基準を明確化し、また必要に応じて医師などから即座にサポートが得られるような連絡体制を構築しておく必要があります。

　例えば、利用者が意識不明になった状況を想定し、誰が、どのような手順で指示・行動・連絡し、救命救急処置を行い、しかるべき役職者に報告するか、実際の行動レベルで模擬的に実施することが考えられます。周囲の利用者にも配慮しなければならないため、現実に緊急事態が発生した場合と全く同様に行動することはできないとしても、リーダー役の職員の指示、病院に移送するまでの対応のあり方、各人の迅速な行動などにおいて、さらに検討すべき課題を見出すことができます。

第5章

苦情対応

5-1 苦情対応について

（1）苦情対応の目的

▶ ①苦情対応の必要性

社会福祉法では、その目的として「福祉サービスの利用者の利益の保護及び地域における社会福祉の推進を図るとともに、社会福祉事業の公明かつ適正な実施の確保及び社会福祉を目的とする事業の健全な発達を図り、もつて社会福祉の増進に資する」ことが掲げられており、第82条に「社会福祉事業の経営者は、常に、その提供する福祉サービスについて、利用者等からの苦情の適切な解決に努めなければならない」と定められています。

サービスを提供する中では、全く苦情が発生しないということはありえません。また発生する苦情も、必ずしもサービス提供者側にすべての原因があるものばかりではなく、中には利用者側の誤解に基づくものも存在します。しかし、たとえサービス提供者側に問題がない場合であっても、利用者側からの苦情を放置してしまうと、サービス提供者に対する利用者側からの信頼が損なわれることにつながりかねません。

利用者側からの苦情に対して、積極的に解決のための行動を起こすことが、社会福祉法の理念を実現する上でもますます欠くことができないといっても過言ではないでしょう。

▶ ②苦情そのもののとらえ方

次に「苦情」そのものについて考えてみます。苦情はどうしてもマイナスイメージにとらえがちですが、利用者側の立場に立てば、苦情は利用者側が施設・事業所にどうしても伝えたい「意見」であると考えることができます。そこで施設・事業所としては、苦情はコミュニケーションの一つのきっかけとしてとらえ、利用者側の意見に応えていくことで、円滑なコミュニケーション関係を築くように取り組んでいくことが得策です。苦情の中身を一つひとつ見ていけば、サービスに対する提案・要望や、単に説明を求めているといったことが多いことに気づくでしょう。これらはむしろ積極的に受け入れ、利用者とより良い関係を築くための一方策であると考えた方が得策といえるでしょう。

（2）苦情対応の位置付け

　苦情対応に取り組むことによって、施設・事業所にとってそれがプラスに作用するように運営していくことが重要です。そのためには、職員個人に対応を任せるのではなく、組織的な取組みのレベルにまで高めることが必要です。

▶　①苦情対応とサービスの質の向上

　利用者からの苦情に応えることによって、これまで気づかなかったサービス提供の問題点を改善することにつながります。また利用者の不安点について、問題を顕在化させる前に防ぐことができれば、サービス提供に潜むリスクを低減させることにつながります。逆に苦情に対して満足に応えることができなければ、せっかくのサービス改善のチャンスを見逃すことになるでしょう。

　利用者が発した苦情をしっかり受け止め、サービスの質の向上に結びつけるためには、担当者任せにするのではなく、組織全体で取り組むことが肝要です。

▶　②苦情対応とリスクマネジメント

　苦情は適切に対処すれば、利用者とのより良い関係づくりのきっかけとなります。しかし対処を誤れば、必要以上に多くの労力が費やされるばかりでなく、場合によっては広く世間に知られるところとなり、社会的責任を厳しく問われ、信用失墜など経営に多大なダメージを与える可能性があります。

　また、苦情には上述のような提案や意見ばかりではなく、不当な要求が含まれる可能性もあります。そのような観点からも、苦情対応はリスクマネジメントの取組みの一つであると位置付けることができます。そのため、施設・事業所は苦情対応を単に「とりあえず、便宜上担当者を指名した」「使い勝手はともかく、とりあえず苦情受付箱を設置した」といった付属的・形式的業務として取り扱うのではなく、経営レベルで取組み方針を定め、組織的に苦情対応体制を整備していくことが必要であると認識することが望ましいといえます。

5-2 苦情対応体制の構築

（1）施設・事業所における苦情対応の流れ

　知的障害施設・事業所を含む社会福祉施設・事業所は苦情対応において第三者委員の設置を求められているため、第三者委員を含めた苦情対応の大まかな流れを図5－2－1で示します。

図5－2－1　苦情対応の流れ

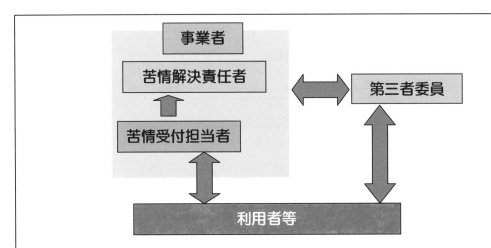

（2）実効性のある組織を構築するために

　図5－2－1で示した流れが円滑に行えるように、どの施設・事業所も体制を整備していることでしょう。ここで重要な点は前項でも述べましたが、「とりあえず担当者を決めた」といった形式上の運営に陥っていないかどうかです。本来、苦情対応体制は施設・事業所が当然の責務として整備するべきものですが、一方で施設・事業所は苦情対応体制を整備することが法令などによって定められていることから、目的意識を持って取り組まなければ、本来の目的から離れ、法令や監査の要求事項をクリアすることだけを目的とした体制に陥りがちです。そのような体制では十分に機能することはなく、苦情受付件数も極端に少なくなるでしょう。しかし表面上苦情受付件数が少なくても、実際には苦情が顕在化していないだけで、逆に大きな潜在リスクを抱えてしまうことになります。

　現状の苦情対応体制が十分に機能しているかどうかを絶えずチェックし、常に工夫・改善を行っていく必要があると認識するようにしましょう。

（3）施設・事業所における苦情対応体制構築のポイント

　どのようにして機能的な苦情対応体制を整備していけば良いか、ポイントを整理してみます。

▶ ①苦情解決責任者の設置

　厚生労働省の通知によれば、苦情解決責任者は理事長や施設長・管理者など組織のトップが務めることとされています。トップが責任者となって苦情解決に取り組むことは非常に重要なことですが、トップが形式上責任者となっているだけで、実際はすべて部下任せでは意味がありません。トップはすべての苦情に対して最終的な責任を負うことを改めて自覚するとともに、トップ自らの言葉で、「苦情対応方針」を打ち出すことが有効です。本方針は、苦情対応の取組みを進める上で土台となるものです。また、本方針をトップの苦情対応に対する意思表明・決意表明として職員に浸透させ、苦情に対する目的意識の醸成を図ることが有効です。蛇足ですが、市販の「規程集モデル」などをまねて形だけ整えても、意味がないことはいうまでもありません。

　なお、本方針は利用者や家族に対しても明確に示すことが望ましいでしょう。その際、どのような視点で具体的に何を行うのか、分かりやすい言葉で示すように留意してください。そうすることによって、利用者や家族に対して安心感を与えるとともに、苦情対応の本来の目的が明確に伝わるでしょう。ただし本方針は、利用者や家族に対するコミットメントとなりますので、理想論を掲げたり、できないことを背伸びして示したりするといったことは避けるべきです。

▶ ②苦情受付担当者の設置

　苦情受付担当者は、利用者からの苦情を受け付けて苦情解決責任者へ報告し、経過を記録する役割を担いますが、担当者として任命しただけでは、単なる伝言係や記録係になりがちです。本来、苦情受付担当者に期待される役割はトップの方針を具現化させる実務責任者であるべきです。そのためには、担当者の実効性を担保するように役割や権限を定めることが得策です。担当者の役割・権限は単に「苦情の受付」や「苦情の報告・記録」といったものだけではなく、苦情対応に関する「活動プラン策定」や「職員教育の立案」といった掘り下げた役割・権限を加えていくことも検討に値するでしょう。

　一方で、苦情受付担当者一人がすべてに対応しなければならないとすると、過度の負担がかかってしまいます。サブ担当を設置したり、苦情受付チームを組成したりするなど、状況に応じてより良い体制を整えることが大切です。

▶ ③第三者委員の設置

　第三者委員の主な役割は、利用者の立場や状況に配慮した適切な苦情対応を推進することです。そのため、第三者委員の設置は中立性・公平性を担保することが求められ、一般には民生委員や児童委員、学識経験者や弁護士などが望ましいとされています。第三者委員を選ぶのは基本的に施設・事業所側の裁量に委ねられており、誰を選任するかによって施設・事業所側の姿勢が見てとれます。利用者、施設・事業所双方にとって適した人を選ぶことが、長い目で見れば得策であり、そのような委員の選択が可能となるよう、第三者委員の選任方法を検討することも一案といえます。

5₋3　苦情対応のポイント

（1）苦情対応の全体像

　先に示したように、苦情対応はサービス提供に潜むリスクを低減させることにつながりますので、苦情対応は業務の中でも優先的に取組む必要があります。図5－3－1に表したように苦情対応は5つのステップに分けることができますが、いずれのステップも重要となります。いずれかの段階であっても不適切な対応があれば、それは更なる苦情を発生させる原因となりますので、苦情対応には細心の注意と組織的対応が求められます。

図5－3－1　苦情対応の全体像

①受付	・利用者・利用者家族の声を適切に収集し、対応が必要な苦情に関する情報を把握、共有する。
②事実確認	・受け付けた苦情について、関係者及び苦情申出者に経緯を確認し、客観的な事実関係を明らかにする。
③対応方針検討	・収集・整理した事実関係に基づいて、自組織としての対応を外部専門家の活用も含めて、検討・決定する。
④対応	・対応方針に従い、苦情申出内容（または要求事項）への具体的な対応を整理し、申出者と交渉する。
⑤示談・終了	・双方納得できる着地点で合意し、苦情対応を終了する。また、同種の苦情の発生を未然に防止するための対策を実施する。

（2）苦情対応のポイント

▶ ①苦情を受付ける際の基本的な考え方

　苦情は利用者の「意見」としてとらえ、コミュニケーションのきっかけとみなし、積極的に応えていくことが得策であることを既に説明しました。苦情の受付は、どちらかといえば後ろ向きな業務であるように捉えがちです。誰もが「できる限り苦情は受け付けたくない」と思うのが本音でしょう。しかし、苦情はサービスに対する問題点の指摘であったり、利用者からの業務改善要望であったりすることが多く、施設・事業所にサービスの質の向上を図る上で貴重な「気づき」を与えてくれるものです。施設・事業所には、そのような利用者の声をしっかり受け止める姿勢で臨むことが何よりも求められるといえます。

　ただし、利用者の声を受け止めることは、利用者の要求にすべて応えるということを意味するものではありません。特定の利用者だけを優遇する対応となっては、苦情を根本的に解決したことにはならないからです。利用者からの苦情や意見を福祉サービスの専門的見地から検討し、施設・事業所側・利用者側の多くが納得のいくように改善を図っていくことが重要であるといえます。

▶ ②苦情対応のポイント

　苦情対応では、「ただ単に話を聞く」というだけでなく、解決に向けた行動がとれるように、ポイントを押さえる必要があります。図５－３－２にポイントを示しましたので、実際に苦情受付を行う際の参考にしてください。

図５－３－２　苦情対応のポイント

・先方の主張を最後までよく聞く。
・誰（利用者・家族・関係者など）が何（施設・事業所・支援担当者・体制・設備など）に対して苦情を述べているのか正確に把握する。
・何を希望しているのか、繰り返し述べて確認する。
・正確に記録をとる。記録内容を述べて齟齬がないか確認する。
・話の途中で遮らない。力ずくで納得させない。
・専門用語は避け、分かりやすい言葉を使う。
・可能であれば、解決に向けた方向性（次回の話し合いの場の設定、参加者など）を確認する。

（3）苦情の受付

▶ ①感情の鎮静化とご意見の聴取

　利用者や利用者家族が苦情を申し立てる際には、時として感情的になっていることがあります。苦情に対応する際は、相手の感情を鎮静化するためにも、まずお詫び・お見舞いの言葉を述べましょう。ただし、ここで注意しなければいけないことは、お詫びやお見舞いの言葉の対象が、利用者や利用者家族に心配をかけたことに対するものであり、苦情そのものへの謝罪としないことです。無暗に謝罪をすると、施設で追う必要のない責任についても認めてしまう危険があり後々不当な要求を受ける可能性がありますので注意が必要です。

　苦情を受け付ける際には、当たり前の話ですが相手の話を途中で遮らず、まずは申出内容を最後まで傾聴し、理解・共感を態度で示します。これは申出者の感情の鎮静化にも繋がります。途中で反論をしたり、申出者の話すことに無感情で対応したりすることは、かえって申出者の感情を逆なでし、解決をより困難にしかねません。

▶ ②申出内容の正確な把握

　受付者は申出者からの問い合わせや要求の内容を正確に把握する必要があります。内容を復唱・確認し、５Ｗ１Ｈの視点から「誰が・いつ・どこで・何を・どのように・なぜ」苦情に至ったのか整理します。ここで注意しなければいけないのは、「クレーマーだ！」という先入観を持って対応しないことです。先にも述べたように、苦情に対しては誰もがネガティブな気持ちで対応しがちですが、「客観的」な把握に努めることが重要です。

▶ ③今後の対応の説明

　申出の内容によっては事実確認が必要なものや、その場ですぐに回答することが難しいものも多くあります。それらに対しては安易な回答をすることを避け、一旦組織で検討し改めて連絡することを伝えます。その際にも回答期限を設定し、今後の連絡ルール（連絡先や不都合な時間等）をお互いに取り決めるようにしましょう。いつまでも連絡を取り合うことができず、結果として「対応が遅い」と思われないようにするためにも必要なことです。

▶ ④情報の共有

　受け付けた苦情は、上司へ報告します。組織内で苦情の内容を共有し、組織で対応をしていきます。よく、担当者に任せきりにしているケースがありますが、受け付けた苦情を施設・事

業所の質の向上につなげていくためには組織として対応する必要があります。また、職員個人ではなく組織として対応することで、利用者や家族にとっては誠意と受け止められます。

（4）事実確認

受け付けた苦情については、関係者及び苦情申出者に経緯を確認し、客観的な事実関係を明らかにする必要があります。

▶ ①三現主義

苦情の内容が、利用者の怪我や物損などに関するものの場合には、現場（に行き）・現物（を見て）、現実（に確認した事実）に基づいて行動をします。これを三現主義といいます。こうした取組みも利用者や利用者家族にとっては、申出に対して真摯に対応していると受け止められます。

▶ ②事実確認のポイント

受付時の情報だけでは苦情の内容の全体像が把握できないことがあります。そうした際には面談を申し込みますが、この時にも注意する点があります。水掛け論（言った・言わない）を避けるため施設・事業所側からは最低でも2人以上（相手側の人数以上）で対応するようにしましょう。特に反社会的勢力の可能性がある場合は、面談場所は施設・事業者側で指定し、必要に応じて事前に警察や弁護士等の外部専門家に相談することも検討します。

（5）対応方針の検討

収集・整理した事実関係に基づいて、自組織としての対応を外部専門家の活用も含めて、検討・決定していきます。

申出内容と施設・事業所にて収集した事実関係を照らし合わせ、申出者の特性（クレーマーや反社会的勢力等）を踏まえたうえで、正当な申出なのか不当な申出なのかを判断します。この際には客観的な視点が必要となりますので、必ず組織で検討を行います。

その上で、今後の対応方針の起案・決定をしていきます。ポイントは次の通りです。

・今後の窓口の決定（担当者もしくは管理者等）
・要求内容が明らかに一般常識の内容を超えていたり、異常に執拗な手段で要求を受け入れさせようとしたりする場合は弁護士、反社会的勢力である場合は警察へ通報する
・法律や社内規定と照らし合わせ、施設・事業所側の過失度合いや責任範囲を把握
・上記に基づき、謝罪すべき点と譲れない点を整理
・ワーストシナリオを想定しておく（解決不能となった場合の対処方法）
・関係各所、組織内への根回し・情報共有（対応の統一化）

（6）対応

　組織で定めている対応方針に基づき、苦情申出内容（要求事項）への具体的な対応方法を整理したら、申出者と交渉をしていきます。

　繰り返しになりますが、苦情対応の一連の流れで不適切な対応があれば、それは更なる苦情を呼びかねません。そのため、あらゆる方法で誠意を伝える必要があり、申出者への対応も原則面談で行いましょう。申出者と面談を行う際は身だしなみや挨拶はもちろんのこと、先述したお詫びの言葉や傾聴の姿勢、適切なタイミングでの相槌やアイコンタクト、相手の話を遮らないこと等を意識しましょう。

　実際に申出者と相対する際は、申出者は様々な心情をまとまりのないまま話し始めることが多いため、適宜論点を整理しながら進めると良いでしょう。（5）対応方針の検討で示したように施設・事業所側として謝罪すべき点や責任範囲を念頭に置きながら話を進めます。申出者からの要求に対し、対応できないことがあれば、対応できない理由や事情を丁寧に説明し理解を求めます。コンプライアンス意識を忘れないのはもちろんのこと、果たすことのできない約束や誤った返答をしないように気をつけましょう。

（7）示談、終了

　双方が納得できる着地点で合意したら、苦情対応は終了となりますが、必要であれば覚書や示談書の作成・取り付けを行います。もし申出者より不当な要求があり、解決が困難な場合は弁護士等、外部専門家に相談をします。

　苦情対応の終結と同時に、同様の苦情の発生を未然に防止するための対策を検討、実施します。関係各部へ苦情が解決したことを周知するとともに苦情の根本的な原因を解明し、再発防止策の策定、組織内への周知徹底を図ります。これにより、施設・事業所のサービスの質の向上につなげることができます。

（8）苦情を申し出やすい環境づくり

▶ ①環境づくりの重要性

　苦情を利用者の声と捉え、積極的に応えていくには、利用者や家族が苦情を申し出やすい環境や機会をつくることが重要です。利用者から苦情が全く出てこない施設・事業所は、苦情を申し出にくい雰囲気ではないか、使い勝手の悪い体制になっていないかなど、改めて現状を見直したほうが得策です。いかに質の高いサービスを提供していても、苦情が全く出てこないということは通常あり得ないため、利用者側が不満をため込んでいる可能性が高いといえます。もし、そのような状況が日常化・常態化しているようであれば、リスクが増大している状態であるといえるでしょう。

　普段から気兼ねなく苦情を申し出る環境や機会を作ることは、一定の労力を費やす必要があるものの、リスクを軽減しているといえるでしょう。苦情対応に費やす労力を惜しんでリスクを増大させるのではなく、積極的に苦情を受け入れ、対応に費やす労力以上のメリットが得られるように前向きに取り組むことが得策です。

図5－3－3　苦情を申し出やすくする方策例

- ・ポスターなどで掲示
- ・パンフレットの配布
- ・契約時やサービス利用開始時における説明
- ・利用者会議や家族会などの場で説明
- ・広報誌による案内
- ・ホームページによる案内
- ・施設外（地域のスーパーなど）に相談デスクを設置
- ・アンケートなどによる苦情の掘り起こし
- ・利用者・家族との意見交換会の開催

▶ ②苦情を出しやすくする工夫・方策

　以上の観点から、苦情に対して受け身でなく、主体的に働きかけていくには、利用者や家族に対して制度の説明や周知、広報を積極的に行うことが重要です。利用者や家族に対する周知はもちろん、外部に対しても取組みに関する情報発信を行えば、施設・事業所の真摯な姿勢を示すことができ、信頼感を高めることが期待できます。

（9）苦情記録のポイント

▶ ①苦情記録の基本構成

　受け付けた苦情については、適切に記録を作成することが必要です。受付時の内容はもちろん、解決までの話し合いの経過、改善報告および改善後のフォローアップなど、一連のプロセスが時系列的に分かるように記録・整理しておくことが重要です。

図5-3-4　記録の構成例

受付記録→経過記録→対応報告記録→対応後の状況記録→第三者委員・外部機関などの報告記録（第三者委員が途中介在しない場合）

▶ ②記録作成のポイント

　苦情記録を作成する上で注意すべきポイントとして、どの記録にも当てはまることですが、「事実を正確に記録する」ことがあります。当たり前のことのようですが、無意識に作成者の主観が入り込んでしまいがちですので、注意が必要です。言うまでもないことですが、責任を回避したいがために、不適切な表現、矛盾する表現、根拠のない憶測に基づく表現などは厳に慎むべきです。

　また、たとえ事実を正確に記載していても、誤解を生じる恐れのある書き方は避けるべきです。読み手によって解釈が分かれる記録は、後々問題を生じさせる原因となりますので、それらについて日頃から意識を高めるとともに、作成者以外の方がダブルチェックするなどの工夫が必要でしょう。

　なお、苦情記録には申出人の個人情報が記載されることになりますので、守秘義務を遵守し、記録の保管や取扱いについてはルールを定めるなど、慎重を期すようにすべきです。記録の内容や保管状況によって、施設・事業所の姿勢が見てとれることを肝に銘じておくべきでしょう。

参考5−3−1　苦情報告書の紹介(実際に施設・事業所で使用されている苦情報告書のフォームを紹介します。)

(様式1号)

理事長	事業局長	施設長	受付担当

受付日	令和　　年　　月　　日　　曜日	苦情の発生時期	令和　　年　　月　　日頃	受付NO	
記入者	(相談苦情受付者名)　　　　　　　　　印	苦情の発生場所			
受付手段	電話　　書面　　　FAX　　　他(　　　)	添付書類	有　　無		

	(ふりがな) 氏名			
	利用者との関係	本人　　親　　　子　　その他		
	(ふりがな) 氏名			
	性別	男　　女	年齢	歳

苦情の分類　　　1 ケアの内容に関する事項　　2 財産管理・遺産・遺言等　　3 制度・施策・法律に関する事項
　　　　　　　　4 個人の嗜好・選択に関する事項　　　その他(　　　　　)

相談・苦情の具体的内容　□ 説明・情報不足　　□ 職員の態度　　□ サービスの内容　□ 権利侵害　□ その他

申出人の要望	□ 話を聞いて欲しい　□ 教えて欲しい　□ 回答が欲しい　□ 調査して欲しい　□改めて欲しい　□ その他
	第三者委員への報告の要否　　要　　否　　確認欄[　　　　　　　　　　　　　]
	話し合いへの第三者委員の助言、立会いの要否　　要　　否　　確認欄[　　　　]

(提供：社会福祉法人常盤会)　　1／2ページ目

172

第三者委員名				
委員への報告日	年　月　日	申出人への通知日	年　月　日	

対 応 経 過

対　応	□その場での回答の終結　□後日回答（　　月　　日予定）□当時者同士の話し合い解決の推奨　□専門機関への紹介（　　　　　） □行政機関への伝達　□関係機関の紹介（　　　　　　）□苦情としての処理　□助言　□あっせん　□事情調査 □運営適正化委員会への申出　□その他（　　　　）
令和　年　月　日	
令和　年　月　日	
令和　年　月　日	
令和　年　月　日	
令和　年　月　日	
令和　年　月　日	

結　果

回　覧

[様式1号裏]

（（提供：社会福祉法人常盤会）2／2ページ目

（10）サービスの質の向上

▶ ①サービスの改善

　受け付けた苦情は苦情解決責任者へ報告し、解決策を検討します。その際、先入観や思い込みを排除し、苦情内容の事実調査を行うことが不可欠です。原則として、当事者間の話し合いで解決を図ることを目指しますが、第三者委員の活用も視野に入れて慎重に検討します。第三者委員の参画は、話し合いがこじれた場合だけでなく、客観的視点が必要かどうかで判断することも必要です。苦情対応は局所的に処理して済ませるものではなく、苦情対応を通じて、利用者本人のサービスの提供やサービスの質の向上を図ることが極めて重要であることを説明してきました。苦情解決に向けて検討した結果をきちんと普段の業務に反映させることはもちろん、一時的に反映させただけではなく、反映させた取組みが継続的に行われているか、またそれらの取組みは期待通りの効果が得られたのかなど、適宜評価・見直しを行うことも必要です。

▶ ②職員間の情報共有

　苦情の当事者である職員や苦情受付担当者だけが対応し、改善も当事者だけが行うのでは、苦情対応の効果は半減します。たとえ苦情の原因が該当職員の個別の事由によるものであったとしても、プライバシーに配慮しつつ、施設・事業所内で情報共有を図ることが得策です。
　苦情対応について職員同士で協議する、過去の事例をケーススタディとして用いて勉強会を開催する、リスクマネジメント委員会などで話し合うなど、職員の意識醸成や情報共有を図り、全体のボトムアップを図っていく必要があります。

▶ ③情報公開

　実際に受け付けた苦情の概要や解決に向けた取組みについては、外部へ積極的に公表することが望ましいでしょう。個々の苦情の具体的な詳細まで開示する必要はないかもしれませんが、少なくとも概要と解決策・改善策は開示するようにします。厚生労働省の指針では、事業報告書や広報誌などで公表するよう示されていますが、ホームページで公表することも一案です。より多くの外部の目に触れることとなるため、ホームページ掲載は慎重な判断を要しますが、きちんと苦情対応しているのであれば、外部からの影響はさほど大きくはならないはずです。むしろ透明性がより一層高まり、施設・事業所の真摯な取組みが評価されることが期待できるでしょう。
　なお、いずれの公表方法でも、申出人のプライバシーに十分に配慮すべきことは言うまでもありません。

（11）クレーマーへの対応

　苦情を申し立ててくるもののうち、多くは施設や事業所にとって「意見」として受け取られる内容です。しかし、まれに一般常識に照らして明らかに限度を超えた要求をしたり、施設・事業所の業務の障害となるような明らかに実現が困難である特別なケアを要求されることもあります。このようなクレーマーや反社会的勢力の可能性がある場合には、面談場所は施設・事業所側で指定し、必要に応じて警察や弁護士等の外部専門家に事前に相談しましょう。

5-4 苦情対応 Q & A

Q 1	利用者の家族からの第一報で、「どうしてくれる！謝れ！」といわれた場合、謝るべきでしょうか。
A 1	「利用者の支援中の事故でご迷惑をおかけしたことについては、申し訳ありません」といっても、それがそのまま責任を認めたことにはなりません。謝らないことによってかえって事態が紛糾し、解決に時間がかかる場合もあるため、この点については謝るか謝らないかをあらかじめ決めておくのではなく、臨機応変に対応していくことが必要です。ただし、その際「具体的な対応については、事実関係を詳細に調査した上で回答させていただきます」と伝えておくことが不可欠です。施設・事業所として責任があるかないか明確でない時点で、「できるだけのことはさせていただきます」と答えるのは得策ではありません。

Q 2	利用者同士がけんかをして、一方が負傷する事故が起きました。被害者側の家族は施設・事業所に対して「責任を取れ」と主張しています。施設の責任についてどのように考えればよいでしょうか。
A 2	利用者同士のけんかであっても施設・事業所内で発生したことであれば、施設・事業所に責任が発生する可能性があります。3－2で解説した「民事責任」において、施設が賠償責任を負うかどうかは「過失の有無」が1つの争点となります。そして、その過失の有無とは、①予見可能性があったか否か、②結果回避の義務を尽くしたか否か、の2点で判断されます。 そのため、例えばこの場合、利用者同士のけんかが発生した背景として、両者の関係性について把握できておらず、普段から小競り合いが絶えない2人を日中活動等で同じグループにしていた、といった事実があれば、これは上記の①及び②に基づいて、「事前に予測できて防げた事故」として施設に責任があると考えられます。 このような事態を避ける対策として、①について「事前のアセスメントや普段の生活状況の把握を丁寧に行う」ことや、②ついて「利用者同士の関係性を考慮して、日中活動の場所や1日のスケジュールを工夫する」ことが挙げられます。

Q3	居宅支援サービスの利用者家族から「今すぐに来い」と電話がかかってきました。どのように対応すべきでしょうか。
A3	「今すぐに来い」と利用者家族が発言する理由としては、次のようなことが考えられます。 ①トラブル発生直後で、利用者家族の感情が高ぶっている ②今すぐでなければ、事故発生の事実、損害の程度などを証拠として残せない ③早急に示談解決するため、対応を急がせる必要があると考えている ④施設・事業所を威圧し、自分の側に有利な解決をしたいと考えている ⑤道義的な観点からすぐに謝罪してもらう事案であると考えている 　このため、利用者側の真意を見極め、解決に向けて必要なプロセスを考慮した上で訪問の要否を判断すべきです。被害が大きく、施設・事業所が責任を負う可能性が高いと判断され、緊急性がある場合は、早急に訪問することが望ましいといえます。その他の場合は、即答を避け、訪問する日時や担当者については、改めて連絡させていただく旨を丁重に説明します。 　また、すぐに訪問しない場合は、その理由を筋道を立てて説明し、理解を深めておくことも大切です。

Q4	利用者家族から「今すぐ対応策を考えろ」といわれた場合、どのように回答すべきでしょうか。
A4	連絡があった時点では、本当にサービス提供中のトラブルがあるか、施設・事業所側が責任を負う問題かがはっきりしないケースがほとんどだと思います。このような段階で、安易に責任を認めたり、損害賠償について回答したりすることは、その後の交渉がこじれる原因になりかねないため、注意を要します。早急に原因を調査し、結果が判明次第報告するとともに、早急にしかるべき対応を行う旨を伝えることが得策です。説明に窮するあまり、施設長や理事長に相談しないと回答できない、自分では決められないなどの理由付けをすると、最初から施設長や理事長がなぜ対応しないのかとさらに話がこじれる危険性があります。あくまでも、手順として、事実関係を詳細に調査し、原因究明を行わなければ対応策を回答できないことを丁寧に説明しておくべきです。

Q5	クレームを申し出た利用者家族から「ここで一筆書いてほしい」といわれた場合どのように対応すれば良いでしょうか。
A5	交渉においては、利用者側に対し、礼儀をわきまえ、誠実な態度で交渉に臨む必要がありますが、利用者側の心情に配慮するあまり、いいなりになる必要はありません。利用者側の要求する文書の内容を冷静に分析し、その内容に応じて次のように対応します。 ①内容的に問題がなく、自信があればその場で文書を作成し、手渡す（ただし、コピーをとっておきます）。 ②内容に自信がなく、内部で検討を要する場合は持ち帰る。 ③無理難題であると判断される場合は、その場で丁重にはっきりとお断りする。 　万一、監禁・脅迫された場合には、その場では相手の要求通りに文書を作成しても構いません。その場合には、身の安全が確保された後、警察に被害届を出すとともに弁護士に委任し、内容証明郵便で文書の取り消しを通知するなど、しかるべき対応をとるのが得策です（民法第96条1項で、脅迫による意思表示については取り消すことが認められています）。

Q6	利用者の家族と施設・事業所で交渉することになりました。どのような点に注意すればよいでしょうか。
A6	次の点がポイントになります。 ①交渉目的を明確化する 　目的のない交渉をしても、時間がかかるばかりで事態が進展しないという結果になりかねません。利用者側の要望や主張を聞き取るだけなのか、解決に向けての交渉をするのかなど、状況に応じて交渉の目的を明確化して臨むことが重要です。また交渉の席に着く前にあらかじめ交渉時間を決めておくのも一つの方法です。 ②利用者側の主張や論点を整理・記録しながら交渉する 　双方の主張・論点・相違点を常に明らかにしておくことも必要です。利用者側の主張と施設・事業所としての見解が異なる場合は、その点についてその場で指摘します。また、後日「言った」「言わない」の争いが生じることを防ぐため、これらの点を記録しておくことも忘れてはなりません。 ③何があっても感情的にならず、常に論理的に対応する 　利用者側から厳しい口調で非難されたり、過大な要求を出されたりした場合などはカッとしてつい感情的な発言をしたくなりがちですが、トラブルの解決という交渉の最終目的からすると、かえって逆効果です。常に筋道立った説明・主張をするという基本スタンスを守る必要があります。 ④あらかじめ過大な請求や理不尽な要求が予想される場合には、必ず2名以上で対応する。 　過大な請求、理不尽な要求に対しては、厳然とした対応を行う必要があります。そのため、それまでのやり取りで過大な請求や理不尽な要求がなされそうだと思われる場合には、複数名で交渉に臨むことが適切です。その場で記録した文書での話し合いの論点を明確化し、できること・できないことの理由を示してはっきりと説明する必要があります。

Q7	施設内で人事異動があった際に、利用者家族より「うちの子の担当は職員の●●さんがよい」と異動に納得してもらえません。どのように対処すべきでしょうか。
A7	担当の職員に一任するのではなく組織として対応し、然るべき立場の職員から説明することが必要です。 　利用者にとっても様々な人とのつながりを通して成長・自立の機会に繋がることを説明し、理解を求めます。 　このような申出は、職員と利用者・利用者家族の間で強い信頼関係が構築されたことの裏返しでもあります。そのため、「施設の都合だから」と突き放すのではなく、組織として人事異動があった際には職員間での引継ぎを確実に実施する等、利用者及びその利用者家族に負担が極力かからないよう配慮する、といったような具体的な取組みについても併せて説明すると良いでしょう。 　また、そのような説明時には新たに担当する職員を場に同席させる等して、積極的に利用者家族と新担当職員が顔を合わせ、信頼関係を構築する機会を創出することも有効です。

Q 8	利用者家族から度重なるクレームを受けており、都度誠実に対応するも沈静化する様子が見られません。ついには要求がエスカレートし「誠意を見せろ」等、暗に金銭的要求を受けた場合、どのように対応すればよいでしょうか。
A 8	次の点がポイントになります。 ①責任範囲を明確にする。 　改めて申し出内容の事実確認を行ない、施設・事業所の責任範囲を明確にした上で、サービス提供者として補償の必要があるか否かを、組織として検討・判断します。補償の必要があると判断した場合は、補償範囲や内容も明確にします。 ②説明し、理解を求める。 　上記①の結果や経緯を丁寧かつ誠実な態度で説明をします。そもそもの要求自体が不当なものであれば毅然とした態度で対応しましょう。 ③警察、弁護士に相談する。 　上記②の対応をしてもなお、歩み寄りや解決が見られない場合には警察や弁護士等に相談することを伝えます。警察や弁護士等に相談する場合は、これまでの経緯をまとめておきます。また、利用者側とのやり取りの内容を録音しておく等、証拠を残しておくことも有効です。 　このような利用者側からの不当な苦情や理不尽な要求に対しては、すべてを自施設・事業所で解決しようとせずに、上記機関へ相談することも視野に入れておくことが重要です。

5-5 利用者満足

（1）支援サービスの質の向上

▶ ①支援サービスの性質

　利用者満足の前に、皆さんが日頃利用者に提供している支援サービスの性質について整理します。支援サービスには以下のような性質があります。

　　ア．支援サービスには形がない

　　　他のサービスにも共通しますが、利用者に提供される支援サービスには形がありません。そのため利用者は事前に自分が受けるサービスの内容を確認することは困難です。

　　イ．気に入らなくても返品できない

　　　一般の商品（モノ）の場合は、購入した後で気に入らなければ返品も可能ですが、支援サービスの場合は、実際に利用するまでその内容を評価することは難しく、またサービスの結果が満足できなくても、返品して不満足を表明することはできません。

　　ウ．ヒトがヒトに提供するサービス（ヒューマンサービス）の最たるもの

　　　さまざまな商品などのモノの提供とは異なり、支援サービスは職員が利用者に対して、ヒトの手を通して提供するサービスです。そのため、サービスの質は提供する職員の人的要素に左右されます。そうした意味では介護・医療などと並んでヒューマンサービスの最たるものといえます。

▶ ②なぜ支援サービスの質の向上が求められるのか

　前項で支援サービスの性質について整理しました。ではその性質を踏まえて、なぜ支援サービスの質の向上が求められるのかを考えてみます。

ア．支援サービス提供上の多くの事故が未然に回避できる

　施設・事業所の役割は、利用者が社会の一員として安全で楽しく過ごしていけるよう支援を行うことです。しかし中には、利用者の自立的な生活を尊重すればするほど、事故が発生する可能性が高くなると心配し、利用者ができることまで手助けをしてしまうケースが見られます。利用者のことを考えているつもりが、実際には施設・事業所や職員の都合を押し付けてしまっているのです。

　また「ミスをしないヒトはいない」ため、職員が支援サービスを提供する上でのミスを完全になくすことは困難です。むしろ「ミスは必ず起こる」という前提に立った上で、事故防止策や事故対応策を検討するなど、より積極的な対応が重要です。

　利用者の「自立」か「安全」かという二者択一ではなく、両者のバランスをとった、より質の高い支援サービスを提供することで、結果として多くの事故が未然に回避できるという考え方に基づき、取組みを進める必要があります。

イ．支援サービスの質の低下した施設・事業所の辿る道

　支援サービスの質が低下すると、ミスや事故が増え、それがトラブルを招き、結果として、利用者からの評価が下がったり、地域や社会での評判も悪くなったりするということが考えられます。すると利用者自身がサービスを選択できるようになった現在、質の高いサービスを提供できない施設・事業所は選択されず、その利用者が減るため、結果として収入が減少するなど経営リスクが顕在化してきます。また、収入の減少のみならず、行政からの指導などのペナルティが課せられる可能性も出てきます。

ウ．支援サービスは社会的責任の重いサービス

　支援サービスが利用者の生命や健康を預かる非常に社会的責任の重いサービスであることは明らかです。施設・事業所は、法律をもとに定められた基準を満たすように事業を行っていますが、基準があるから行うのではなく、全職員それぞれが社会的責任の重いサービスに携わっていることを十分に自覚して、飽くなき支援サービスの質の向上に努めることが非常に大切です。

（2）支援サービスの質の向上と利用者満足

▶ ①CS（顧客満足）の意味するもの

ア．顧客とはなにか

　CS（Customer Satisfaction）は「顧客満足」と訳されます。

　品質管理の標準モデル「ISO9001」によると、顧客とは「製品を受け取る組織または人」と定義されています。支援サービスにおいては、顧客は「支援サービスの利用者」ということになります。

イ．利用者満足とはなにか

　「ISO9001」によると、顧客満足とは「顧客の要求事項が満たされている程度に関する顧客の受け止め方」と定義されています。ただし注意しなければいけないのは、顧客満足の度合いはあらゆる顧客に共通することではなく、顧客ごと、状況ごとによって異なってくるということです。このことは施設・事業所における利用者満足について考えた場合も同様です。例えば作業活動であれば、利用者によって得意な作業、好きな作業があり、その日の気分や体調によっても作業活動を通して得られる満足は異なってくるはずです。同じ作業を行う場合でも、利用者の期待することに配慮することで、その満足度が異なってくることを理解しておく必要があります。

ウ．利用者満足は利用者が判断する

　利用者満足を考える上で「利用者満足を決めるのは、施設・事業所でなく利用者自身である」ということは大変重要です。施設・事業所が「これだけのサービスを提供すれば十分だろう」と、利用者の希望や期待するものを考慮せず、一方的にサービスを提供していても、それは施設・事業所の自己満足に過ぎません。

▶ ②支援サービスにおける利用者満足

ア．利用者が何を求めているかを把握する

　支援サービスにおいて利用者満足を向上させるためには、利用者が何を求めているかを十分に把握することが大切です。支援サービスは、日常生活の質を確保し、その人らしい生活を送ることができるように支援するものであることを踏まえた上で、利用者個人が求める期待に応えます。

　ただし利用者が求めているからといって、求められたすべての要求・要望に応えることは現実的ではなく、その必要もありません。施設・事業所としてはバランスを考えて要求・要望に応えていく必要があります。

（3）家族などの満足

　施設・事業所においては利用者だけでなく、家族・成年後見人などの関係者の満足についても検討する必要があります。そして「家族満足」「成年後見人満足」などを向上させるためには、施設・事業所に対して「適正な期待」を抱いてもらうことが重要になります。しかし現実には、関係者はしばしば「過度な期待」を施設・事業所に対して抱いています。その理由としては、施設・事業所やサービスに関する情報が、関係者に十分に伝わっていないことが考えられます。関係者は入手したわずかな情報から、施設・事業所が提供するサービスの内容を推測するしかないため、「過度な期待」につながることがあります。

　それでは関係者に「適正な期待」を抱いてもらうために、施設・事業所はどうすれば良いのでしょうか。施設・事業所は提供できるサービス・できないサービスをはじめとした、実施するサービスの内容を関係者に的確に説明し、理解を求める努力を行うと良いでしょう。

　ここで注意が必要なのは「適正な期待」とは「利用者の期待度を下げて、利用者満足を相対的に高める」ことを目的にしたものではないということです。求められる支援サービスの水準は当然実現していくべきものであり、それに応えた上で、利用者および関係者の期待や要望を汲み取りつつ、適正な期待を上回る支援サービスを提供するよう努力することが大切なのです。

　また利用者の意向と関係者の意向が異なることを認識した上で、どちらか一方の意向だけに配慮するのではなく、両者の意向をバランスよく汲んでいくことも必要です。

（4）利用者満足と施設・事業所のあり方

　施設・事業所においては経営トップから現場職員に至るまで、各々の立場や業務において、利用者満足の向上に貢献するためにやるべきこと、できることはさまざまあります。以下にいくつか例を挙げます。

＜経営者、施設長・管理者などの経営トップ＞
　・リスクマネジメント体制の構築などの組織づくり
　・事故を減らすための職場環境の整備（勤務シフトの見直し、労働条件の改善など）
　・職員教育の充実、指導の実施　など

＜支援員＞
　・利用者ニーズを踏まえた支援サービスの提供
　・個別の支援技術の向上
　・支援マニュアルの遵守　など

＜事務員＞
　・利用者情報の適切な管理
　・利用者への情報提供　など

　ここに列挙したものはあくまで一例であり、これら以外にもやるべきこと、できることは無数にあるはずです。利用者満足は、利用者が支援サービスに何を求め、提供された支援サービスをどのように受け止めたかによって決まります。重要なことは、常に利用者の求めていること、期待していることを意識しつつ、それらにきめ細かく対応していくことです。

第6章

自然災害リスクへの対応

6-1 災害対策の必要性と被災時の知的障害施設・事業所の役割

（1）災害対策の重要性

地震をはじめとする自然災害は、知的障害施設・事業所（以下、「施設・事業所」）にとって大規模な損害を与え得るリスクの一つです。ひとたび大規模災害が発生すると、利用者や職員、あるいはその家族の死傷などの人的被害、建物や機械設備の物的損害、さらには電気・ガス・水道などの供給停止や通信および交通機能の麻痺、事業活動の阻害など、さまざまな形で施設・事業所に損害をもたらします。また、自然災害は火災などの二次災害をもたらし、これらも人命や財産への脅威となります。利用者の安全確保のためにも、これら災害への備えは施設・事業所において必要不可欠の取組みといえます。

（2）事業の継続に向けて

地震や風水害・土砂災害などの災害発生時において、施設・事業所が「事業を継続できない」＝「サービス・支援を提供できない」ことになると、利用者は生活の場を失いかねない危険性があります。「事業の継続」は施設・事業所にとって、非常に重要な要素であることは明白です。

地震が発生した場合、電気・水道などのライフラインがストップしたり、職員が速やかに施設・事業所へ参集できなかったりするなど、事業を継続する上でさまざまな問題が発生することが予想されます。行政による支援が機能するまでには一定の時間を要することが想定されますので、それまでの間、施設・事業所においては、自助努力でこれらの問題に対処することが求められます。

被災状況や地域によって差がありますが、必ずしも行政が直ちに施設・事業所へ駆けつけられるとは限らないため、施設・事業所においては、最低でも3日間以上は自力で利用者に対するサービスを継続できるよう事前の検討や準備を進めることが求められます。

また、建物が大きく損傷するなど、自力でサービスの提供を継続することができなければ、他の施設・事業所などに利用者を避難させることも必要です。これらが混乱なく実施できるよう、あらかじめ近隣や他地域の施設・事業所などと協議・調整を行うなどして避難先を確保しておくことも重要です。

（3）災害時に施設・事業所に求められる役割

　施設・事業所は、災害時にさまざまな役割が求められますが、特に中心となる役割を整理しました。

▶ ①利用者の安全確保

　被災時において、施設・事業所は「利用者の安全を確保する」ことが最大の役割です。利用者の安全を守るための対策が何よりも重要であるといえます。

▶ ②事業の継続

　利用者の安全が確保された上で、さらに重要な役割は「利用者に対してサービスの提供を継続する」ことです。特に入所施設において、少なくとも行政などによる支援が機能するまでの間は、自力で最低限のサービスの提供を継続できるよう事前の検討や準備を進めることが必要です。さらに、自力でサービスの提供を継続することができない場合を想定して、あらかじめ利用者の避難先や提携先を確保するよう取り組むことも重要です。

▶ ③地域への貢献

　施設・事業所の公共性に鑑みて、建物が無事であることを前提に、被災時に施設・事業所がもつ機能を活かし地域へ貢献することも重要な役割です。
　ただし、利用者の安全確保が最優先であることから、実施にあたっては、可能な範囲にとどめ、二次被害や大きな混乱を招かないよう慎重に対応することが必要です。そのためには、事前の検討や準備を入念に進めておくことが重要です。

6-2 対応体制の整備

　6−1では「災害対策の必要性」と「被災時に施設・事業所へ求められる役割」について説明しました。ここからは施設・事業所が被災した際に、事業を継続するために検討すべき事項について説明します。

　なお、被災時における事業継続を検討する際に、影響を受ける社会インフラや経営資源がより多岐にわたる「地震リスク」をここでは対象とします。地震リスクを想定することにより、人的被害（利用者、職員）、物的被害（建物、設備など）、社会インフラへの被害を網羅でき、他の自然災害発生時に同様の状況が起こっても、検討した事項を応用して対処することができます。

　そのため、以降の具体的な対応事項は「地震リスク」の想定として理解してください。

（1）対応体制の整備

　地震発生時には、通常業務とは別に被災時固有の対応が求められます（例：利用者や職員自らの安全の確保・消火活動や緊急避難／被害状況の把握／利用者や職員の安否確認など）。

　これら被災時の対応を少しでも円滑に行えるよう、あらかじめ体制を決めておくことが重要です。被災時の体制については、例えば、各自治体などが公表している地震防災応急計画作成例などを参考に施設・事業所の状況に応じた体制の整備を進めてください。

　また、体制を決めるにあたっては、担当する職員をあらかじめ選任しておくことも重要です。担当者が不在の場合も想定されるため、代替者を複数決めておきます。

　そのほか、情報を集約したり、メンバーと対応を協議できるような対応体制の拠点となる場所も決めておきます。候補となる場所にはテレビ、ラジオやホワイトボードなど必要な備品類をあらかじめ整備しておきましょう。

＜備品一例＞

ホワイトボード、模造紙、パソコン、プリンター、電話（可能であれば災害優先電話）、携帯電話、ＦＡＸ、拡声器、トランシーバー、防災ラジオ、懐中電灯、発電機、寝袋、ヘルメットなど

＜都市部では＞

公共交通機関の大幅なダイヤ乱れなどによる混乱が想定されるため、対応体制の担当を選任

する際には、できる限り職員の居住地を考慮して選任することも重要です。

> ◇地震発生に備えて、施設・事業所における被災時の対応体制を決めておく。
> ◇対応体制を構成する職員（代替を含め）を選任しておく。
> ◇対応体制の拠点となる候補場所を検討し、必要な備品類を整備しておく。

（2）被災時の職員の招集

　被災時に速やかに職員を招集するためには、職員の自発的な出勤の基準を決めておくことが効果的です（例：当該地域で震度5強以上が発生すれば集まるなど）。

　ただし、家族が負傷したり安否が確認できない場合や自宅が被災したりした場合、もしくは職員自身が負傷した場合は、出勤を強制しないよう配慮が必要です。被災した職員を自宅での対応と施設・事業所での対応との板ばさみにさせないといった観点から基準を設定する必要があります。

　出勤できる職員の見込みは、あくまで本人や家族の安全が確保されていることが前提です。職員自身が被害を受けていれば、出勤数は想定よりも少なくなることを覚悟しなければなりません。

＜都市部では＞

　公共交通機関がストップすることが想定されますので、徒歩、自転車などで、どれだけの職員が出勤できるか職員の居住地から一定の検討をつけて、現状を認識しておきます。

　公共交通機関がストップした場合を想定して、バイクの活用や小型トラックで迎えに行くなど、出勤方法を検討しておくことも得策でしょう。

＜地方部では＞

　車通勤が多いため、都市部よりも職員が出勤できる可能性が高いでしょう。ただし、施設・事業所の立地状況を勘案し、被災時にどれだけ職員が出勤できるか念のため検討しておくと良いでしょう（例えば、近隣の橋が崩落した場合であっても職員が出勤できるか、もし無理であればどの程度駆けつける職員数が減るのかなど）。

　さらに被災時はガソリン不足なども想定されるため、職員同士が車両の乗合出勤をするなどの工夫も必要でしょう。

> ◇被災時に必要な職員数を確保できるよう施設・事業所への被災時の出勤基準や出勤方法について決めておく。
> ◇公共交通機関がストップした場合に、施設・事業所へ出勤できる職員の見込みを検討しておく。

（3）被災時の行動基準などの作成

　災害発生時に職員がとるべき行動を簡潔にまとめた「行動基準」を定めておけば、被災時に職員が迷わずに行動することができます。

　内容としては、安全確保、避難場所や避難ルート、自宅にいた際に発生した場合の出勤基準、安否連絡の方法や連絡先などが挙げられます。

　行動基準を作成すれば、それを全職員に周知・教育する必要があります。有効な方策としては、行動基準をカードにまとめ、常に携帯するようにすれば良いでしょう。

◇被災時における安全確保や出勤基準など、初期段階の行動について取りまとめた「行動基準」を策定する。
◇行動基準を職員に周知しておく。

POINT

6-3 事業を継続するための対策
（施設・事業所が利用できる場合）

　被災直後は速やかに行政の援助が受けられるとは限りません。施設・事業所が自力で最低限の業務を継続できるよう対策を講じることが必要です。本節では被災時に業務を少なくとも3日間自力で継続することを想定し、必要と考えられる事前対策を示します。

　なお、施設・事業所の立地状況などを勘案し、3日間では不安がある場合は、さらに上乗せして期間設定し、対策を講じてください。なお、建物が崩壊した場合など、施設・事業所で業務の継続が困難な場合は、他へ避難することとなりますが、その場合の対策は6-4を参照してください。

（1）ハード対策

▶ ①建物の立地状況の確認

　施設・事業所がどのような地盤に立地しているのか事前に十分把握する必要があります。地元自治体が公表している想定被害や各種災害マップ類を参照すると良いでしょう。地元自治体が想定被害を公表していない場合は、近隣の自治体が公表しているものを参照してください。

　地震防災対策強化地域内では自治体が「がけ地崩壊危険地域」を定め、避難地、避難ルートなどを明示しているので、危険地域に入っているか確認しておくことが必要です。

　なお、「平成28（2016）年熊本地震」では、本震の発生確率・地震の規模（マグニチュード）・揺れの大きさ（震度）等がハザードマップ等の情報と近似していました。また、「平成30年7月豪雨」では、岡山県倉敷市真備町の浸水範囲とハザードマップの想定浸水区域が一致する等し、改めて地元自治体が公表している想定被害などを確認する重要性が認識されました。

　ただし、想定を超える被害も起こり得るため、自治体等から発信される情報を注視しつつ、施設・事業所として適宜見直しを行うことも重要です。

ア）脆い地質、活断層の付近、人工的切り取り面、地下水の高いところなどは、地滑り、山くずれ、崖くずれが起こりやすい。

イ）古い河川の跡地、海岸付近、河川の下流部、沼地の跡などの砂質の地盤のところは、砂質の地盤が地震によって揺り動かされて、液体のような性質になり（液状化現象）、建物が傾いたり、地中に潜り込んだりすることがある。

ウ）粘土を多く含んだ土が厚く堆積している軟弱地盤は、地盤がゆるめられたり、建物が傾いたり、沈んだり、倒れたりすることがある。

エ）人工的に土を盛り上げてある盛土のところは、盛土の部分が壊れやすい。

◇施設・事業所の立地条件を確認し、被災時のリスクを把握する。

▶ ②建物の耐震補強の促進

　施設・事業所の建物の耐震能力を把握します。特に1982（昭和57）年以前に建てられた建物は建築基準法施行令による「新耐震設計基準」ではなく、古い基準が適用されており、耐震能力が不足している可能性があるため特に確認が必要です。多くの自治体で耐震診断の事業者を斡旋していますので、耐震診断を受ける場合は市区町村あるいは都道府県の窓口に相談してください。耐震診断により、耐震能力に不安があれば、耐震補強を計画的に講じるよう検討してください。

　また、建物の構造においては、一般的に入所施設に比べて、通所事業を行う建物の方が耐震性が劣る場合が多く、利用者の安全や施設・事業所の事業継続の確保のためにも診断や補強を行うことが望ましいといえます。

◇建物の耐震強度に不安がある場合は、耐震診断を受け、建物の耐震能力を把握する。必要に応じて、耐震措置を検討し、実施する。

▶ ③設備・備品類の安全対策

　法令に基づいて、防消火設備類を設置するとともに、必要に応じてさらなる拡充を検討してください。また、各種防消火設備の保守点検については、当該機器それぞれの法令基準に基づき適切に実施することが必要となります。

　その他ボイラー設備、受変電設備、ガス設備などのユーティリティ設備類の保守点検についても、機器それぞれの法令基準に基づき適切に実施することが必要です。その際、メンテナン

スの実施に必要な資格・経験をもつ職員が自施設・事業所にいない場合は、選定した外部業者に依頼することになります。定期的なメンテナンスを効果的に実施できるよう実施要領をあらかじめ整理しておくことが得策です。実施要領には、対象機器、実施頻度、チェックポイント、実施者などを記載します。

　また、地震の揺れによる転倒・落下等の防止措置を講じる必要もあります。例えば、棚やテレビ等は、市販の転倒・転落防止器具を用いて固定することが有効です。

参考6-3-2　改正消防法について

ア）消防法施行令の一部を改正する政令（平成19年6月13日：政令第179号）
http://www.fdma.go.jp/neuter/topics/houdou/h19/190612-3/190613-3houdou_b1.pdf

イ）消防法施行規則の一部を改正する省令（平成19年6月13日：総務省令第66号）
http://www.fdma.go.jp/neuter/topics/houdou/h19/190612-3/190613-3houdou_b2.pdf

ウ）総務省消防庁次長通知（平成19年6月13日：消防予第230号）
…法改正の公布通知、および防火区画などによるスプリンクラー設備の緩和基準
http://www.fdma.go.jp/html/data/tuchi1906/pdf/190613yo230.pdf

エ）小規模社会福祉施設に対する消防設備などの技術上の基準の特例の適用について
（平成19年6月13日：消防予第231号）
…小規模社会福祉施設（1,000㎡未満に限る）のスプリンクラー設備の設置免除規定
（令32条特例）
http://www.fdma.go.jp/neuter/topics/houdou/h19/190612-3/190613-3houdou_b4.pdf

オ）消防法施行令の一部を改正する政令（平成25年12月27日：政令第492号）
http://www.fdma.go.jp/concern/law/tuchi2512/pdf/251227_yo492.pdf

カ）パッケージ型自動消火設備の技術上の基準の一部改正（平成28年消防庁告示第3号）
http://www.fesc.or.jp/ihanzesei/data/images/pdf/package.pdf

◇スプリンクラー、屋内消火栓、非常通報装置、消火器の設置など防消火設備類あるいはユーティリティ設備類（ボイラー設備、受変電設備、ガス設備）については定期的なメンテナンスを実施する。
◇落下により人が損傷する可能性があるものについては、落下防止措置を検討し、実施する。

▶ ④電気が止まった場合に備えた対策

　電気が止まった場合に備えた対策には、自ら電気をつくるべく自家発電機の設置がまず考えられます。生命を維持するために医療機器を使用している利用者がいる施設・事業所などでは、是非とも自家発電機の設置を検討すると良いでしょう。自家発電機の設置が難しければ、例え

ば近隣でレンタルできるところを確認しておくということも考えられます。

　また、施設・事業所の給水方式によっては、電気が止まってしまうことで同時に断水が発生する場合もあります。後述の「⑤水道が止まった場合に備えた対策」を参照し、断水にも備えておく必要があります。

　そのほか、寒暖への対応も検討しておく必要があります。暖をとるためであれば、例えば石油ストーブや毛布、携帯カイロ、防寒具などの備蓄を検討することができるでしょう。避暑のためには風通しの良い場所を見つけておいたり、自家発電機を利用して氷をつくって、熱を下げるのに活用したりすることが考えられます。

　平時から電気が使えない状況を想定し、備蓄品の準備をしたり、職員の訓練を実施したりすることが大切です。東日本大震災では、暗闇の中で不安な気持ちになった利用者が施設・事業所外へ出歩いてしまい、職員の人手が足らない中で非常に苦労した、という事例がありました。備蓄を考える際に、施設・事業所で一つ二つの懐中電灯はあると思いますが、それだけで十分なのか、利用者・職員の不安を取り除くためにはどの程度の明かりを確保すれば良いかという観点でも検討する必要があります。

> ◇災害時に自ら電気をつくるべく、自家発電機の設置を検討する。
> ◇寒暖への対応も考慮して、備蓄を準備しておく必要がある。

▶ ⑤水道が止まった場合に備えた対策

　水道が止まった場合に備えた対策には、「備蓄」と「消費の抑制」の二つを組み合わせて実施することが必要です。

　水を備蓄する際には、飲料水と生活用水の２種類を用意することが必要です。飲料水の備蓄は消費期限までに買い換えるなど定期的なメンテナンスが必要となります。

　生活用水は貯水槽にどれだけのキャパシティがあるか確認しておきます。ただし、被災時には貯水槽が被害を受け、備蓄した生活用水が流れ出てしまうことも想定されます。被災時は速やかに水漏れのチェックを行う必要があります。念のため、別途生活用水の備蓄についても検討しておく方が良いでしょう。他にも給水車がきた場合に備えて、ポリタンクを準備しておくと良いでしょう。

　水の消費の抑制には、例えば、洗浄用水の消費を抑えるためラップを使った食器や使い捨て食器を活用することが有効です。

> ◇飲料水と生活用水の２種類の備蓄を準備し、定期的にメンテナンスを行う。
> ◇備蓄に加えて「消費を抑制」するための対策も重要。

▶ ⑥ガスが止まった場合に備えた対策

　有効な対策としては、カセットコンロやカセットコンロ用ボンベの備蓄、あるいはＬＰガス（プロパンガス）の準備が挙げられます。

　ただし、カセットコンロやカセットコンロ用ガスは比較的簡単に備蓄できますが火力が弱く、大量の食事を一度に調理することは難しくなります。念のため、多めに備蓄しておくことが望ましいでしょう。

　ＬＰガスは一定火力がありますので有効な方策となります。いざというときにＬＰガスに切り替えられるようプロパンガスおよび対応する機器を準備しておくことが有効です。備蓄については、「ＬＰガス災害バルク」と呼ばれる設備を設置することで、備えることができます。詳しくは一般財団法人エルピーガス振興センターのホームページで確認でき、導入事例なども掲載されています。

　なお、ガスで暖をとっている場合は、「④電気が止まった場合に備えた対策」で説明した通り、防寒具などを備蓄することが必要です。

◇カセットコンロやガスは念のため多めに備蓄しておき、定期的にメンテナンスを行う。
◇ＬＰガス（プロパンガス）および対応する機器を準備しておくことも有効な方策となる。

▶ ⑦通信が麻痺した場合の対策

　被災時は通信網の損壊や輻輳（電話がかかりにくくなる）などにより、外部と連絡がとれなくなる可能性があります。被災時でも通信できる可能性の高い方策を検討し、導入を図ってください。

参考6−3−3　各通信手段のメリットとデメリット

通信手段	メリット	デメリット
固定電話		災害発生直後は、通信量の大幅な増加により輻輳が発生し、ほとんど繋がらなくなる恐れがある。また、回線寸断の恐れもある。
被災時優先電話	被災時に優先的に発信ができる。	設置できるのは特定の企業や機関に限られる。
公衆電話	被災時に優先的に発信できる。	設置場所が少ない。被災時は利用者が殺到する恐れがある。
携帯電話		災害発生直後は、通信量の大幅な増加により輻輳が発生し、ほとんど繋がらなくなる恐れがある。
携帯メール	携帯電話が繋がらなくても、携帯メールは送受信が可能な場合がある。	送受信が可能な場合でも、通常時に比べ大幅に遅延する恐れがある。
衛星電話	輻輳が起こりにくい。	一般の固定電話、携帯電話を相手先とする場合、それぞれのデメリット事由により、通話ができない恐れがある。使用時間は、バッテリーや充電池の制約を受ける。
SNS(LINE、Twitter等)	被災時にも利用が可能。迅速に多くの情報を収集・発信できる。	誤った情報を収集・発信する可能性がある。悪質なデマに騙される可能性がある。

◇被災時の通信手段を確保する。

▶ ⑧衛生面の確保

　被災時には水が流せず、トイレが使えなくなることが想定されますので、事前にトイレ対策を講じておくことが必要です。

ポータブルトイレ：オムツを敷いて何人か使えば捨てる、といった方策が考えられるでしょう
仮設トイレ：原則健常者の使用を前提としていますので、職員用に準備するには有効でしょう

　排泄物や使用済みのオムツなどを衛生面に配慮しながら施設・事業所内に埋めるなど、一時

的に廃棄する場所を決めておくことも大事でしょう。必要に応じて、それらの作業用にスコップ、ビニール手袋、廃棄用ビニール袋なども準備します。

　トイレ以外でも、女性向けに生理用品を備蓄しておくことも必要です。

◇汚水・下水が流せなくなることを想定して、衛生面に配慮してトイレ対策を講じる。

（2）ソフト対策

▶ ①利用者の安全確認・安全確保

　地震の発生後は、施設・事業所内の利用者が無事かどうか速やかに確認し、状況を管理者に報告する必要があります。一連の流れが迅速に行えるよう、あらかじめ伝達方法（様式、誰に集約するかなど）を準備しておくことが重要です。

　また、緊急時用に利用者台帳を作成しておくことも得策です。氏名、年齢、緊急時の連絡先、血液型、持病などを簡潔に記入してリスト化しておくと良いでしょう。この利用者台帳は災害時に利用者の家族への連絡にも活用することができます。

　地震後には火災の発生が想定されます。施設・事業所内の空き地など一時的な避難場所を検討します。施設・事業所周辺にとどまることが危険と判断される場合には、市町村が指定する広域避難地などへ避難します。どこが広域避難地に指定されているか、どのルートが避難しやすいか、あらかじめ確認しておくと良いでしょう。また、広域避難地だけでなく、周囲の運動場や公園を把握しておくことも肝要です。

　負傷者がいる場合には、状態に応じて応急措置や病院への移送などの対応が求められます。救護班員は速やかに対応ができるよう、基礎的な応急手当の方法に習熟しておく、医療機関と緊急時の対応について話し合っておくなど、平常時から準備しておきます。

＜通所系の施設・事業所の場合＞

　通所系の施設・事業所においては、被災時に利用者家族へ引き継ぐのか、施設・事業所で預かるのか状況に応じて判断することが求められます。家族へ引き継ぐ場合は、どのようにして家族へ引き継ぐか、どのように記録を残すか、あらかじめ検討しておくことが必要です。

◇被災時に利用者の安全を速やかに確認・報告ができるよう準備する。
◇利用者を安全に避難誘導できるよう施設・事業所内外の避難場所や避難ルートを確認する。
◇応急手当などの救護活動が行えるよう準備する。

▶ ②職員の安否確認方策の検討

被災時には迅速に全職員および職員家族の安否を確認し、状況を把握することが求められます。これらをスムーズに行うためには、平常時から準備を進めておくことが必要です。緊急連絡網の整備が基本的方策といえます。その際は職員の異動などにより、内容を更新する必要がありますので、メンテナンス担当者を決めておきます。

すでに説明した通り、被災時は電話が使えなくなる可能性があります。一般的にメールは電話に比べて障害が起きにくいとされていますので、固定電話や携帯電話だけではなく、携帯メールでやりとりできるようにしておく方が良いでしょう。携帯メールでやりとりする場合は、緊急連絡網に沿って順番にメールを回していては時間を要してしまいますので、一定のルールを定めておきます。

(例)・管理者から一斉にメールを送信して管理者に直接安否を返信する
　　　・震度〇以上であれば自発的に職員から安否のメールを送る

その他の方策として、ＮＴＴの災害伝言ダイヤルの活用やシステム会社などが提供する安否確認システムの導入なども検討に値するでしょう。これら安否確認の方策が決まれば、「行動基準」に盛り込み、携帯カードを作成して、常時携帯するように徹底させれば効果的でしょう。

◇被災時に職員および職員家族の安否確認が速やかに実施できるよう安否確認の方策を検討する。

▶ ③職員に対するケアの検討

場合によっては、被災時に施設・事業所内にいた職員あるいは被災後に施設・事業所に駆けつけた職員は、混乱した中でさまざまな対応を迫られる上、長期間帰宅できないといった状況が想定されます。たとえ十分な事前対策を講じていても、職員が体調を崩すことによって、優先業務の継続が困難になる状況も想定されます。それらを回避するために、職員に対するケアの方策を検討することが重要です。

また、職員が使命感の強さから十分な休息を取らずに業務を行うことも考えられるため、例えば施設・事業所外で休息させるなど、職員が確実に休息できるような工夫・配慮も必要です。

(例)・職員の宿泊スペースを確保する
　　　・ローテーションを工夫し過度の負担がかからないように配慮する（3日に1日は必ず休むなど）

・職員用の備蓄を拡充する　など

◇被災時の対応を行う職員が体調を崩さないよう、職員に対するケアの方策を検討する。

▶ ④必要品の備蓄

　最低３日分は必要品の備蓄をするようにしてください。施設・事業所の状況などを勘案し、必要に応じてさらに期間を上乗せして、備蓄するようにしてください。

　備蓄リストを作成し、メンテナンス担当者を決めて、漏れなくチェックできるようにしておきましょう。保管場所についても適切に検討することが必要です。例えば、一階に保管していた場合、津波によって使用不能となることも考えられます。

　米など日常使用する食料については、通常のストックに加え、備蓄日数分だけ上乗せして保管し、順次使用していけば、古い食材の処分が発生しません。備蓄方法についても工夫するようにしてください。

　また、通所系の施設・事業所において想定されることとしては、家族が迎えにこれず利用者が１日２日施設・事業所に滞在することになるということです。同様に周辺住民も助けを求めて避難をしてくるでしょう。そういった利用者および周辺住民の受け入れに耐えうる備蓄を検討しておく必要もあります。

参考６−３−４　備蓄リスト例

ア）食料品
水（無洗米）、飲料水、缶詰、経管栄養食、ベビーフード、高血圧対応食、糖尿病対応食、アレルギー対応食、高カロリー食、栄養ドリンク、アトピー性皮膚炎用粉ミルク、インスタント食品、調味料など

イ）看護、衛生用品、医薬品
毛抜き、消毒薬、脱脂綿、滅菌ガーゼ、絆創膏、綿棒、オブラート、包帯、眼帯、三角巾、ウェットティッシュ、女性用下着、生理用品、オムツ、マスク、タオル、バスタオル、毛布、トイレットペーパー、仮設トイレ、雑巾、体温計、消毒薬、胃腸薬、鎮痛剤、目薬など

ウ）日用品
使い捨て容器（食器）、ラップ、アルミホイル、カセットコンロ、ガスボンベ、プロパンガス、ライター、マッチ、固形燃料、消臭剤、軍手、ビニール手袋、懐中電灯、電池、ローソク、ロープ、ラジオ、防寒具、使い捨てカイロ、非常用発電機、手動発電機（携帯電話用）、現金など

エ）災害用備品
メガホン、ブルーシート、ガムテープ、ポリ袋、ポリバケツ、ポリタンク（給水受け用）、サバイバルナイフ、スコップ、シャベル、工具、金槌、ドライバー類、のこぎり、つるはし、リヤカー、自転車、バイクなど

◇優先業務を最低3日は継続できるよう必要品をリストに整備し、備蓄する。
◇備蓄類は定期的にメンテナンスを行う。
◇適切な保管場所の検討も必要。

▶ ⑤利用者情報について

　東日本大震災では多くの施設・事業所が津波でパソコンを流され、利用者情報が失われてしまったために、避難先へ利用者情報が正確に伝わらず、伝達漏れや伝達誤りが発生しました。
　利用者情報等の重要データについてはバックアップを取っておくとともに、事前に利用者に関する最低限の情報（既往歴、服薬情報、食事形態、緊急連絡先など）を記載した「利用者情報カード」を作成しておくことが有効です。
　そして、避難時に利用者情報カードを確実に携行できるように訓練を実施することや、定期的に利用者情報カードの情報を最新の内容に更新することも重要となるでしょう。

◇避難先などに利用者の情報を正確に伝えるために「利用者情報カード」を用意しておき、災害時に確実に持ち出せるよう訓練しておくことが重要。

◇一例として、岩手県では連絡先・服薬・アレルギー等を記載した「おねがいカード」の配布を行っている。
⇒岩手県社会福祉協議会「知ってください。おねがいカード」
http://www.iwate-shakyo.or.jp/kenmin/stebiki.html

（3）訓練について

　災害に対して事前に対策やマニュアル等を準備していたとしても、施設・事業所内で周知され職員一人ひとりが内容を理解していなければ、災害時に実際に行動することはできません。そこで、訓練を実施することで、施設・事業所内でマニュアル等を共有化するとともに職員の危機対応力を高めることができます。
　また、訓練を通してマニュアルの問題点など現状の課題を洗い出して、より実効性の高い内容へ改善させていくこともできます。
　ここでは訓練の手法の一つとして、「机上訓練」を紹介します。「机上訓練」とは実際の行動を伴わずに机上で行う訓練のことをいい、上記のようにマニュアルの周知や課題の洗い出しに適した訓練手法です。

（参考：避難訓練や消火訓練のように実際の行動を検証するものは「実働訓練」と呼ばれます。）

▶ ①訓練シナリオ

　机上訓練とは参加者が模擬の災害発生を想定して、それに対する対応手順を検討することで、マニュアルの実効性を検証していくというものです。この訓練において重要なのは、参加者が実際の災害をより具体的にイメージして議論がしやすいような環境をつくることです。そのためには、具体的な被害状況のシナリオを用意しておく必要があります。(参考6－3－5を参照)

　下記の訓練シナリオ(例)では震災発生の直後を想定して、「利用者、職員の安否確認」について対応を検討するような内容になっています。このように災害時のある時点での具体的な状況をシナリオとして複数準備しておきます。

参考6－3－5　訓練シナリオ(例)

訓練テーマ	安否確認
日時	○月○日 (月) 13時30分 (地震発生は13時7分)
周辺インフラ	■電力：停止 ■通信：不通／通話困難 ■鉄道：全線運休 ■道路：主要道路の交通規制
状況付与	・地震発生直後で職員、利用者全員の安否が確認できていません。また、外部からの訪問者もいるかもしれませんので確認が必要です。 ・通信が制限されているため、勤務外の職員への連絡も困難です。 ・余震が続いているため、恐怖で取り乱す利用者もおり混乱しています。 ・この状況での安否確認対応について5W1Hで対応を指示してください。

▶ ②訓練の進め方

　作成した複数の訓練シナリオは、想定上の時間の経過に合わせて順番に参加者へ提示します。参加者はシナリオから与えられた状況における対応方法を「5W1H※」で検討していきます。その際、できるだけ深く議論するため個人個人ではなくグループ内で討議をすると良いでしょう。そうしてグループ内でまとめた回答については、グループごとに発表して全体の議論にもつなげます。

※　誰が (WHO)、いつ (WHEN)、どこで (WHERE)、何を (WHAT)、なぜ (WHY)、どのように (HOW)

▶ ③結果の検証

　訓練を実施した後に、対応上の課題やマニュアルの問題点などがなかったどうかしっかりと振り返りを行うことが重要です。例えば、参考6－3－5のシナリオでいえば「緊急連絡網が整備されていたか？」「災害用伝言ダイヤルが職員に周知されていたか？」などといった部分が検証のポイントとして挙げることができます。こうした課題を洗い出し、その後のマニュアル等の改善につなげていくことが非常に重要です。実際に各施設・事業所においても定期的な訓練実施を検討してみると良いでしょう。

◇マニュアルの共有化や課題の洗い出しなどに「机上訓練」は非常に有効。
◇訓練結果を検証し、マニュアル改善などにつなげることが重要。

6-4 事業を継続するための対策
（施設・事業所が利用できない場合）

　施設・事業所の建物や設備が損壊し、その場にとどまることができない場合などは他の施設・事業所などへ一時的に避難することが必要です。そのような事態に備え、他施設・事業所と協力関係を築き、さらには他県の施設・事業所や他種別施設※と事前に各種連携を図ることが望ましいといえます。ここでは事前に他施設・事業所と連携を図るべきポイントを整理します。

※　保育園や高齢者施設など

（1）連絡体制

▶ ①連絡窓口を決める／連絡方法を決める

・連携する法人間で連絡窓口を決め、平常時より担当者間の交流を図っておくことも必要です。
・窓口担当者が不在の場合でも対応できるよう代替者も決めておくと良いでしょう。
・連絡方法は携帯電話のみならず、複数準備しておきましょう。
・自治体や関係団体等との連絡体制を構築することも有益です。

（2）物的支援（被災した施設・事業所に備蓄品などを運搬する）

▶ ①運搬方法を決める

・物資の運搬方法をあらかじめ決めておきます。
・道路などの被災に備えて法人間のルートを複数検討しておきましょう。

▶ ②備蓄のあり方を検討する

・地方部においては最低でも3日分の備蓄があれば、自施設・事業所が大きく被災しない限り、相手の施設・事業所に補給することができます。なお、過去の事例では、都市部の方が地方部に比べ、支援が届くまで時間を要する可能性が高いので、施設・事業所の立地をはじめ両施設・事業所の状況に応じて、さらに積み増しすべきか検討するようにしてください。
・複数の施設・事業所を持つ法人では各拠点に分散して備蓄しておくと良いでしょう。

・補給した備蓄の費用負担については、事後に精算することで問題ないでしょう。念のため費用負担のあり方について事前に話し合っておくと良いでしょう。

（3）人的支援（職員を派遣して被災した施設・事業所で業務を行う）

▶ ①派遣方法を決める

・職員を相手の施設・事業所に派遣する場合の方法をあらかじめ決めておきます。

▶ ②派遣先で円滑に業務を行うために事前に行うべきことを洗い出す

・一定の経験をつんだ職員を派遣することが望ましいでしょう。
・派遣を受け入れた施設・事業所では、当該施設・事業所の職員が派遣された職員に必ず付き添って、引き継ぎなどを確実に行うことが重要です。
・派遣先の施設・事業所では、派遣した職員の給与は派遣元の施設・事業所が負担し、事後に両施設・事業所間で話し合うことで対応します。給与の扱いについて、あらかじめ話し合っておくと良いでしょう。ただし、あまりに厳格な取り決めを行うと、逆に柔軟な対応ができなくなる恐れもありますので注意が必要です。
・派遣を受け入れた施設・事業所では、派遣された職員の健康に気遣い、過重な労働をさせないよう配慮することは当然です。
・同一法人内での利用者・職員の受入れであっても、職場環境の違いなどから職員がストレスを抱え、円滑に業務が行えないこともあります。日常的に施設・事業所間の交流を図るなど、日頃からコミュニケーションをしっかりと取っておくことが重要です。

（4）利用者受入れ支援

▶ ①どの程度の受入れキャパシティがあるか検討する

・施設・事業所が無事であることを前提に、どの程度まで利用者を受入れられるか事前に確認しておきます。
・過剰な人数を受入れると、最低限のサービスすら行き届かず、逆に安全確保に問題が生じてしまいますので、一定のゆとりは確保した方が良いでしょう。

▶ ②利用者の搬送方法を検討する

・利用者の搬送方法をあらかじめ決めておきます。

・施設・事業所の送迎車両で搬送することが一般的です。
・職員二人一組単位で搬送業務にあたると良いでしょう。
・重傷者でない限り、救急車などの行政の搬送は難しいと考えた方が良いでしょう。

▶ ③円滑に受入れるために事前に行うべきことを洗い出す

・あらかじめ搬送経路を複数検討しておきます。
・円滑に搬送するためには、搬送元の施設・事業所の職員が利用者に同行することが重要です。
・搬送先の施設・事業所で円滑にサービスが受けられるよう、利用者の情報や顔写真を掲載した利用者情報カードを作成しておくこと良いでしょう。

▶ ④受入れる場合の現状の課題を洗い出す

・利用者を受入れた場合を想定し、現状では問題となる点を洗い出します。
・洗い出された問題点は両施設・事業所間で話し合い、一つ一つ解決を図ります。
・特に受入れ者の情報共有のあり方や受入れの優先順位、利用者家族への対応などについては、あらかじめ話し合っておくことが必要です。

（5）合同訓練について

▶ ①合同訓練実施に向けて意見を出し合う

・法人間（施設・事業所間）の連携について実施事項などが整理できれば、合同訓練の実施に向けて、方法や内容などを話し合ってください。
・送迎訓練をメインとし、初期連絡や送迎・受入れなど一連の訓練の実施が望ましいでしょう。

▶ ②合同訓練を実施して気づいた課題などを洗い出す

・合同訓練を実施し、問題点や課題を洗い出してください。
・洗い出された課題は両施設・事業所間で協議し、できる限り解決を図るように努めてください。

参考文献

・全国社会福祉施設経営者協議会 「福祉施設経営における事業継続計画ガイドライン」 2009

6-5 水害・土砂災害への対策

6-2から6-4では、「地震リスク」を取り上げて施設・事業所の事業継続について説明しました。本節では、近年高まっている「水害・土砂災害リスク」を対象として、対策の重要性や地震対策と異なる事項について説明します。

（1）水害・土砂災害対策の重要性

昨今では記録的な大型台風や集中豪雨の影響により、各地で甚大な被害が発生しています。その中で、2016（平成28）年に発生した台風10号では、岩手県岩泉町にある要配慮者利用施設が被災し、深刻な人的被害が発生し、施設における避難計画の策定やその実効性への課題が明らかとなりました。これを受けて、厚生労働省が「障がい者支援施設等における利用者の安全確保及び非常災害時の体制整備の強化・徹底について（平成28年9月9日）」を発出し、国土交通省では「水防法等の一部を改正する法律（平成29年6月19日）」が施行されました。これによって浸水想定区域や土砂災害警戒区域内にある要配慮者利用施設は、避難確保計画の作成・避難訓練の実施が義務化される等、水害・土砂災害への対策を講じることが急務です。

6-1で説明した、災害時に施設・事業所に求められる役割からも、利用者の安全確保にかかる計画の作成や訓練は重要ですが、社会からの要請といった面でも、水害・土砂災害対策の重要性は急激に高まっています。

▶ 参考6-5-1　非常災害対策計画に盛り込む具体的な項目例

・障害者支援施設等の立地条件（地形 等）
・災害に関する情報の入手方法（「避難準備情報」等の情報の入手方法の確認等）
・災害時の連絡先及び通信手段の確認（自治体、家族、職員 等）
・避難を開始する時期、判断基準（「避難準備情報発令」時 等）
・避難場所（市町村が指定する避難場所、施設内の安全なスペース 等）
・避難経路（避難場所までのルート（複数）、所要時間 等）
・避難方法（利用者ごとの避難方法（車いす、徒歩）等）
・災害時の人員体制、指揮系統（災害時の参集方法、役割分担、避難に必要な職員数 等）
・関係機関との連携体制

出典：厚生労働省「障がい者支援施設等における利用者の安全確保及び非常災害時の体制整備の強化・徹底について
　　　（平成28年9月9日）」より一部抜粋

（2）水害・土砂災害固有の対策

　6－2で説明したとおり、「地震リスク」を想定した事業継続のための対策に基づけば、水害・土砂災害発生時にも基本的には対処することは可能です。

　しかしながら、「地震リスク」と「水害・土砂災害リスク」の性質が異なるため、ここまでで説明してきた事項に加えて、検討すべきことがいくつかあります。ここではそれらの追加で検討すべき事項を挙げていきます。

▶ ①建物の浸水危険箇所の確認

　6－3で挙げたハード対策に加えて、水害対策では建物の「開口部の確認（水の侵入箇所の特定）」「外壁等のひび割れ、欠損、膨らみ（想定外の水の侵入有無）」「開口部防水扉の開閉確認」等を行います。建物の老朽化や破損であれば計画を立てて修繕を実施することが望ましいでしょう。建物の立地や構造そのものによって浸水の危険があれば、備蓄品に土のうや止水板等を検討してください。

　また、上記の確認によって浸水の危険があると判断された箇所に、施設の業務継続に関わる設備が置かれていないかも合わせて確認します。東日本大震災では、災害用に準備していた「自家発電機」や「備蓄倉庫」が水没して、利用できない事例が沿岸部の津波被害を受けた地域を中心に多数見られました。そのため、浸水しない場所へ移動できないか等を平時に検討しておきましょう。

> ◇建物の開口部等を確認し、浸水危険箇所の有無を確認する。
> ◇浸水の危険がある箇所に、業務継続に関わる設備・備蓄品を置かないよう留意する。

▶ ②収集すべき情報の整理と収集手段の確保

　水害・土砂災害リスクが地震リスクと異なる点として、「災害発生が事前に予測できる」ことが挙げられます。そのため、災害発生前から気象・防災情報を入手し、対策を講じることで、被害を軽減できる可能性があります。「どのような情報を収集するか」や「どこから情報を収集するか」等はあらかじめ整理し、収集した情報を一覧化できるような書式を用意しておくと良いでしょう。情報の収集先として、気象庁や国土交通省のＨＰ、各自治体の防災ポータルサイトが信頼できます。それぞれで取得できる情報は異なりますので、事前に確認しておくことが重要です。

　上記のようなインターネットからの情報収集と合わせて、ラジオや地域の防災無線等の手段でも情報収集を行うことで避難判断に役立ちます。これらの情報収集に備えて、防災ラジオの

購入や行政のメール配信サービスへの登録等準備をしておきましょう。

◇気象・防災情報の入手先を確認し、収集した情報を整理する書式を用意する。
◇インターネット、ラジオ、防災無線等複数の手段で情報を収集する。

▶ ③収集した情報に基づいた判断

②で収集した情報に基づいて、「施設内外での避難」や「早期の利用者家族への引き渡し」を検討・判断します。判断基準は施設によって異なると考えますが、「利用者の安全確保」という役割を果たすため、上記の判断が遅れることでの被害発生はぜひとも防ぎたいところです。

また、水害・土砂災害時に発信される防災情報については、2019（平成31）年3月に内閣府「避難勧告等に関するガイドライン」が改定されました。この改定により、地域の住民等が情報の意味を直感的に理解できるよう、市区町村・都道府県・国がそれぞれに発信する防災情報を5段階の警戒レベルにより提供し、とるべき行動の対応を明確化しました（参考6－5－3参照）。これによれば、「警戒レベル3」が発信されたら、該当地域の住民等の中で避難に時間のかかる要配慮者は避難を開始することとあります。判断の遅れによる逃げ遅れを防ぐためにこのような情報を遅滞なく取得し、例えば以下のようなあらかじめ定めた基準に則って迅速に避難行動を開始しましょう。

参考6－5－2　気象警報・注意報に基づいた対応例

判断指標	対応例
警戒レベル1または2が発表されたら	今後の気象情報・防災情報に警戒
警戒レベル3が発表されたら	利用者・職員の安全を確保、事業所の事故防止対策を実施
警戒レベル4または5が発表されたら	緊急時の対応を全て完了 被災した場合には、事故現場等の危険な場所の立入禁止

参考6−5−3　警戒レベルと該当する避難情報等・防災気象情報

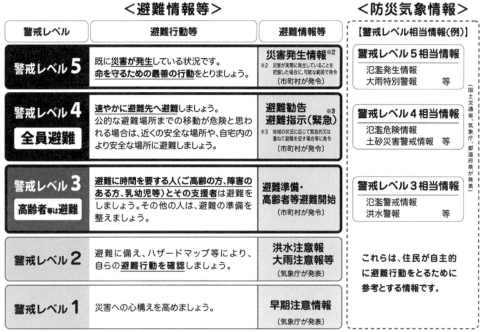

出典：内閣府「警戒レベルに関するチラシ」より抜粋

◇逃げ遅れを防ぐため、事前に収集した避難情報、気象情報をきっかけとした緊急時の対応をあらかじめ検討しておく。

▶ ④避難方法の検討及び避難場所の確認

　③の判断によって避難行動を開始しますが、避難には主に2つの方法があります。

　1つは、「水平避難」です。これは、施設・事業所から広域避難場所や一時避難場所へ移動することによって浸水の危険を回避する避難方法です。ここで挙げた水害発生時の避難場所は地域によって地震等の避難場所と異なる場合がありますので、事前に市区町村のハザードマップで確認しておきましょう。また、避難経路上に浸水箇所がある場合には、かえって利用者や職員の命に危険が及ぶ可能性があります。そのため、②の情報収集時には施設周辺に加え、避難経路の浸水状況も確認しましょう。

　もう1つは、「垂直避難」です。これは、施設・事業所建物の2階以上か近隣の高い建物へ避難する方法です。もともとハザードマップで想定される浸水深が施設・事業所の1階の高さよりも深く、水害リスクが高い場所では事前に水平避難を実施することが望ましいです。しかし、②や③の実施が遅れて、避難前に施設・事業所に浸水が生じてしまった場合や、避難経路が浸

水する等して外出することでかえって命に危険が及ぶような場合には、緊急的に垂直避難を行います。垂直避難を実施する際には、停電でエレベーターが使えない状況も考慮し、車いすの利用者をどのように2階以上に移動させるかを事前に検討しておきましょう。担架やおんぶ紐の活用が考えられますが、いざという時に迅速に避難できるように日頃から使用方法の訓練が必要なことに留意しましょう。

POINT

6-6 施設・事業所における事業継続の取組事例

　近年頻繁に発生する災害により、施設・事業所の事業継続の在り方や平常時からの備えの重要性が求められています。この節では、関東地方にあるB法人の例を元に学びます。

（1）基本方針の策定について

　B法人では、東日本大震災を契機に災害時の事業継続計画（BCP）の策定に取り組んできました。各事業所、各地域エリア、そして法人全体の3つの単位で事業継続マネジメント（BCM）を推進すべく体制を構築しています。

　まず、BCPを作成する上で、どのような姿勢で取り組むべきか法人内で話し合い、下記のような基本方針を設定しました。

◯BCPの基本方針

　▶ 利用者・職員の生命、生活を第一に考える。
　▶ 地域に目を向け、施設機能を生かし、地域社会の核となる。

　災害発生時、施設・事業所は被災者である反面、目の前に利用者がいる時点で支援者である側面も有しています。利用者、職員への安全配慮義務を念頭に置いたうえで、施設・事業へのダメージが少ない、若しくは復旧の見通しが立った時点では、地域の社会資源として地域へ機能を還元すべく、支援者としての役割を果たすことも重要であるととらえます。（図6−6−1）

図6-6-1　災害時の施設・事業所の役割

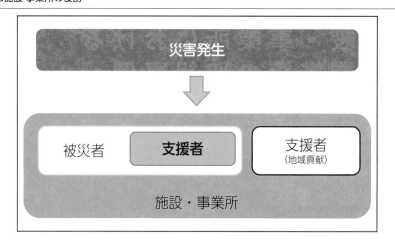

（2）県内での連携について

　社会福祉法人であるＢ法人は、サービスの利用者や職員のみでなく、地域に向けた公益性を発揮することも含めた内容とし、行政との福祉避難所協定や社会福祉協議会との災害時協力協定を締結しています。

　また、BCPに取り組む中で、法人内の他施設との連携も重要である反面、有事の際に近隣事業所との連携体制や起動力につなげる必要性を感じたことから防災ネットワークを立ち上げています。

　特に事業種別の異なる法人や施設とは日常的な接点がないため、平常時から職員間での「顔の見える関係」を構築する必要性を感じ、地域内の社会福祉法人及び医療法人、社会福祉協議会、行政間で協議の場を設け、連携協定を締結しています。３カ月に１回程度の会議では、施設長や相談支援専門員、ケアマネジャー、相談員、主任介護職・支援員、防災担当者等が集まり、各施設を輪番で会場として、視察を兼ねて開催しています。

　その中では、災害に対する課題や各事業所の取組など情報共有を通し、行政や社会福祉協議会との協議、地域での総合防災訓練への参画、職員の防災意識向上等にも発展しています。

（3）県を超えた連携について

　災害時連携体制の構築は、近隣の施設・事業所のみでは対応が難しい場合も想定しておかなければなりません。広域災害の場合、近隣市区町村も含め広範囲にわたる被害が発生することもあり、近隣のみでのネットワークが機能しにくいため、市区町村や県を超えたネットワークの形成も重要になります。そのため、協議会や団体等活動の場を通しての日常的なつながりを活用することも有効と思われます。

　B法人においても、協議会活動等を通じて地域活動や研修等で連携した県外の法人と相互応援関係を構築し、BCPに盛り込んでおり、複数法人・事業所間の関係性を深めるため、東日本大震災以降、被災地域への復興支援活動を共同で実施しています。

　具体的には、社会福祉協議会と連携し、復興団地集会所のサロン活動や住民交流イベント等を行い、孤立防止や生活課題の把握等につなげています。

　このような活動に際しては、基本的に自己完結すべく備品、資機材、食材等を法人で準備しているため、実際に携わった職員は体験を通し、有事の際にも混乱なく備品等の使用が可能となります。また、他県の他事業所職員と活動を共にすることで現場スタッフが顔の見える関係が深まり、有事の際の円滑な支援等、事業所間での次なる災害に向けたネットワーク構築につながっています。

　また、2015（平成27）年に発生した関東東北豪雨水害では、被災地の社会福祉協議会において災害ボランティアセンターが立ち上がるも、ボランティアが集まりにくく、復興に遅れが生じました。

　社会福祉協議会よりボランティアを集めるにあたり、相談があったことを契機に、B法人の所属する県の協議会会員事業所へボランティアの募集を通知したところ、14法人・30事業所より192名がボランティアとして登録し、ボランティアセンターのマッチングのもと、民家の泥かきや家財道具の搬出などの復旧作業を行いました。

　社会福祉協議会と県協議会が調整の上での活動であったため、ボランティアの登録やマッチング、ボランティア保険の加入などの手続きが円滑に進み、即応性のある活動につながっています。

　これらの活動を通して、県内での災害福祉支援ネットワーク（DWAT）の立ち上げに際しても、多くの事業所において災害支援の必要性が浸透し、現在では80法人・310名のチーム員登録希望があり、施設・事業所の災害時における取組に広がりが見られています。

　災害時における施設・事業所の役割は多様であり（図6-6-2参照）、これまでの災害でも、災害時要援護者の受入れや被災地事業所からの利用者の受入れ、避難移転先への職員の派遣等、協議会や関係機関からの要請に基づき、実施してきました。

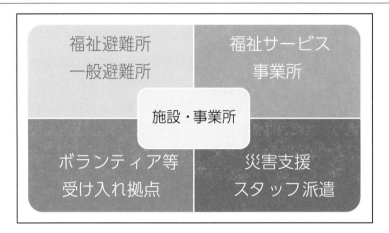

　有事の際にどのような活動ができるのか、どのような機能を有しているのか、ハード面・ソフト面を踏まえた平常時からの検討、準備を行い、BCPに盛り込み、職員間で共有しておくことが重要です。

第7章

リスクマネジメントの
ための職場の雰囲気づくり

7-1 リスクマネジメントのための 職場の雰囲気づくり

（1）はじめに

　事故防止の取組みのためには、体制構築や事故要因分析等の取組みも非常に重要ですが、リスクマネジメントを推進していくための土台となる職場の雰囲気づくりも欠かすことができません。さらに、職場の雰囲気が悪くなり職員のモチベーションが下がることによって、図7-1-1のような事態が発生する可能性もあります。

図7-1-1　職場の雰囲気が悪くなり職員のモチベーションが下がった場合の事例

第1段階　職員は定められたことは実施するが、自発的な仕事に対する創意工夫がなく作業効率が低下

↓

第2段階　使命感・責任感・規律心・コンプライアンスの低下 信じられないようなミスや監督・指示の不徹底による事故が発生 無断欠勤や遅刻が顕著になる

↓

第3段階　職員がその業務遂行意欲を失くしているだけでなく、自己の欲求の赴くままに業務を実施する 業務上横領や職権乱用・公私混同・故意的な事故・犯罪が発生

　一方で、職場の雰囲気が良好で職員同士の助け合いができている職場では、リスクマネジメントの推進を通して事故を未然に防ぐことができているはずです。また、職員がいきいきと働くことができる職場であれば、離職率が高くなることもないでしょう。

（2）安全文化

　リスクマネジメントに関する職場の雰囲気を表す言葉として、「安全文化」という用語があります。「安全文化」という用語は、チェルノブイリ原発の事故報告書に初めて出てきた言葉で、「安全性に関する問題を最優先にし、その重要性に応じた配慮を行う組織や個人の特性や姿勢の総体」と表現されています。電力の分野からできた言葉ですが、医療や福祉の分野にも活用されており、米国では福祉施設における安全文化の指標もあります。

図7−1−2　米国における福祉施設の安全文化指標

①開かれたコミュニケーション
②手順の遵守
③インシデントに関するコミュニケーションとフィードバック
④引継ぎ
⑤経営層の支援
⑥失敗に対する非懲罰的な対応
⑦組織的学習
⑧利用者安全に関する全般的な考え方
⑨人員配置
⑩管理者の期待や、安全を促進する行動
⑪チームワーク
⑫訓練と技術

出典：AHRQ　Nursing Home Survey on Patient Safety Culture

　上記からも分かる通り、「職場の雰囲気」といっても、組織や管理者の行動が重要な要素となっています。以下に、職場の雰囲気づくりに向けた対策を、ポイントを絞って説明します。

（3）雰囲気づくり

▶ ①主体性・リーダーシップを持った取組み

リスクマネジャーとして、主体性とリーダーシップを持った取組みが重要になります。
望ましい行動のポイントは以下の通りです。

図7−1−3　主体性・リーダーシップを持った望ましい行動のポイント

・役職者は自ら行動宣言を実施し、自らが目指す姿と具体的な取組みを職員へ周知しましょう。
・リスクマネジメントの取組みの重要性を職員に都度伝えるようにしましょう。
・「安全」は何よりも優先すべき事項の一つであると職員に理解されるようにしましょう。
・自分ひとりで全てを解決しようとせず、職員と協力・権限移譲をしてリスクマネジメントを進めましょう。

▶ ②非懲罰的な対応と職場学習の推進

　事故等が発生した場合などに、当事者の責任にするのではなく、組織の問題として課題認識をしていくことが重要です。そして、組織的に改善を続けていくための学び（組織的学習）を進めていくことが理想的といえます。具体的には、次のポイントに示したとおりです。

図7-1-4　非懲罰的な対応と職場学習の推進のポイント

・事故等が発生した場合、個人の責任にするのではなく、組織の問題と認識しましょう。
・ヒヤリハットは書いて終わりではなく、その後の対策検討を重視しましょう。
・事故報告やヒヤリハットを書いた職員に、対策検討の結果を共有しましょう。
・上司は職員の後ろ盾となり精神的な支えとなりましょう。また、職場の上位者や同僚同期はアドバイス等、内省的な支援ができる組織構築を意識しましょう。
・失敗事例だけでなく、成功事例も共有できる仕組みを作りましょう。

▶ ③モチベーションとコミュニケーション

　仕事への意欲がわかない、仕事が楽しくないなど、働く職員のモチベーションが低下しているとリスクへの気づきが薄れます。モチベーションを維持・向上させることはリスクマネジメントの取組みの上でも必要な要素です。日々の業務の中でモチベーションを維持・向上させるプログラムを取り入れましょう。

　また、報告すべき事故があがってこない、危険なことに気づいているにも関わらず職場での情報共有がなされない、重要な情報が一部の職員に伝わっていないなど、コミュニケーションが阻害されていると、やはりリスクマネジメントの推進は難しくなります。リスクマネジャーとして求められるコミュニケーションは下記の通りです。

・すべての職員に分け隔てなくコミュニケーションを取ることを心がけましょう。
・相談や報告される時、相手に体を向けて「聞く姿勢」を作りましょう。
・相手が話している時は、話を遮らずに最後まで聞くことを心がけましょう。

参考文献

・中原 淳（著）　「職場学習論―仕事の学びを科学する―」　東京大学出版会　2010

7-2 職員満足

（1）なぜ職員満足は大切か

▶ ①職員満足とはなにか

職員満足（＝従業員満足）とはES（Employee Satisfaction）ともいいます。

利用者満足（＝顧客満足）に対比される概念で、職員が仕事内容や職場環境、職場の人間関係に求めていること・期待していることがどのくらい満たされているかを示すものです。ですから職員満足を考えるということは、職員が職場で何かを得られているという実感がどれほどあるか、を考えることになります。

▶ ②なぜ職員満足が大切か

利用者満足を高めるための重要な要素に「より質の高いサービスの提供」がありました。そして「より質の高いサービスの提供」のためには、サービスを提供する職員自身が、現在の仕事や職場に満足している必要があるはずです。このように利用者満足と職員満足は互いに関連しており、バランスよく双方を向上させていくことが重要です。

一方、施設・事業所の経営という視点で考えると、職員満足の低下は労使間トラブルや職員の退職などの問題につながるはずです。逆に職員満足を向上させると、施設・事業所にとって重要な課題である優秀な人材の確保に上手くつながる可能性が出てくるはずです。

このように職員が職場に期待する水準以上のものを、施設・事業所がつくり出すことができれば、職員満足が向上し、結果としてより質の高い支援サービスを提供することが可能になるのです。

（2）職員満足の向上に向けて

▶ ①職員満足は職員が判断する

利用者満足は利用者が判断するものでしたが、職員満足についても同様です。また職員満足は職員が期待するものに応じて変化するという点も同様です。そのため、同じ施設・事業所で仕事をしていても、職員が職場に何を求め、何を期待しているかによって職員満足は異なってきます。

▶ ②支援サービスにおける職員満足

　職員満足を高めるためには、職員が求めているものを経営者が適切に認識する必要があります。職員が職場に期待するものは大きく「金銭的報酬」と「非金銭的報酬」との二つに分けられます。「金銭的報酬」には給与・賞与といった金銭的なもの以外に、昇進・昇格などの職員に対する評価が含まれることもあります。「非金銭的報酬」には、職場の心地良い雰囲気や仕事を通した資格の取得など自己実現に関するものも含めて考えることができます。

▶ ③職員満足を高めるポイント

　ここでは具体的に職員満足を高めるポイントを見ていきます。また、実際に現場職員が職員満足を感じた事例を参考に掲載いたします。

＜金銭的報酬＞

　給与や賞与など目に見える金銭的報酬は、職員満足を高める要素として大きな役割を果たすため、職員に納得感のある賃金制度を整備しておくことは重要です。

　施設・事業所によって納得感のある賃金制度は異なりますが、年功序列か業務への貢献度を重視するのか、貢献度を重視する場合は貢献度をどのように評価するのかなど、さまざまな観点から検討する必要があります。ただし賃金制度は職員満足の向上のために重要ではありますが、業務量や業務の重要性に関らず処遇が同じになると、職員満足を下げる要素にもなるため注意しなければなりません。また中には賃金水準は高いが職場の風通しが悪く離職率・休職率が高い施設・事業所も存在しているようです。職員満足の向上を金銭的報酬に頼るだけでは十分ではないということを理解しておく必要があります。

＜非金銭的報酬＞

　ア．コミュニケーション

　　職場内のコミュニケーションも職員満足を高めるためには重要です。「上司から褒めてもらった」「上司から認めてもらった」「分からないことを同僚に尋ねた」というような風通しの良さ、当たり前のようですが、このような雰囲気も大切です。

　イ．自己実現

　　この職場で仕事をすればこの資格が取得できる、素晴らしい上司とともに仕事をすれば自分も上司のようになれる、というような実感も職員満足の要素です。そのため施設・事業所には、職員のキャリアプランや将来像を描き、それを実現するための研修・教育制度を検討・導入することが望まれます。

ウ．経営理念

施設・事業所としての経営理念が、職員の支援に対する思いと一致すれば、高い意識を持った上での業務実施が期待できます。そのため施設・事業所は経営理念を明らかにし、職員に対して繰り返し周知徹底する必要があります。

エ．職員の健康、安全

施設・事業所の職員が心身ともに健康でなければ、的確な支援サービスを提供することはできません。また、十分な支援や利用者への配慮ができなくなり、提供する支援サービスの質の低下にもつながります。

大切なのは身体的な健康だけではありません。精神的な疲労や悩みがあると、やはり相手を思いやる余裕がなくなり、コミュニケーションに支障が出てきます。

参考　現場職員が満足を感じた事例　　　　　　　　　　　　　（※役職・入職年数は事例報告当時）

役職・入職年数
生活支援員　2年目

満足を感じた事例の具体的な内容
15年ほど前だが、夜間に、問題とされる行動や睡眠障害のある方は、行動を制限し、居室内にポータブルトイレを置いていたため、毎朝のように居室内に排泄物のバラまき、常に居室は不衛生な状況であった。自分が夜勤の時、ドアに少し隙間をつくり観察していると、自らドアを開けてトイレへ行く行為ができることがわかった。何度か繰り返していくうちに、その利用者はトイレで排泄ができることが多くなった。このことを報告したことで、他支援員の協力が得られ、夜間の排泄が自立に向かった。

その後の業務への影響
利用者に対する固定観念（こういうことをする人だから・・・）から、利用者に不利益な支援を行ってしまうことに気づき、その後、違った視点をもって業務にあたるようになった。（ただし逆にうまくいかなかった事例も多々ある）

補足・その他
この事例を通して、支援員の仕事の重さと大切さ、そしてやりがいを感じました。

役職・入職年数

生活支援員　7年目

満足を感じた事例の具体的な内容

サービス管理責任者への抜擢。
入所施設の生活支援員として6年目を迎えたとき、企画課（契約、個別支援計画の作成、グループホーム）へ配置転換となった。当時の業務はグループホームの生活支援員であった。グループホーム利用者の相談支援や雇用先との調整をきめ細かく行うことを目標に業務に当たったところ、今年度よりサービス管理責任者に抜擢された。

その後の業務への影響

サービス管理責任者になって半年足らずなので、どのように業務に影響があるのか分からないが、利用者の幸せを見据えた計画を本人とともに作成し、実現に向けて努力したい。また責任を持てるようになった。

補足・その他

先輩支援員を追い越してサービス管理責任者になったことで、先輩たちとの関係が気になる反面、とてもうれしく思った。

役職・入職年数

生活支援員　7年目

満足を感じた事例の具体的な内容

夜間勤務をしているときにともにチームを組んでいる職員同士で、時々発生する利用者のトラブルへの対応として、事前に支援の方法や情報の共有を行っておき、トラブルに対して連携して対応に当たれたとき、チームとして阿吽の呼吸で支援ができて「やった」と職員満足を感じた。

その後の業務への影響

今後もこのような対応ができるようにという気持ちになった。

役職・入職年数
生活支援員　2年目

満足を感じた事例の具体的な内容
自分の力量不足で上手く利用者との関係がつくれず、今までに何度も利用者のパニックを誘発していたが、上手く対応している職員の指示を受けるなど、パニックが起こらないように配慮して対応を行い、利用者のパニックを防げたときに「上手くできた」と職員満足を感じた。

その後の業務への影響
本当に自分はこの仕事ができるのだろうかと思っていたが、仕事を続けていけるきっかけとなった。

役職・入職年数
生活支援員　12年目

満足を感じた事例の具体的な内容
主任補佐に昇進したとき

その後の業務への影響
任される仕事が増えた。責任を感じるとともに、勉強する機会が増えた。仕事に取り組む姿勢が少しずつ変化している実感があった。

役職・入職年数
相談員　2年3ヶ月目

満足を感じた事例の具体的な内容
入社時のOJT制度が行き届いており、こまめにフォロー、サポートが行われた。

その後の業務への影響
現在、一人で地域活動をすることが多く、OJTの指導とその後の引継ぎがスムーズであり、地域住民との関係が深まってきていると実感している。

補足・その他
法人内に地域包括支援センターを受託しており、地域活動の連携、協力体制がとりやすい。

参考文献

・「知的障害施設・事業所における苦情解決のあり方―苦情解決事例から―」　㈶日本知的障害者福祉協会　危機管理委員会　2003
・㈱インターリスク総研(著)　「介護サービス事業者リスクマネジメントの学校―介護事故・苦情対応＆事故報告書作成マニュアル」　日総研出版、2006

7-3 労働災害と施設・事業所の責任

POINT

7-3

（1）職員自身のリスクについて

　これまで、サービス中に利用者が受傷するなど、利用者のリスクを中心に解説してきましたが、本章では支援中の転倒、送迎中の交通事故、利用者の不適応行動などにより職員がケガを負うケースなど職員自身のリスクについて説明します。こうしたリスクに対しては、職員が自らの身を守る行動をとるとともに、施設・事業所として職員を守るべくリスク対策に取り組むことが必要です。

（2）労働災害と施設・事業所の責任

　業務上、職員が負傷した場合や病気にかかった場合（通勤途中の交通事故なども含まれます）、施設・事業所は労働災害補償責任を負います。労働災害補償責任は施設・事業所の自らの過失の有無にかかわらず責任を負う無過失責任とされています。施設・事業所は災害補償責任を履行するために政府労災保険への加入が義務付けられており、政府労災の補償は以下のとおりです。

> ○療養（補償）給付
> 　職員に対し、施設・事業所の費用で必要な療養を行う、または必要な療養の費用が給付される。
> ○休業（補償）給付
> 　職員が療養のために労働ができず、賃金を得られない場合、施設・事業所は療養期間中の平均賃金の60％が給付される。
> ○障害（補償）給付
> 　職員が業務上の負傷・疾病により身体に障害が残った場合、施設・事業所はその障害の程度に応じた金額が給付される。
> ○遺族（補償）給付
> 　職員が業務上死亡した場合、施設・事業所は遺族に対して、平均賃金の1,000日分の金額が給付される。
> ○傷病（補償）給付
> 　療養開始後１年６か月を経過した日または同日後において、症状が治癒しておらず、障害の程度が傷病等級に該当する場合、等級に応じた金額が給付される。
> ○介護（補償）給付
> 　障害補償または傷病補償を受けている職員のうち、所定の障害で介護を受けているとき、介護費用として支出した金額が給付される。

　このように、施設・事業所は労働災害補償責任を負いますが、現実に施設・事業所が支払い義務を負うのは、休業補償の最初の３日分です。

　4日目以降の補償については、実際は政府が管掌する労災保険が肩代わりする仕組みになりますが、この労災保険の適用を受けるには、職員が被った負傷もしくは病気が「業務災害」もしくは「通勤災害」でなければなりません。「業務災害」と認められるためには、その負傷もしくは病気が使用者の支配下にある状態で被ったものであり（業務遂行性）、その負傷もしくは病気と業務との間に相当因果関係があること（業務起因性）が必要です。

　次に「通勤災害」とは、通勤によって被った負傷もしくは病気のことをいいます。ただし、通勤途中に私用で経路をそれたり、通勤と関係のない行為を行った場合、その間は通勤とは認められません。

　また、このような労働災害については健康保険を適用することができません。労災保険を請求しない場合の治療費は全額自己負担となる上、場合によっては労災隠しの疑いをもたれる恐れもあるため、必ず労災保険にて請求を行う必要があります。

　災害補償責任は無過失責任ですが、これとは別に損害賠償責任を負う場合もあります。施設・事業所と職員の間に締結されている雇用契約に付随する義務として、職員の心身に支障をきたしたり、既存の病状を悪化させたりしないように労働環境に配慮する義務（安全配慮義務）を当然負うものと理解されています。このため、施設・事業所が安全配慮義務を尽くさなかったことにより、職員に労働災害が発生した場合、施設・事業所は契約上の義務を果たしていないとして損害賠償責任を負うことになります。近年ではこの安全配慮義務違反に基づいた過労死や過労自殺に対して、高額賠償判決などの事例が増加しています。ただし、この損害賠償責任の有無と労災保険の認定は異なるものであり、「労災認定なし＝損害賠償責任なし」とは限りませんので、注意が必要です。

（3）施設・事業所による対策

　高齢者施設における労働災害は年々増加を続けており、特に移乗などのケアが原因で腰痛を引き起こすケースが多く見られます。一方、知的障害施設・事業所においては、そのような腰痛などの労災は比較的少ない半面、利用者の行動によって職員が受傷するケースが多く見られます。こうした第三者の行為によって生じた事故（第三者行為災害）についても労災保険へ請求することが可能です。

　これらのリスクについては、各利用者の特性等を適切に記録し、職員間で情報共有を図るとともに、安全な環境づくりに努めることが基本的な対策となります。

　また、2014（平成26）年に労働安全衛生法が改正され、常時50名以上の労働者を使用する事業場を対象として、常時使用する労働者に対してストレスチェックを実施することが2015（平成27）年12月より義務付けられました。実施対象外の事業所についても、積極的にストレスチェックなどのメンタルヘルス対策を実施することで、職員のメンタルヘルス不調の未然防止に努めることが大切です。

7-4 健全な職場環境構築に向けた課題について

　急速に進展する少子高齢化により、2017（平成29）年の日本の生産年齢人口は6,530万人、2025年には6,082万人、2040年においては5,245万人にまで減少するとみられています。

　介護（障害含む）スタッフにおいても、2025年には約34万人が不足する恐れがあると予測されており、労働力の確保は深刻な問題となっています。

　一方で、近年は職場における労務リスクも多様化しており、全国の労働局・労働基準監督署に寄せられる総合労働相談件数は、11年連続で年間100万件（2018（平成30）年度は110万件）を超えています。相談内容の内訳としては、「いじめ・いやがらせ」が最も多く、続いて「自己都合退職、解雇」となっています。また、労働条件の引き下げ、退職奨励、雇い止め等が原因で賠償請求や労働紛争につながるケースも少なくありません。（平成30年度厚労省「個別労働紛争解決制度施行状況」）

　私たち施設・事業所においても、支援サービスを提供する人材の確保と育成や定着のための健全な職場環境の実現は、利用者の安心安全な生活を担保するためにも積極的に取り組まなければなりません。

（1）健全な労働環境の構築

　施設・事業所においては、様々な雇用形態（正規、契約、臨時、嘱託、再雇用、パートタイマー、派遣等々）で働く職員が存在します。施設・事業所と職員双方の労使関係上の権利・義務を明確にするため、それぞれの雇用形態に即した個別の労働契約を結ぶことが望まれます。また、就業規則をはじめとする各種規程の整備や周知も関連法の改正に則り、定期的に見直しを行うことが必要です。

▶ ①労働条件通知書の作成

　労働条件通知書には、就業場所、契約期間、業務内容、勤務条件、賃金、退職に係る事項等を記載し、業務における役割や範囲、労働条件も明確にし、労使間で共有しておくことがトラブル防止につながります。

▶ ②就業規則・関連規程等の作成と周知

　規程や規則は、労働者の権利と服務を記したものであるため、全職員が知っておく必要があります。少なくとも以下の規程等の整備は必要です。
　・雇用形態ごとの就業規則
　・育児介護休業に関する規程
　・ハラスメント防止に関する規程
　・苦情に関する規程
　・個人情報保護に関する規程
　また、実態に即した内容となっているか、最新の法律に則っているかを定期的に確認し、その内容について職場研修会や職員会議等で説明し理解を得ることが重要です。また、時間外労働・休日労働を命ずるためには、就業規則の定めだけでなく、労使協定（いわゆる36協定）が必要なことも忘れてはなりません。

（2）人材育成と職場定着（離職防止）

　特に最近では福祉の仕事に就く人は、必ずしも福祉の専門課程を経た人や知識技術が備わった人ばかりではありません。初めて福祉の仕事に就く方、初めて障害のある人と接する方など様々な人材を必要な人員として確保していかなければならないのが現状です。
　このような状況で、障害に対する知識や人権に対する意識が足りなかったことが原因で、事故や虐待に至るケースは少なくありません。福祉の理念や行動規範を基本に、障害特性に応じた支援方法等を実践の中から学習し、質の高いサービスを提供できる人材を育成し、人材が失われないよう働きやすい職場環境を築くことも大切なことです。

▶ ①教育と育成

・研修体制の確立（エルダー研修、キャリアパスによる計画的研修）
・業務マニュアルの整備（食事・入浴・排泄・与薬・緊急時対応など）
・資格取得への援助

▶ ②職場定着（離職防止）

・個々の状況にあった雇用形態
・育児、介護休暇並びに有給休暇の取得しやすい職場環境
・ハラスメントのない職場組織

（3）働きやすい職場環境

　先程も述べたように、最近では職場における「いじめ・いやがらせ」等のハラスメントに関する相談件数が最も多くなっています。ハラスメントは、個人としての尊厳を傷つけるとともに精神的な苦痛を与え、労働者の能力の有効な発揮を妨げ、職場秩序や業務の遂行を阻害するものです。絶対に起こさないという強い気持ちを持ってハラスメントの防止に努めなければなりません。

　また、多様な業務やハラスメント等によるストレスが原因で精神疾患を患う職員も増えてきています。労働安全衛生法の改正により、労働者が50人以上いる事業所では、不調者への早期対応のために定期的なストレスチェックと面接指導等の実施が事業者に義務づけられています。メンタル面の健康を保っていくことも働きやすい職場をつくる上で大切なことです。

▶ ①ハラスメントの防止

- ・ハラスメントに関する規程を整備し、職員に周知するとともに遵守事項と禁止事項の徹底を図る。
- ・相談窓口を設置することで、ハラスメント行為の早期発見に努める。
- ・ハラスメントを受けた側の心的ケアを行うとともに、行った側への対応を明確にする。
- ・ハラスメントに関する研修を定期的に開催し、職員への意識付けを行う。

　ハラスメント防止のためには、日常の職場環境をチェックし、ハラスメントの気配に気づき迅速な対応をとることが働きやすい職場につながります。

　また、ハラスメントをしている本人は、ハラスメントの自覚が無いことが多いことから、ハラスメントにあたることを伝えられる人間関係を築くことも大切です。

　お互いが認め合い尊重し合うことがハラスメント予防の原点なのかもしれません。

▶ ②メンタルヘルス対策として

- ・セルフケア：ストレス自己判断チェックテストの実施
  - ：セルフケアに関する研修の実施や情報提供
- ・ラインケア（管理者が行う職場環境の改善と相談対応）
  - ：管理者へのメンタルヘルス研修の実施
  - ：メンタル不調者対応マニュアルの作成
- ・カウンセリング：産業医等の面談
  - ：外部カウンセラーの面談

メンタルヘルス対策としては、まず、セルフチェックを行うことで自分自身が心の健康状態

を知ることから始めます。不調をきたした職員に対して十分な療養ができる環境と復帰後の支援のあり方や支援プログラムを検討することも大切であり、離職防止にもつながります。

（4）サービスの質の向上

　健全な職場環境が実現しても、利用者へのサービスが不十分であれば何にもなりません。以下の事項に積極的に取り組みサービスの質の向上に努めましょう。また、サービスの質を検証するため、福祉サービス第三者評価を受審することも1つの方法です。

▶ ①専門性の向上

・年間研修計画、階層別研修計画の策定
・外部研修への職員派遣
・職員の資格取得に対する支援制度の充実（資格取得費の補助など）

▶ ②生活環境の向上

・安全、安心、清潔な環境の設定
・利用者のライフステージに配慮した環境の構築
・利用者の個性に応じた生活環境の構築

▶ ③権利擁護

・プライバシーや権利擁護に関する規程の整備
・マニュアルやセルフチェックリストの作成、活用
・施設・事業所の権利擁護に関する取り組み状況を利用者や家族へ説明

　健全な職場環境の構築は、労務リスクを低減させるだけではなく、人材の確保や離職防止に繋がり、ひいては利用者や家族の安心・安全な生活を担保（保証）することになります。

健全な職場環境の構築に向けて〜Ｃ法人の実践から〜

　Ｃ法人は人材育成の課題に焦点を当て「健全な職場環境の構築に向けた取組み」を行っています。Ｃ法人の取り組みには三つの柱があります。

　一つ目は、法人理念に基づいてスタッフの意識を標準化し、モチベーションを向上させていることです。障害者福祉サービス事業を行う社会福祉法人の役割として、地域共生を意識し、さらに利用者主体を明確にした「法人理念」を再構築しました。そのイメージをスタッフ160名共有の意識として確認、標準化しています。何のために日々の業務を行っているのか考え、それぞれ別の業務であっても、一つの考え方・理念のもとにあることを理解することから始めることは必要です。

　二つ目は、権利擁護と支援スキルの向上への積極的な取り組みです。スタッフに学ぶ機会を保障することも、組織という職場環境を発展させるために重要です。法人内部研修での取り組みを充実させるとともに、日本知的障害者福祉協会に所属している、Ｄ県知的障がい福祉協会主催の各種研修事業への参加など外部研修への派遣も積極的に行っています。合わせて次世代のリーダーを養成する目的で、13名のスタッフによる階層別研修も2019から2021年の３年間を通して行っています。

　三つ目は、スタッフ意識の向上と、組織に連帯感を熟成させることです。法人の中で多くの事業所を有していると、スタッフ間のコミュニケーションに様々な課題が生じます。その課題解決として、法人理念を基にした「理念浸透塾」を、５月から９月にかけて月１回開催して、主にグループワークを行い、法人全スタッフ160名の意見交換という交流の場を作っています。又各事業所の所長管理職が、スタッフの個人目標をツールにして個人面談の定期的な実施をしています。そのことによって、日常的な報連相はもとより活発な意見交換や討議の場面が増えることを期待しています。

　以上のような取り組みを通じて、Ｃ法人では世代交代を含めて、次世代へつなぐ組織経営を計画的に進めていこうと考えています。

第8章

知的障害施設・事業所の
財務・経営

8-1 施設・事業所経営の全般について

（1）財務・経営についての視点

　リスクマネジメントの対象は、「サービス提供と支援に関するリスク」にとどまらず、「自然災害リスク」、また経営的運営的側面を含めた「財務・経営に関するリスク」など、知的障害福祉事業の適切な展開のために、対応すべきリスクは多様に存在します。たしかに、リスクマネジャーの中心的な業務は、「サービス提供と支援に関するリスク」が事故などの形で顕在化しないように、いかに予防・軽減し、万一事故等が発生した場合は適切な対応をし、再発防止のための策を練り、それを実践することといえます（PDCAサイクル）。しかし、「財務・経営に関するリスク」はとりわけ理事長、施設長、管理者をはじめとする管理監督的立場の者の責任範疇と考えてしまいがちですが、ここでは、次の二つの理由からリスクマネジャーとしてとても大切な「財務・経営に関するリスク」について学習していただきたいと思います。

　一つ目は、本学習の対象者は管理監督的立場にある人に限定しているわけではありません。現在管理監督的立場でなくても、今後リスクマネジャーとして施設・事業所全体を見渡す立場になったときには、自身がリスクマネジメント面での管理監督的立場として活躍し、あるいは管理監督者に対して専門的に適切な助言をする必要があるからです。

　二つ目に、「財務・経営に関するリスク」は、単独で存在するものではなく「サービス提供と支援に関するリスク」と密接に関連します。例えば、サービス提供に関して発生した苦情への対応を誤った場合、「経営」に大きな影響を及ぼす可能性があります。また、利用者に満足していただけるサービスを提供するには、財務面での安定性がとても重要となります。

　すなわち、経営収支の悪化は、例えば職員の確保と人材育成などへも大きく関係し、利用者へのサービス提供そのものに大きな影響を及ぼすことになるからです。

（2）施設・事業所をめぐる制度・経営環境の変化

　2000（平成12）年の社会福祉基礎構造改革以降、障害福祉制度は、幾度となく見直され、変更を重ねながら現在の障害者総合支援法に至りました。また、障害者権利条約への批准や、障害者虐待防止法、障害者差別解消法の制定などにより、利用者の権利擁護を最優先に進めていくことが責務となっています。

　さらには、利用者とその家族等に対して「より良質なサービスの提供を行う」という「サー

ビス業」としての観点が求められるようになり、「利用される方から選ばれる施設・事業所」「求められるサービスの実践」という考え方が重要となってきました。つまり、一般的な企業のサービスと同様、そこには市場が仮定され、顧客たる利用者が満足するようなサービスの追及を自由競争の下で行うという「市場原理」と、障害福祉分野がもつ公共的性質による今までの規制を緩和し、民間企業等、社会福祉法人以外のサービス提供者の事業への参入や外部委託を促すといった考え方が、福祉サービスの中にも取り入れられるようになってきました。

　このような考えに基づき、次のような点が大きく変更されています。例えば、報酬（サービス費）の支払い方式においては、従来の措置費から自立支援給付により利用者が自ら給付を受ける（実際には、それを施設・指定事業所が代理受理する）という形となりました。さらに、会計基準においても、「法人単位の経営」を可能とするために、新たな社会福祉法人会計基準が制定され、法人全体での会計把握ができるようになりました。あわせて、資金収支計算、事業活動計算、資産の減価償却なども導入され、損益計算による経営状態の把握や、経営指標を活用した経営状況全般の把握が可能となっています。

　これに併行して、社会福祉法人においては、2017（平成29）年に施行された社会福祉法人制度改革により貧困対策、生活困窮者支援等、地域の公益的取組が責務化され、これらの取組みが強く求められるようになってきました。

　これら事業・活動を中心となって進めていく施設・事業所職員の質は、そのままサービスの質につながります。今後、障害福祉サービスの多様化・複雑化と利用者個々のニーズに対して、より専門的で信頼性の高いサービスの提供が求められることとなってきます。職員一人ひとりの資質の向上は、すなわち施設・事業所の安定的継続と経営基盤の強化に直結するといっても過言ではありません。

　そのために法人、施設・事業所における組織としての人事・労務管理も一層重要となってくるわけです。

　また、障害福祉サービスにおいては、利用者本人のみならず家族等についての情報を保有しており、住所・氏名にとどまらず病歴や障害特性等、他人に知られたくない秘密を多く含んでいます。個人情報保護法により施設・事業所には情報の適正な取得・管理・利用・請求があった場合の開示等、多くの義務が課せられております。これらを怠ることは、利用者・家族に多大な迷惑をかけるだけでなく、その後の施設・事業所経営に悪影響を及ぼすこととなることから、個人情報を取り扱う上でのルールを定める必要があります。

（3）現状と課題

　制度や経営環境の変化は、現場にも新たな問題を投げかけることとなりました。

　「措置制度から契約制度」への改革と規制緩和に伴い、福祉経営においては「法人単位の経営」「経営基盤の強化」へ、「規制」と「助成」から「自立・自律」へ、加えて「責任」が求め

られるようになりました。つまり、財務・経営面では、積極的な財源の獲得が必要となっているのです。

　ただし、障害福祉サービスの特性から、一般的なサービスと異なる問題も生じています。このことについて、アメリカの経営学者P.F.ドラッガーは、"非営利組織は「事業成果の判定」がないがゆえに、営利企業よりももっと上手に経営管理（マネジメント）しなければならない。"と述べています。つまり、福祉などの非営利組織は、一般営利組織のような「利潤をあげること」が目的ではないため、その「使命や目的」「経営理念」が重要となっているのです。

　また、一般市場とは異なり、そこには税金か保険かが関与する政策市場にあることも財務面では考慮に入れておかなければなりません。さらに、サービス利用者の特性として、経済的に困難を抱えるケースも多く、利用者と事業者がサービス契約を交わしながら、その不履行に強制力を伴う執行や罰則規定がないため利用者負担金の「未払い得」を生じさせることもあります。そのような中で、せっかく整理された会計基準も、その会計方式によるデータの収集が十分ではなく、安定した財源を確保していく方策をより早急に積極的に対処しなければなりません。

　最後に、サービス提供の過程において、その労働集約性が高く、人材の有効活用と安全な職場環境の整備は特に障害福祉サービスにおいては重要な課題です。先のような報酬支払い制度の変更は、給与体系や人事考課の見直しを余儀なくさせています。しかし、そのような人事・労務の無理な合理化は、労災事故やサービスの質の低下を引き起こすことが考えられます。また、利用者の満足感を高めることや、一般的なサービス提供におけるリスクである事故や苦情を軽減するためにも、より優秀な人材の確保・定着のために、経営者として、職員の育成と働きやすい環境をどのようにつくるのかを考えなければいけません。

（4）今後の展望とリスクマネジャーへの期待

　以上のように、障害福祉分野は「措置から契約へ」をはじめとする変化にとどまらず、分野を超えた地域共生社会の構築等、福祉事業全体に新しい局面を迎えています。

　この荒波に飲み込まれることなく、利用者に適切なサービスを提供していくには、財務・経営面について少なくとも、①法改正に左右されない確固とした基本的経営理念の明確化を図り、②財務・経営面においてもその適切性と安定性確保のために必要なマニュアルを整備し経営効率を高め、③人材確保と人材育成および優秀な人材の定着を図ることなどが必要となってきます。

　これらの問題に対処していく上で、総体的に多角的な観点からリスクを取り扱うリスクマネジャーの重要性は高まっています。例えば、②に関しては、施設・事業所の債権管理や物品購入の適切性の確保について事務部門と連携しつつリスク管理の側面から助言をしたり、個人情報の管理についてガイドラインに基づく現場レベルでのマニュアル作成とその運用管理を行ったりすることが求められるでしょう。また、③に関しては、職員の良好な職場環境の確保などについて職員と現場責任者・管理監督者をつなぐ役割などを期待したいと思います。

POINT

8-2 財務上の課題に関して

　利用者に質の高い支援を提供するためには、「職員の確保」「職員の教育・育成」が重要であり、そのためには施設・事業所として財務的に安定する必要があります。一方、「内部留保」をめぐる問題など、施設・事業所の運営に関する指摘もあることから、ここでは財務上の課題について考えます。

（1）施設・事業所の財務管理について

　財務管理とは施設・事業所経営に必要なお金を管理し、施設・事業所の資金が不足しないようにする活動をいいます。

　現在、施設・事業所の財務管理は、施設・事業所の資金状況が分かりやすいように考えられた社会福祉法人会計制度（社会福祉法人会計基準）によって行われています。こうした会計制度により財務状況を数値で表したものが財務諸表です。主な財務諸表は社会福祉法人会計基準において作成が義務付けられています。

　社会福祉法人会計基準では、社会福祉法人が作成しなければならない財務諸表は、次のとおり決められています。

○法人全体として作成する計算書類
　①法人単位資金収支計算書　法人単位事業活動計算書　法人単位貸借対照表
　②資金収支内訳表　事業活動内訳表　貸借対照表内訳表
　　（社会福祉事業のみの場合は省略可または拠点が一つの場合は省略可）
○事業区分ごとに作成する計算書類
　③事業区分資金収支内訳表　事業区分事業活動内訳表　事業区分貸借対照表内訳表
　（拠点が一つの場合は省略可）
○拠点区分ごとに作成する計算書類
　④拠点区分資金収支計算書　拠点区分事業活動計算書　拠点区分貸借対照表
○サービス区分ごとに作成する計算書類
　⑤拠点区分資金収支明細書　拠点区分事業活動明細書

＊事業区分＝社会福祉法に規定する社会福祉事業、公益事業、収益事業に基づき区分する。
　拠点区分＝一体として運営される施設、事業所又は事務所をもって１つの区分とする。
　サービス区分＝拠点区分において実施する複数の事業について、法令等の要請により区分する。
　上記計算書類を補完するものとして、付属明細書、計算書類の注記、財産目録を作成する。

資金収支計算書	社会福祉法人の支払い資金の収入および支出の内容を明らかにしたもの
事業活動計算書	社会福祉法人の事業活動の成果を把握するために作成するもの
貸借対照表	社会福祉法人の会計年度末におけるすべての資産、負債および純資産の状態を表示したもの
附属明細書 計算書類の注記	会計年度における資金収支計算書、事業活動計算書、貸借対照表の変動額や内容を補足する重要な事項を表示するもの
財産目録	会計年度末におけるすべての資産および負債について詳細に記録したもの

　これらの財務諸表は施設・事業所の経営状況を定量化してみることができる指標です。上記の財務諸表を理解することは、施設・事業所の資産の増減や収益の状況等を把握することができ、健全な施設・事業所経営が行われているかをチェックすることができます。特に経営は健全か、資金繰りは安定しているか等の施設・事業所経営の安全性をみることが重要です。現在社会福祉法人の財務諸表は、社会福祉法において公表することになっており、社会福祉法人の財務諸表等電子開示システムおよび各法人のホームページにて公表されています。

　健全な施設・事業所経営を行うための財務管理は、法人の中長期計画に基づき予算を編成し、その予算と事業の執行状況を短い期間にチェックし、施設・事業所の財務状況を短期間で予算管理していくことです。特に障害者総合支援法では、報酬が日割り計算のため、通所系の施設・事業所などは、利用者の体調等に利用日数が左右されることがあり不安定です。そのような事業ほど財務管理は大切となります。現在社会福祉法人が保有する財産を明確化にするため、事業継続に必要な財産を控除したうえで、再投下可能な財産（社会福祉充実残額）を財務諸表より算出することになっています。そして社会福祉充実残額が生じる場合には、社会福祉充実計画を作成し、既存事業の充実や新たな取組に再投資することになっています。

　このように適正な財務管理を行うためには社会福祉法人会計基準を遵守することが前提となります。

（2）施設・事業所の債権管理について

　施設・事業所における債権とは、国民健康保険団体連合会を通じて入ってくる自立支援費等収入と食費・日用品費・家賃・個別支援など直接利用者から利用料として徴収する利用料収入があります。

　契約制度になり直接利用者から利用料を徴収することから、利用者や家族の状況により利用料が支払えない人も出てきています。そうした未収金への対応を考えておかなければなりません。

　現行の制度ではほとんどの利用者が本人の年金で十分に食費等の利用料が支払える状況にあ

ります。しかし、例えば家族等が利用者の年金を生活費としていたりした場合に支払いが遅延するというケースがあります。このような場合も含め滞納が発生した場合は、利用者の状況を十分把握し、福祉事業の観点からも長期的な視点で対応することが重要です。

　まずは契約をする際に滞納した場合について利用者とよく確認をしておくことが必要です。そして実際に滞納が生じた場合は、利用者の状況を考慮しながらの督促、どうしても難しい場合は利用の停止・契約の解除となり、本人や家族の状況から徴収不能金が発生することとなります。

（3）資金のリスクと財務体質の強化について

　資金のリスクとしては、伝染病、事故、自然災害などの要因により利用者数が突然大幅に減ることによる収入の減少や制度政策変更による報酬の引き下げなどによる収入の減少が挙げられます。そうした資金の減少に対し、これからは目的に応じた資金計画をつくり、安定的・継続的な事業運営の視点から財務内容を見直していくことが必要です。常に収益を考えた事業計画のもと、赤字にならないようにチェックできる財務体制をつくり、将来の起こりうる資金のリスクに備えておくことも重要です。

8-3 個人情報漏洩リスク

　2005（平成17）年4月1日に個人情報の保護に関する法律（以下、「保護法」という）が全面施行されました。その後、保護法は2017（平成29）年5月30日には改正され（以下、「改正個人情報保護法」という）、より厳格な情報の管理が大小関わらず全ての事業者に求められるようになりました。特に施設・事業所では、利用者の病歴や身体に関する情報はもちろん、その家族の情報など、慎重に扱わなければならない要配慮個人情報（参考8－3－1参照）を数多く扱っています。利用者への支援を実施するために必要なものですが、それらの個人情報を漏洩した場合、利用者やその家族の生活に大きな影響を与えることになるほか、社会に対しても大きな影響を及ぼします。

　しかしながら、施設・事業所の職員は それらの情報を使用して業務を行うことが日常的になっており、重要情報を取り扱っているという認識が薄れてしまう傾向があります。（表8－3－1で一般企業の特徴と施設・事業所の特徴について図示します）

　施設・事業所においては、そういった認識不足やうっかりを原因とする漏洩事案が多くなっており、個人情報保護について的確に取り組むことが強く求められています。

表8－3－1　個人情報漏洩における一般企業の特徴と施設・事業所の特徴について

	一般企業	施設・事業所
漏洩情報の特徴	・一定のセンシティブ情報あり ・大量の情報が漏洩するケースあり	・非常にセンシティブな情報 ・一事故あたりの漏洩件数は比較的少ない
漏洩の原因	・関係会社・従業員の内部犯行 ・持出しパソコンの紛失	・重要性の認識の低さ ・廃棄の不徹底

（1）個人情報保護の背景と目的

▶ ① 「保護法」制定の背景と目的

　現代は高度な情報化社会ともいわれ、利用者に提供するサービス内容をパソコンで確認する、また施設・事業所同士の連絡を電子メールでするなど、皆さんの仕事もパソコンや電子メール

なしでは進まないのではないでしょうか。ただ一方で大量の個人情報が入っているパソコンが盗まれる、そしてその個人情報が犯罪に使われるという事例も多く発生し、個人情報の悪用による被害を防ぐ観点からも、個人情報の保護ルールが求められました。

このような流れを受けて、「保護法」は2003（平成15）年5月31日に公布されましたが、民間事業者の義務に関する規定は、2005（平成17）年4月1日から施行となりました。「保護法」という法律の名前から「個人情報が漏れないようにしっかり守るもの」というイメージを持たれるかもしれませんが、それだけではありません。

「保護法」の第1条において、この法律の目的を「個人情報の有用性に配慮しつつ、個人の権利利益を保護すること」と定めています。簡単な例でいうと、「必要なサービスを提供するために利用者の個人情報が必要であれば、一定のルールを守って適切に使いましょう。ただし個人情報が漏洩した場合の影響は非常に大きいので十分に注意して 利用者の権利を守りましょう。」というのがこの法律の目的です。

▶ ② 「改正個人情報保護法」の背景と目的

情報通信技術の更なる発展により、多種多様な個人情報の活用が可能となりました。

そのような中で、法改正にあたっては「グレーゾーンの拡大」「ビックデータへの対応」「グローバル化」3つの要因が挙げられています。特に、「グレーゾーンの拡大」については、保護法では個人情報の定義が曖昧であることから、利用される個人情報が新しいリスクにさらされることになり、より慎重かつ厳重な取扱いが必要になりました。そのため、前述の通り、改正個人情報保護法が施行され、個人情報の定義が明確となりました。

参考8-3-1　改正個人情報保護法による個人情報の定義・分類

種類	定義	例
個人情報	特定の個人を識別できるもの	氏名、生年月日　等
	他の情報と容易に照合することができ、それにより特定の個人を識別することができるもの	防犯カメラに記録された情報等本人が判別できる映像情報、特定の個人を識別できるメールアドレス　等
個人識別符号	身体の一部の特徴をデータ化したもの	DNA、顔、虹彩、声紋　等
	行政等のサービス利用や書類において対象者ごとに割り振られるもの	旅券番号、基礎年金番号、マイナンバー免許証番号　等
要配慮個人情報	不当な差別、偏見その他の不利益が生じないように取扱いに配慮を要するもの	人種、宗教、病歴、犯歴、身体障害・知的障害・精神障害等があること　等

その他にも、以前の保護法では、5,000人以下の個人情報しか有しない中小企業・小規模事業者の方は適用対象外でしたが撤廃され、個人情報を取り扱う「すべての事業者」に個人情報保護法が適用されることとなりました。これに伴い、改正までは多くの施設・事業所がその対象とならなかったために作成された「福祉分野における個人情報保護に関するガイドライン」は廃止され、全職種共通の「個人情報の保護に関する法律についてのガイドライン」（以下、「ガイドライン」という）が発表されました。

（2）施設・事業者における個人情報保護

▶ ①個人情報の特殊性

　福祉関係事業者における具体的な個人情報とは、施設・事業所における生活記録、利用者の障害の種類および程度、入所者の家族の状況、児童の成育歴や家庭環境などが例として挙がります。これらは一般企業における個人情報と比べても多岐にわたっており、その保護 対策も一筋縄ではいきません。ここではまず、施設・事業所における個人情報の特殊性について確認していきます。

　施設・事業所が取り扱う個人情報は、利用者の障害の種類や程度、また家族構成から生活状況に至るまでさまざまです。そのどれもが、他人には容易には知り得ない、言い換えれば他人には知られたくない情報、つまり非常にセンシティブな情報（要配慮個人情報）であるといえます。施設・事業所は、多数の利用者やその家族について、他人が容易には知り得ないような個人情報を詳細に知りうる立場にあるからこそ、個人情報を適正に取り扱うよう明確に求めています。

　要配慮個人情報に関して、もう一つ理解しておいていただきたいことがあります。それは、施設・事業所における個人情報は、サービスを提供するために必要不可欠なものであるため、受付、事務室から居室に至るまで、施設・事業所のあらゆるところに存在しているということです。

　つまりサービスを提供する職員にとって、これら利用者の個人情報はあまりに日常的に存在しており、「他人が容易には知り得ない、つまり他人には知られたくないセンシティブな情報」に該当するという意識が低くなりがちです。リスクマネジャーは、「自分たちが取り扱う個人情報は秘匿性が高く、漏洩した場合の影響が非常に大きい」ということを十分理解した上で、自施設・事業所における個人情報保護対策に臨むことが必要です。

　そこで、個人情報を職員自身から漏らさないようにするというだけでなく、組織として利用者の個人情報そのものをいかに安全に管理していくかということ、すなわち個人情報保護の体制を整備していくことが求められています。

▶ ②個人情報保護体制構築にあたってのポイント

組織としての個人情報保護体制の構築は、以下の５点に留意する必要があります。

```
・トップのコミットメント
・基本方針の策定
・責任体制の確保
・現状の把握
・職員の教育
```

ア．トップのコミットメント

　組織のトップが、利用者の個人情報を適切に扱うことの重要性を認識し、業務遂行上の最重要課題として位置付けることが本取組みの第一歩となります。

イ．基本方針の策定

　個人情報保護に対する組織の基本的な考え方・方針を策定する必要があります。この方針はプライバシーポリシーなどとも呼ばれます。この基本方針を定めたことで終わることなく、法人の内外に周知することが非常に重要となります。これにより、個人情報保護に関する組織のスタンスが対外的に明らかになります。

ウ．責任体制の確保

　個人情報保護を推進する組織は、施設・事業所のトップに直結した事業者全体を統括する組織であることが望ましいといえます。なぜなら、個人情報取扱いの実態を把握するためには、一部の部門ではなく、施設・事業所全体で対応する必要があるからです。また、利用者の個人情報が漏洩してしまった場合においては組織としての迅速な判断と対応が求められるからです。さらに、当該組織が適切に機能するように規程類もあわせて整備しておくことも必要です。

エ．現状の把握

　適切な個人情報の管理と保有する個人情報の漏洩リスクへの対策のために、現時点での利用者の個人情報の管理状況を把握することが必要となります。個人情報を把握するにあたっては、情報の種類、保管場所、利用状況といった点から洗い出し、整理すると良いでしょう。

オ．職員の教育

　個人情報の管理は、それを扱う「人」の管理であるとも考えられます。社会福祉サービスに関わる職員にあっては、誰もが利用者の個人情報を取り扱う可能性があり、適切な対応が求められます。よって、職員への個人情報の取り扱いについての教育研修は不可欠です。また、個人情報保護の重要性について職員が意識を高く保つためにも、この教育研修は定期的にかつ断続的に行う必要があります。

▶ ③個人情報保護体制の運用

個人情報保護の体制を構築しただけでは個人情報の漏洩リスクは減りません。改正個人情報保護法に沿い、実際に構築した体制を運営していく上でどのようなことに留意すべきかを3つのステージに分けて説明します。

表8−3−2　個人情報保護法　第4章　個人情報取扱事業者の義務など

ステージ1：利用者の個人情報を入手する「取得」ステージ
　第15条：利用目的の特定
　第16条：利用目的による制限
　第17条：適正な取得
　第18条：取得に際しての利用目的の通知など

ステージ2：利用者の個人情報をどう使い、どう管理するかの「利用・管理」ステージ
　第19条：データ内容の正確性の確保
　第20条：安全管理措置
　第21条：従業者の監督
　第22条：委託先の監督
　第23条：第三者提供の制限

ステージ3：利用者本人からの照会、苦情への対応に関する「本人対応・苦情対応」ステージ
　第24条：保有個人データに関する事項の公表等
　第25条：開示
　第26条：訂正等
　第27条：利用停止等
　第28条：理由の説明
　第29条：開示等の求めに応じる手続き
　第30条：手数料
　第31条：個人情報取扱事業者による苦情の処理

ステージ1：「取得」

　ステージ1は、利用者の個人情報が施設・事業所に入ってくる入り口ともいえる取得段階の部分です。個人情報の保護とは、利用者の他人が容易には知り得ない、他人には知られたくない情報、すなわち利用者のプライバシーを保護することからスタートしていますが、近年ではそれだけにとどまらず、利用者の個人情報がどのように使われるかを決めるのは利用者自身であるという考え方が重視されています。

　個人情報保護においても、事業者は、個人情報の利用目的を特定するとともに、その利用目的を本人に通知、または公表することが求められています。すなわち、施設・事業所が利用者の個人情報を取得する際には、利用者本人に対して、個人情報の利用目的を確実に伝えることが重要となります。利用者から「知らなかった」「聞いていない」といわれないように、利用目的についての通知、公表をしっかり実行する必要があります。

　なお、知的障害のある人たちの特性を鑑みれば、利用者本人のみならず、家族などへもこれらを伝えることが必要です。

　　（例）・受付等、目につきやすい場所にポスターなどを掲示する
　　　　　（大きな施設・事業所の場合は、複数箇所に掲示することが望ましい）
　　　　・パンフレットやホームページに掲載する
　　　　・利用目的に関する書面を交付する

　掲示された利用目的を見ただけ、あるいは契約時の説明を聞いただけでは利用者によっては、その内容を十分に理解してもらえないことも考えられますので、家族へもあわせて説明したり、その後、機会を見つけて改めて説明を行ったりする必要もあります。

　なお、要配慮個人情報については上記に加えて、本人の同意が必要であることに留意が必要です。

ステージ2：「利用・管理」

　まず、利用の際の留意点から説明します。保護法では利用者に通知・公表した利用目的の範囲内の利用であれば、事業者は個人情報の利用が認められています。また、利用目的の範囲外であっても利用者の同意があるときには、事業者はその利用が認められます。

　保護法は、事業者が保有する個人情報の第三者への提供についても規定しています。ここでいう「第三者」とは事業者以外の第三者をいいます。原則として、本人の同意を得ずに第三者に個人情報を事業者が提供することは禁止されています。また、第三者に個人情報を提供した

場合、あるいは提供をうけた場合には、データを提供した（された）年月日、当該第三者の氏名又は名称等を記録し、保存しなければいけません。しかし、施設・事業所内での個人情報の利用・提供はここでの第三者への提供にあたりません。したがって、同じ法人内の他の施設・事業所であっても第三者にはあたりません。ただ、法人内職員を対象とした教育研修に利用する場合には、利用目的の範囲外にあたる場合があるので、その際には、改めて本人の同意を得るか、「匿名化」により特定の個人が識別されないよう配慮する必要があります。

　また、個人情報の第三者提供には、オプトアウトという方式があります。これは、①利用目的を明示すること（第三者への提供）、②提供される個人情報の項目、③第三者への提供方法、④本人の求めに応じて個人情報の第三者への提供を停止することを明示すること、⑤④の求めを受け付ける方法等をあらかじめ示しておけば、その必要がある度に同意を取ることを省略してよい、というものです。ただし、当該方式の利用には個人情報保護委員会（行政機関）にあらかじめ届け出が必要であることや、要配慮個人情報は本人の同意を確実に得る必要があるため、当該方式が使えないことに注意してください。

　次に管理について説明します。個人情報漏洩の防止策を検討するにあたっては、規程類の整備による安全措置（ソフト面）にフォーカスしたものと保管場所の施錠管理などの物理的・技術的安全措置（ハード面）の二点を意識する必要があります。

規程類の整備による安全措置：ソフト面
・個人情報取扱規程などのルールの整備と周知徹底
・職員からの守秘義務誓約書の取り付け
・保有情報の破棄ルールの策定

物理的・技術的安全措置：ハード面
・個人情報の保管場所への入室管理
・個人情報を保管するキャビネットなどの施錠
・個人情報を保管する機器、装置などの固定
・アクセス制限（各職員が業務内容に応じ必要な範囲内のみアクセスができるようなシステム、アクセスの必要のない職員がアクセスできないシステムの採用）
・アクセス記録の保存

　福祉サービスに従事する職員については、国家資格による専門職からボランティアに至るまで多様な人々が活動しており、また常勤からパート、アルバイトに至るまで勤務形態もさまざまです。これらの職員のすべてが利用者の個人情報に接する機会を持っています。職員全員が個人情報を漏洩させない、盗まれないという意識を持って福祉サービスに臨む必要があります。

　そこで、利用者の個人情報を実際の業務で取り扱う職員の啓発を図り、個人情報保護の意識を徹底することが肝要となります。その際、次のような項目について「べからず集」を作ることは一方策といえます。

・施設・事業所外への個人情報の持ち出しの禁止
・個人情報の机の上への放置の禁止
・個人情報を保管するキャビネットの施錠の徹底
・外部へのメール、FAXの誤送信の防止の徹底

　また、利用者への食事の提供や施設・事業所の清掃などの業務を外部の事業者に委託する場合は、上述の安全管理を遵守させるように委託先の事業者に対して、必要かつ適切な監督をすることが求められています。施設・事業所の職員と同じように、そこで仕事をする外部委託先の従業者も、利用者の個人情報に接する機会を持つわけですから、同様に注意する必要があるからです。

ステージ3：「本人対応・苦情対応」

　ここでは、社会福祉関係事業者が利用者本人と向き合う場面のことです。保護法のもとで、事業者は利用者から、個人情報の取り扱いについてさまざまな照会、要求を受ける可能性があります。

　個人情報の開示にあたり重要なことは、開示すべき内容の確認と、開示を求めてきた人が本人であるかどうかの確認です。

　まず、開示を求めている個人情報の種類がケア記録か、事故の記録か、それとも苦情の内容の記録なのか、「個人情報開示請求書」を出してもらい確認する必要があります。あわせて、個人情報の範囲が利用期間すべてなのか、あるいは特定期間なのかも、同じフォームの中で確認すべきです。そして、その上で開示請求を行っているのが当該本人であるかどうかの確認をします。本人になりすました犯罪者に誤って利用者の個人情報を渡し、それが不正請求などの犯罪に利用されることがないように、この「本人確認」の手続きはしっかりと行わなければなりません。

（4）個人情報の取扱いの注意点

　福祉サービスを提供する皆さんのまわりには、利用者などの個人情報があふれています。そのため、個人情報保護により厳格な対応が求められていることから、改正個人情報保護法に則った利用や管理などについて説明してきました。しかし、一方で、個人情報の漏洩を恐れるあまり、災害や大事故の際に被害者からの安否確認を搬送先の病院が拒否するなど、保護法に対する「過剰反応」も大きな問題となっています。次のような場合には、本人による同意が不要となります。（個人情報保護法第16条3項、同法第23条1項）

- 法令に基づく場合
  （例）社会福祉法に基づく立入検査等の際に検査官に個人情報を提供する場合

- 人の生命、身体または財産の保護のために必要がある場合＋本人の同意を得ることが困難な場合
  （例）利用者が意識不明に陥った場合に医者に状況を説明する場合

- 公衆衛生・児童の健全な育成のために特に必要がある場合＋本人の同意を得ることが困難な場合
  （例）児童虐待事例について関係機関と情報交換する場合

- 国の機関や地方公共団体等に協力する必要がある場合＋本人の同意を得ることで当該業務の遂行に支障をきたす恐れがある場合
  （例）税務署からの照会に応じる場合

- 当該要配慮個人情報が、本人、国の機関、地方公共団体、第76条第1項各号に掲げる者その他個人情報保護委員会規則で定める者により公開されている場合

- その他前各号に掲げる場合に準ずるものとして政令で定める場合

（5）マイナンバー制度における注意点

　2013（平成25）年5月24日に、「行政手続きにおける特定の個人を識別するための番号の利用等に関する法律」（以下、「番号法」）が国会で可決、成立しました。それにより、2015（平成27）年10月に国民一人ひとりに対してマイナンバーが通知され、2016（平成28）年1月からは「社会保障」・「税」・「災害対策」の三分野に関する行政手続きで利用が開始されました。

　制度開始に伴い、施設・事業所においても職員および利用者に対してマイナンバーの提供を求めるとともに、その収集、管理を実施したことでしょう。

　万が一、収集したマイナンバーが漏洩したり盗難されたりしますと、本人やその家族へ大きな影響を与えるものです。そのため、「特定個人情報」と位置付けられており、個人情報よりも厳格に利用・管理することが求められます。

　また、番号法では、取り扱うすべての施設・事業所に対して、適切な管理をするために必要な措置（安全管理措置）を講じることを義務付けています。そのため、現行の管理体制に加えて、別個にマイナンバーの取扱いに対する管理体制を整備する必要があります。

参考文献

・㈱インターリスク総研（著）「介護サービス事業者リスクマネジメントの学校―介護事故・苦情対応＆事故報告書作成マニュアル」 日総研出版、2006
・㈱インターリスク総研（著）「かんたん！福祉施設におけるリスクマネジメント80のポイント」 筒井書房、2010
・「社会福祉法人のための個人情報保護と危機対応～知的障害を中心に～」 ㈶日本知的障害者福祉協会2006
・個人情報保護委員会 「個人情報の保護に関する法律についてのガイドライン（通則編）」 2019年1月

POINT

8-4 職員に適用される法的労働条件について

　施設・事業所の業務に従事する職員に適用される法的労働条件について要点を簡潔に示します。

（1）職員（労働者）の募集・採用

　労働者を採用するための募集は、原則事業者が自由に行うことができます。事業者が労働者の募集を行う場合には、主として次の法的義務があります。

①応募者に対して、労働条件を明示すること。
②応募者の男女に対して、均等な取り扱いをすること。
③応募者の個人情報を適正に取り扱うこと。
④応募者に対して、強制的な募集をしないこと。
⑤応募者に対して、虚偽の労働条件を提示しないこと。
⑥事業者は労働者の募集について、法定の場合以外は、その年齢にかかわりなく均等な機会を与えなければならない。

　労働者を採用することは施設・事業所の自由ですが、次の法的義務があります。なお、施設・事業所は、労働者を採用したときは、法定様式の労働者名簿を作成し、３年間保存しなければなりません。

①採用過程において、男女を均等に取り扱うこと。
②児童（15歳に達した日以後の最初の3月31日までの者）を、原則として採用しないこと。
③事業者は、労働者の採用について、法定の場合以外は、その年齢にかかわりなく均等な機会を与えなければならない。

（2）労働契約について

　労働契約（雇用契約）とは、労働者が労働を提供し、その労働の対価として事業者が賃金を労働者に支払う契約です。事業者は、労働契約の締結時に、労働者に対して、従事する業務、就業場所、賃金、労働時間、休日、退職などの労働条件を、書面の交付によって明示しなければなりません。

　労働契約に期間を設けることは当事者の自由ですが、期間を設ける場合は原則として３年（専

門職や60歳以上は５年）を超えることはできません。しかし、2013（平成25）年に施行された改正労働契約法により、有期労働契約が通算５年を超えたときは、労働者の申し込みによって無期労働契約に転換することができるようになりました。また、事業者は、国籍、信条、社会的身分、女性であることを理由として、賃金などの労働条件について差別的取り扱いをしてはいけません。

　採用内定制度を設けることは、当事者の自由ですが、採用内定においては労働契約が成立していると考えられますので、採用内定取り消しは解雇に該当する点に注意が必要です。また、試用期間を設けることは、当事者の自由ですが、試用期間の長さなどは合理的なものでなければならず、試用期間中も労働契約は成立していると考えられますので、本採用の拒否は解雇に該当する点に注意が必要です。

　なお、非常勤職員についても、常勤職員に比べて不当に不利益を被らないよう配慮することが必要です。

（3）賃金について

　賃金とは、労働の対価として事業者が労働者に支払う金銭などのことです。事業者は就業規則などに定められている内容の賃金について、通貨払、全額払、直接払、毎月払、一定期日払などの法的義務を負います。ただし、臨時の賃金・賞与などは、就業規則などで定めた期日に支払うことで構いません。

　事業者は、労働者を時間外労働、休日労働などに従事させた場合は、法定で定められた利率の割増賃金を支払わなければなりません。また、事業者の責任で労働者を休業させた場合、事業者は休業手当を支払わなければならない点に注意が必要です。

（4）労働時間について

　労働時間とは、労働契約に基づいて労働者が事業者の指揮命令により拘束されている時間であり、実労働に従事しない待ち時間なども労働時間に含まれます。１日に８時間、１週間に40時間または44時間を越えて労働者に労働させてはいけません（この時間を法定労働時間といいます）。ただし、変則労働時間、フレックスタイムを採用した場合は、法定の総労働時間の枠内で１日に８時間、１週間に40時間または44時間を越えて労働させることが可能です。

　事業者は、労働時間が６時間を越えれば45分、８時間を越えれば１時間の休憩を労働時間の途中に与えなければなりません。また、労働者に１週間に１日（週休制）または４週間に４日（変則休日制）以上の休日を与えなければなりません。

　時間外労働、休日労働に関する労使協定（いわゆる36協定）は、事業者と労働者側との間で法定の事項について締結し、時間外労働、休日労働を行う前に所轄の労働基準監督署に届け出

る必要があります。なお、管理監督者などに該当する労働者には労働時間の法規制が適用されません。

（5）就業規則について

　就業規則とは、事業場内の労働条件、職場規律などを定めた規則です。常時10人以上の労働者を使用する事業者は、法定の事項を定めた就業規則を作成し、所轄の労働基準監督署に届け出る必要があります。就業規則を変更した場合も、同様に届け出る必要があります。なお、就業規則に最小限定めなければならない事項は、労働時間、休暇、休日、休憩、交代制、賃金、退職に関する事項です。

　事業者は、就業規則を掲示したり、備え付けたりして労働者に周知する必要があります。周知によって就業規則の効力が発生します。

（6）働き方改革関連法について

　2018（平成30）年に働き方改革関連法が成立し、2019（平成31）年4月から順次施行されました。特に福祉施設で注意が必要な点は以下の通りです。

▶ ①労働時間法制の見直し（施行：2019年（中小企業2020年）4月1日）

　残業時間の上限は、原則として月45時間・年360時間とし、臨時的な特別の事情がなければこれを超えることはできません。臨時的な特別の事情があって労使が合意する場合でも、年720時間以内、単月100時間未満（休日労働含む）、複数月平均80時間（休日労働含）を限度に規制が設定されました。

▶ ②年次有給休暇の確実な取得

　年5日の年次有給休暇の取得が、企業に義務づけられました。使用者は、10日以上の年次有給休暇が付与されるすべての労働者に対し、毎年5日、時期を指定して有給休暇を与える必要があります。

▶ ③正規・非正規雇用労働者間の不合理な待遇差の禁止

（施行：2020年4月1日、中小企業は2021年4月1日）
　同一企業内において、正規雇用労働者と非正規雇用労働者（パートタイム労働者、有期雇用

労働者、派遣労働者）の間における不合理な待遇差が禁止となりました。これは、業務や責任内容等が同じであれば、基本給や賞与などの個々の待遇において正規・非正規雇用のみを理由として待遇に差を設けることを禁ずるものです。

▶ ④勤務間インターバル制度の努力義務化

　この制度は１日の勤務終了後、翌日の勤務開始までの間に一定時間以上の休息時間（インターバル）を設ける制度で、2019（平成31）年４月から「勤務間インターバル」制度の導入が事業主の努力義務となりました、

　勤務時間が長くなると労働者の生活時間や睡眠時間の短縮につながり、健康障害やメンタルヘルス悪化等のリスクが高まります。この制度を導入することで、労働者は一定以上の休息時間を確保できるようになるため、ワークライフバランスの向上や健康障害の防止、結果として離職率の低下にも繋がると考えられています。また、労働時間が制限されるので、より一層効率的な業務遂行が求められることになります。

　どのような制度を導入するかは各事業所に委ねられることになりますが、以下のような例が考えられます。

- ・残業により一定のインターバル（休息時間）が確保できない場合は翌日の始業時間を繰り下げる。
- ・終業時間の制限を行う（一定の時刻以降の残業を禁止）。

参考文献

- ・「知的障害者施設のリスクマネジメント　事故防止マニュアル２」㈶日本知的障害者福祉協会　2008
- ・㈱インターリスク総研（著）「かんたん！福祉施設におけるリスクマネジメント80のポイント」筒井書房、2010

POINT

8-5 危機管理広報

　社会福祉分野に隣接している医療分野では関心が高いこともあり、ひとたび医療事故や医療訴訟が発生するとニュースなどで大きく取り上げられます。また企業においては危機発生時のマスコミ対応を誤り、その存亡に影響を及ぼしかねない事態も生じてきています。

　社会福祉分野は、まだ医療分野や企業のような状況にはないかも知れません。しかし利用者側の権利意識も向上しており、決して「対岸の火事」として放置しておいて良い、という状況ではないと思われます。そこでここでは施設・事業所で事故が発生し、記者会見を行うことになった場合のポイントを簡単にまとめました。

図8-5-1　記者会見のポイント

【記者会見のポイント】

◆　説明はポイントを押さえて簡潔に行う
◆　会見時間は質疑応答を入れて30分以内が目安
◆　推測発言やあやふやな表現は避ける。分からないことははっきりと分からないと回答するか、後で調べて連絡する
◆　記事にされたくないことは話さない（記者会見でのオフレコ発言は禁物）
◆　記者との議論は避ける
◆　記者の質問に答えられない場合は、その理由を明確にする
◆　予め想定問答を用意する

・「謝意は誠意をもって確実に伝えるが、事実関係が明確にならない段階では施設・事業所、法人の責任を認めるような発言は軽々しく行わない」ことを徹底する。
・事故発生後のどの段階であっても、以下5項目を網羅する会見の実施に努める。

【記者会見に盛り込むべき主な項目】

その1：謝意表明

　　　　法的責任がなくても「世間・関係者に迷惑や心配をかけた」という観点で謝罪する。

その2：現状説明

　　　　調査により判明した「事実関係」について、予め作成した「統一見解（＊1）の配布資料」に基づき、分かっている範囲で説明する。事前に、「記者との想定問答（＊2）」に十分時間をかける。

その3：原因究明

　　　　まだ断定できない場合には、「推定可能な原因としてはこういうことが考えられる。そのような視点から現在、原因を究明中である」との表明を行う。決して「原因隠し」は行わない。

その4：再発防止策表明

　　　　具体的な再発防止策に言及する。原因が断定できない場合は、その1の謝意表明にとどまらざるを得ない。

その5：責任表明（処罰など）

　　　　社会問題化する前に、具体的な責任の取り方を明確に示す必要がある。法的責任が明確でない段階では、「補償や治療費には施設・事業者・法人として最大の誠意を示したい」とのコメントも責任表明になる。

＊1　統一見解：施設・事業所としての見解を基本項目に沿って整理したもの
　　　（参考8−5−1参照）

＊2　想定問答：統一見解に基づき想定される質問を整理したもの
　　　（参考8−5−2参照）

参考8−5−1　統一見解例

○謝意表明	近隣へ迷惑（被害、協力）をかけたこと、世間を騒がせたこと、その他さまざまな関係者に迷惑をかけたことなどに対する謝罪。
○事故の概要	発生日時、推定発生日時 発生場所 原因 被害状況（怪我の程度など）
○再発防止策	原因を踏まえた防止策の内容 実施済みの対策の内容、今後の取組み予定
○問い合わせ先	問い合わせ窓口の設置、案内

参考8−5−2　想定問答例

◆　事実の確認
◆　原因（どうして事故は防げなかったのか）
◆　事故の予兆はあったのか。あった場合、対応策を講じていたか
◆　事故発生と発表の日時に乖離がある場合、その理由とトップの認識
◆　当面の対応方針（補償も含む）
◆　再発防止策
◆　責任の所在

参考8−5−3　マスコミの7つの関心事

◆　何が起こったのか＝事実
◆　今どうなっているのか＝経過と現状
◆　なぜ起きたのか＝原因
◆　これからどうするのか＝対応策
◆　この事態をどう思っているのか＝コメント
◆　関与しているのは誰で、今どうしているのか
◆　過去に類似ケースはなかったか

第9章

地域住民への対応

9-1 地域住民への対応

　これまで知的障害施設・事業所は、多くの地域住民にとっては身近な存在として捉えにくい部分もありましたが、近年では、障害者の自立生活や地域生活移行、企業就労などが進み、地域住民の生活の様々な場面において知的障害のある方々との関わりも増しています。

　このことは、地域や地域住民にノーマライゼーション、ソーシャルインクルージョンの思想が広く浸透する契機となる一方で、障害特性の理解不足や誤解から思わぬトラブルへ発展してしまうケースも少なくありません。

　これらには、施設・事業所からの情報発信や説明の機会が不足していることも要因の一つとして考えられ、見解の相違や誤解に対する適切な対応を怠ると、結果として私たちが支援する知的障害のある方々にとって、非常に暮らしにくい、地域住民とのコンフリクトを起こしてしまう可能性もあります。

　施設・事業所は、地域住民にとって決して特殊な存在ではなく、地域における機能のひとつとして自然に溶け込むべきものであり、様々な意見を知ることで互いの理解を深め、課題の共有、協調が保たれた関係性を築く「コンフリクトマネジメント」の手法を用いた問題解決への取り組みは、相互利益の実現を目指す「地域づくり」に繋がるものと言えます。

　町内会・自治会活動への参加や、施設・事業所行事などを通じた日頃からの地域住民との交流は、災害や非常事態の際の連携構築や、トラブルに至る前の苦情や要望を収集する場として有効であるとともに、施設・事業所が行うサービスやそこに関わる障害のある方々や職員などを知っていただくための大切な機会です。互いの日常を知ることで違和感や異変に気付くことができれば、そこから得られる安心や安全、防ぐことができる事故もあることでしょう。

　また、社会福祉サービスは、税を主とした国民の負担によって支えられており、地域との共存、信頼無くしては成り立たない、いわば国民から託された社会資源として存することを全ての職員が自覚し、言動や立居振る舞いを含め、その態様が苦情の原因となり、リスクの芽となることを肝に銘じる必要があります。

　次ページからの事例からもうかがえるように、トラブルや苦情は障害特性に起因するものばかりでなく、職員の業務上の素行に関する苦情も寄せられる傾向にあり、対応が遅れることによって、感情的なすれ違いが生じ、苦情を複雑にしてしまうことも考えられます。

　苦情は私たちの日常の支援に対する、深い関心に基づく貴重なご意見であること、そして苦情をより良い支援に反映できる組織づくりと職員教育が経営者・管理者には期待されています。

POINT

9-2 地域住民への対応
（事例）

事例1 　類型 ▶ 　①障害特性への理解不足（説明不足）に起因するトラブル

トラブルの具体的内容と要因

利用者が自宅に帰省していた際、他人の畑で畑の野菜を無断で食べているところを畑の持ち主が発見し、警察へ通報・保護される。

事業種別

障害者支援施設

申出人について

畑の持ち主

申出方法

警察官が本人の身元を確認した際、施設名を伝えたため、施設へ連絡がある。

トラブル解決に向けて行った対応

警察に迎えに行った主任（苦情受付担当者）と担当職員が事情を説明。畑の持ち主へ謝罪をし、利用者の障害特性等について説明をする。最初は障害者を外に出すことに対し、不満の声が多く聞かれていたが、相手に合わせ丁寧に説明をすることで、最後には理解を得られた。

対応後の結果

帰省時に利用者の意思が母親に伝わらず、利用者が家を飛び出してしまったことが原因であったため、母親に対し、帰省時の受入や施設での対応等についてアドバイスを行う。また、困ったときは帰省中でも気軽に連絡してもらえるよう伝える。

類型 ▶ ①**障害特性への理解不足（説明不足）に起因するトラブル**

トラブルの具体的内容と要因

　事業所の近隣にある喫茶店店主より「毎日、夕方に来て、店内にいる他の客にずっと話しかけている人がいる。話しかけられた人も迷惑そうにしていることもあり、なんとか対応したい。事業所の敷地から出てくるのが確認できたので連絡した。お金は支払ってもらっているので、本人には注意しにくいのだが…。」と申出があった。

　本人の対人関係における距離の理解が浅く、必要以上に親近感を持って、人と関わろうとしたことが要因と考えられる。

事業種別

障害者雇用（法人内他事業所）

申出人について

喫茶店の店主

申出方法

事業所へ来所して、直接申出

トラブル解決に向けて行った対応

　店主より、対象人物の容姿などを聞き取ったところ、当該施設の利用者ではなく、同一敷地内にある高齢者施設で働いている従業員（障害者雇用）である事が判明した。当該施設の管理者より対象従業員に、地域の中では行き過ぎた振る舞いとして捉えられてしまうことがあると具体例を示しながら説明した。

対応後の結果

以後、同様のトラブルに関する申出はない。また、本人に対し繰り返し説明を行っている。

その他補足等

　喫茶店の店主は、施設で開催しているイベントに毎回参加している顔なじみの方であり、トラブルについて、当施設への申出から解決まで円滑に進捗した。

事例 3 類型 ▶ ②**必要な支援、見守りの不十分により在宅障害者、GH利用者等が起こしたトラブル**

トラブルの具体的内容と要因

利用者が施設への通所途中、事業所の最寄駅近くにある薬局から、ポケットティッシュ（3個入り）を代金を支払わず持ち去った。利用者は毎日自宅からティッシュを持参しているが、当日はそれを忘れたことに気付き、事業所へ向かう道中、店舗前のワゴンで販売しているティッシュが目に入ったため、取ったとの事。本人は1個だけあればよかったので、3個入りのうち、不要な1個は道中の植え込みへ捨て、もう1個は他の利用者のロッカーへ入れていた。要因としては本人の生活上のパターンで、不安解消のための行動であったと考えられる。

事業種別

生活介護事業所

申出人について

利用者本人

申出方法

口頭による直接の申出

トラブル解決に向けて行った対応

利用者本人から話を聞き、職員が店舗へ行き、経緯を説明するとともに代金を支払い、謝罪した。本人には勝手に店の商品を持って帰ると警察に行かなければならない事等、具体的な例を挙げながら説明する。

対応後の結果

以後、同様のトラブルに関する申出はない。

トラブルの具体的内容と要因

　ガイドヘルパーとの外出中に立ち寄ったコンビニエンスストアで、ヘルパーが支払をしている間にレジに置いてあった釣り銭用のトレーを、利用者が投げ捨てる。トレー等の器物が破損するには至らなかった。

　障害特性として情緒不安定時や待つことが難しい時、周囲が騒々しい時等、咄嗟に手近にある物を投げることがあり、行動に現れたと考えられる。

事業種別

訪問系事業所（移動支援）

申出人について

コンビニエンスストアー店員

申出方法

口頭による直接の申出

トラブル解決に向けて行った対応

　付き添っていたガイドヘルパーが、その場で謝罪する。活動終了後に、管理者へ報告。管理者がコンビニエンスストアーへ行き、再度謝罪した。報告書を作成し、同様の事が起きないように、登録ヘルパーへ、報告書の内容を伝達した。また、周囲が騒がしかった事が原因と考えられるため、対象利用者の外出先についての見直しを行った。

対応後の結果

　移動支援用の「注意事項カード（食事制限や服薬内容等記載）」に配慮しなければならない行動特性を追記し、ヘルパーに周知したことにより、以後同様の行動は未然に防止できている。

事例 5　　類型 ▶　②必要な支援、見守りの不十分により在宅障害者、GH利用者等が起こしたトラブル

トラブルの具体的内容と要因

　利用者が一人で飲食店に入り、「後からもう一人来る」と言って、定食を二人前注文する。連れがなかなか来ないと言って、先に食事を始める。食べ終わってしばらく経っても誰も来ないため、店員が「お連れ様は来られますか？」と尋ねたところ、「来ると思います。僕はお金を持ってませんから」と答える。不審に思った店員が警察に連絡、派出所へ連行される。

事業種別

生活介護事業所

申出人について

警察

申出方法

派出所より事業所へ電話連絡による申出

トラブル解決に向けて行った対応

　飲食店へ手土産を持ってお詫びにうかがい、飲食代を支払う。同時に、今後当該利用者が来店した際は、所持金の確認をお願いした。また、地元の警察署に出向き、当該利用者の障害について説明するとともに、行動の制限はできないことから今後も同様のことが起こりうることについて理解を求めた。

対応後の結果

　今回のことが口伝えで広がったため、地元の飲食店では所持金の確認がなされるようになり無銭飲食がなくなったが、ファミレスで食事をした後トイレに閉じこもり通報されたケースもある。

トラブルの具体的内容と要因

　グループホーム近隣の会社事務所において、物置と事務所を繋ぐドアの南京錠が壊され、事務所内の小銭や缶ジュースが盗難に遭う被害があり、経営者が数日前に会社の物置内を物色する利用者（面識があった）を注意した経緯から、警察による事情聴取が行われ、これまで複数回にわたり事務所の不在時に侵入し、小銭やジュースを窃取したことを認めた。

　それから約10日後、同社事務所内の冷蔵庫から飲み物を窃取する当該利用者の姿が防犯カメラに記録されており、再度警察による事情聴取が行われ、事務所の窓から侵入したことを認めた。

　会社事務所は人目につきにくく、不在時に施錠されていない場合も多く、盗癖のある当該利用者にとって目的を達成しやすい環境にあった。

　後日、事件を聞きつけた町内会長が事業所を訪れ、グループホームにどのような人が入居しているかの情報がないばかりか、事業所からの挨拶や説明もない。このような状態では安心して暮らせないのでグループホームごと町内から出ていくか、職員を24時間配置してほしいとの苦情を受ける。

事業種別

共同生活援助

申出人について

町内会長

申出方法

事業所へ来所し直接申出

トラブル解決に向けて行った対応

　グループホーム開設時の挨拶や説明が不十分であったことについてお詫びの上、以降、一般的に町内会として必要な情報についてはお伝えすることを説明。

　また、当該利用者は特性として盗癖があり、一時的に反省をしても再度繰り返すことが懸念され、現在のグループホームでの環境と支援体制では再発防止が難しいことから、本人の同意を得て24時間職員を配置するグループホームへ転居した。

　また本人との話し合いを定期的に行い、他者への迷惑や不法行為について考えてもらう時間を設け、再発防止を図っている。

対応後の結果

　町内会長には上記対応を報告し、以後同様の被害は発生していない。

　一括りに悪いイメージを抱かれ「安心して暮らせない」「グループホームごと他の地域へ転居して欲しい」といった当初のような苦情はなく、理解が得られたものと考えられる。

その他補足等

被害者の会社経営者とは窃取した金品、破損品の損害額の賠償をもって示談が成立。
当該利用者はその後も警察による取り調べを受けたが、不起訴処分となった。

類型 ▶ ③触法行為、迷惑行為のトラブルから一括りに悪いイメージを抱かれたケース

トラブルの具体的内容と要因

　グループホーム利用者の一人が、地域において立ち小便をしたり、通行人に煙草をねだる行為を頻繁に行っていた。その場面を職員は把握しておらず、長期にわたって近隣では迷惑感が膨らんでいたようであった。

　ある日、観光で訪れていた人にその利用者が何度も煙草をねだったため、警察に通報される。警察官に保護され、パトカーでホームに戻る。それを見た近隣住民から、その利用者に対する苦情やホーム全体が厄介者との意見が押し寄せた。

事業種別

共同生活援助

申出人について

近隣住民

申出方法

直接の訴え

トラブル解決に向けて行った対応

　その利用者の迷惑行為は、通所送迎車両の停留所からグループホームまでの行き来の間に行われていることがわかったため、通所送迎をドアツードアに当面切り替えるとともに、職員の勤務体制を変更し、ホームに職員が不在の時間を無くした。その対応を自治会長に伝え周知していただく。あわせて、気になることがあればいつでも連絡してほしいと窓口の連絡先も自治会役員の方々に知らせていただく。

対応後の結果

　通所時以外は単独外出をしない人なので、迷惑行為は起きていない。また、その後苦情の連絡も入っていない。

トラブルの具体的内容と要因

　隣接の公営住宅の住民より「施設に入っている工事業者が、道路の排水溝に泥水を流している。」と電話があった。苦情の内容を確認すると、工事業者の監督者より「排水溝は繋がっているので、どこで捨てても変わらないと思うが…」との話しがあった。社会福祉施設であることを説明し、近隣住民が不快に感じない方法での対応を依頼した。

　施工時における業者との事前調整が不十分であったことが要因と考えられる。

事業種別

生活介護事業所

申出人について

近隣の住民（匿名）

申出方法

電話による申出

トラブル解決に向けて行った対応

　電話を受けた職員が謝罪した。工事業者に確認したところ、改修工事ででた泥水を、施設前の道路の排水溝へ流していた。業者には、施設内の排水溝へ流すように依頼した。

対応後の結果

　以降の工事において発注段階で元請業者から下請業者への説明、確認を徹底し、同様のトラブルに関する申出はない。

| 事例 9 | 類型 ▶ | ④施設事業所の責による環境苦情 |

トラブルの具体的内容と要因

　施設付近の公道に雑草やごみが散乱していたため、利用者、職員で除草作業を行ったところ、地域住より「土が崩れて土手が崩れるため、やめてほしい」とのこと。

　開所当初より継続的に行っており、地域住民にも理解をされ、感謝してくれる方もいたため、良かれと思った行為が一部の住民にとって迷惑をかけていたようであった。

事業種別

障害者支援施設

申出人について

公道沿いに畑を所有する地域住民

申出方法

除草作業を行っている職員が直接注意を受ける。

トラブル解決に向けて行った対応

　その場で謝罪し、その後、指摘を受けた場所については、除草作業は行わず、ごみ及び枯草の除去のみとする。

対応後の結果

その後は特に、苦情等の訴えも聞かれず。

類型 ▶ ⑤職員の言動、素行に起因する苦情（車両の運転などを含む）

トラブルの具体的内容と要因

地域住民（匿名女性）が送迎業務中の事業所車両（車両側面に○○福祉会と書かれている白いワンボックス車）の一時停止義務違反を目撃し、法人代表者へお叱りの電話を受ける。

女性によると、当該車両は○○幼稚園の近く、□□という居酒屋と△△銀行のある交差点を一時停止しないで走り去って行った。昨今、不注意によるとても悲しい交通事故が起きているなか、「福祉事業」で運行する車両が交通法規を守らないことに憤りを感じて電話した、というもの。

事業種別

不明

申出人について

匿名女性

申出方法

電話による申出

トラブル解決に向けて行った対応

各事業所へ、該当車両の特定のための情報収集を行い、安全運転徹底と、法令「道路交通法」順守の徹底を再通知した。

対応後の結果

同様の苦情は寄せられていない。

その他補足等

各事業所へ照会するも該当車両は特定できなかった。

事例 11　類型 ▶　**⑤職員の言動、素行に起因する苦情（車両の運転などを含む）**

トラブルの具体的内容と要因

　匿名の男性から「煽り運転をやめていただきたい」との苦情の電話。

　事情を伺うと、電話のあった直前の時間帯に男性が国道を走行中、法人名・事業所名の入ったミニバンが後方から車間を詰めてきて、不快に感じたため加速して離そうとしたが、なおも車間を詰めてきて、最終的には70km/hほどで走行する男性の車両を追い抜いて行ったとのこと。

　「煽り運転は重大な事故に繋がる悪質な行為として社会問題にもなっていて、まして社会福祉法人の看板が入った車両がこのような粗暴な運転をしていては信用がなくなるのではないか。車間を離すため私も加速したが、一般道で70km/hも出し、私がスピード違反で捕まっても迷惑な話だ。車両を運転していたドライバーにはしっかりと指導をして欲しい」というお叱りを受ける。

事業種別

障害者支援施設

申出人について

匿名男性

申出方法

直後に車を停め、インターネットで法人名を検索し法人本部へ電話による申出

トラブル解決に向けて行った対応

　法人事務局長より、自身が安全運転管理業務にも携わっている事を伝え謝罪。事実確認の上、当該ドライバーに対し指導を行い、改めて連絡する旨伝えるが、申出人は名前を明かさず、連絡は要らないとのことであった。

　当該事業所に確認し、ドライバーも特定できたが本人は「それほどの（乱暴な）運転はしていないと思う」とのことであった。すぐに法人名を調べて電話してきていることから通報者が危険と不快を感じたことは事実であり、仮に煽るという認識はなくとも、後続車両が近いと「煽られた」と感じる人もいる。まして70km/hで走行する車両を追い越したのが事実であれば相当の速度超過であるため、今後は法定速度の遵守と車間距離には充分に気を遣うよう、当該事業所の施設長ほか、他の事業所にも事例として示し注意を促した。

対応後の結果

同様の苦情は寄せられていない。

その他補足等

　安全運転、危険な運転、車間距離の感覚は人によって異なるものがあるため、車両の看板文字は常に市民や周りのドライバーから注目されていることを意識した運転を心掛けるよう、定期的な指導を継続している。

　現在は各事業所の全車両にドライブレコーダーを装着しているが、証言の異なる事故の状況確認のほか、運転者の安全運転意識の向上にも効果が見られる。

類型 ▶ ⑤職員の言動、素行に起因する苦情（車両の運転などを含む）

トラブルの具体的内容と要因

　入所施設に自治会費を集金に来た班長さんに、対応した職員が「福祉施設だから払わない」と言って追い返してしまう。そのことについて、自治会長を通し自治会からの除名の連絡が入る。施設長がお詫びと関係修復に足を運ぶが、取りつく島もなく断られてしまい、除名となる。

事業種別

障害者支援施設

申出人について

自治会長

申出方法

直接の訴え

トラブル解決に向けて行った対応

　何度かお詫びに伺うが、受け入れられなかった。地域清掃、施設行事への案内、地域行事への協力、職員教育、地域福祉施策・地域行政への協力等、地道に近隣の理解を生むより他にないと考え取り組んだ。

対応後の結果

　その後15年という長い年月をかけようやく改善できた。今では自治会への加入はもちろんのこと、地域の代表が法人役員にも複数入っていただき、ボランティア、施設行事にも地域の人たちが訪れてくれるようになった。また、神社の神輿も施設の中まで入ってくれ施設利用者と毎年交流を図ってくれるようになった。

事例 13　類型 ▶ 　**⑥理不尽な言いがかりに対する対応事例**

トラブルの具体的内容と要因

　利用者の送迎のため自宅前に車両を停車させたところ、隣家の住人より「送迎車のバンパーが、うちの家の前にはみ出ている。」と、ドライバーに対し強い口調で申出があった。要因としては後日談であるが、母親の話しから利用者家族と隣家の関係性が悪い事が判った。隣家の申し出の背景には日常的なトラブルが伏線になったと考えられる。

事業種別

生活介護事業所

申出人について

利用者の隣家の住人

申出方法

ドライバーへの直接の申出

トラブル解決に向けて行った対応

　申出を受けたドライバーより、隣家の住民に謝罪する。施設へ戻った後、ドライバーより管理者へ状況を報告した。管理者より、他のドライバーにも状況を説明し、停車位置に留意するよう情報を共有した。

対応後の結果

同様のトラブルに関する申出はない。

トラブルの具体的内容と要因

　施設において、地震災害を想定した訓練を行ったところ、近隣住民より「実際に地震が起こるのかと間違え慌てた。以前は、訓練などがある場合は事前連絡をいただいていたが、最近は連絡をもらっていない。もし訓練等ある場合には事前に連絡がほしい」と苦情が寄せられた。

　これまでに何度も火災等の訓練を実施してきたが特段の苦情はなく、今回は訓練マニュアルを作成し、より具体的な訓練にしたため以前より騒々しい訓練となったこと、また訓練担当者が変わり、近隣住民の方へのお知らせをすることの引き継ぎがなされていなかったことなどの不満が、今回の苦情につながったと考えられる。

事業種別

障害者支援施設

申出人について

近隣住民

申出方法

来所による直接の申出

トラブル解決に向けて行った対応

　ご迷惑をおかけしたことをお詫びした上で、今後同様の訓練を実施する際は、必ず事前にお知らせをするということで納得していただいた。

　施設内の防災委員会において、訓練実施の役割に近隣住民へお知らせする担当者を設けた。また、近隣住民の方とお会いした場合には必ずあいさつをすること再度職員間で確認した。

対応後の結果

　苦情のあった後、何度か火災訓練などを実施しているが、実施する際には必ず事前に担当者が電話でお知らせするよう対応しており、同様の苦情が寄せられることはない。

事例 15　類型 ▶ ⑦その他

トラブルの具体的内容と要因

　地域住民が事業所に対して何か不満があるように感じていたため、地区の会議の後の懇親会に出席し、膝をつき合わせて話を伺ったところ、職員の挨拶や運転マナーに対する不満や地区の催事、共同作業への協力と地区費、消防費等の拠出金について、意見や要望が寄せられた。

事業種別

障害者支援施設

申出人について

地区住民

申出方法

住民からの聴き取り

トラブル解決に向けて行った対応

　地区費と消防費については、地区長を介して毎年納入するようにし、地区住民として必要な経費は遠慮せずに請求していただくよう伝えた。地区催事や共同作業には管理者自らが率先して職員と共に参加した。出勤退勤時の運転は、挨拶したことが住民にわかるスピードで通行するよう指導している。また、通勤路周辺の草刈りとゴミ拾いを定期的に行った。

対応後の結果

　地区周辺の環境美化に取り組んだことで地区の理解が得られ、通勤路の保全（排水溝・路穴の補修等）につながった。また、催事には職員と利用者一緒に招待されるようになり、少しずつではあるが地区住民との良好な関係ができつつある。

【執筆者】

油谷　佳典　　社会福祉法人永寿福祉会（第1、9章）

萩原　勝己　　社会福祉法人素心会（第2、9章）

西田　和弘　　岡山大学大学院　法務研究科（法科大学院）教授（第2、3章）

菊地　月香　　社会福祉法人同愛会（第6、9章）

樋口　和徳　　社会福祉法人晴陽会（第7、9章）

竹井　達郎　　社会福祉法人かりがね福祉会（第7、9章）

久木元　司　　社会福祉法人常盤会（第8章）

宮里　祐史　　社会福祉法人和順会（第8、9章）

山下　哲司　　社会福祉法人北海道光生会（第9章）

【編集協力】

MS&AD インターリスク総研株式会社　リスクマネジメント第四部　事業継続マネジメント第二グループ

知的障害施設・事業所におけるリスクマネジメント

令和元年 11 月 1 日　　初版第 1 刷発行

編　　集　　公益財団法人　日本知的障害者福祉協会危機管理委員会

発　行　所　　公益財団法人　日本知的障害者福祉協会

〒105-0013 東京都港区浜松町 2 丁目 7 番 19 号 KDX 浜松町ビル 6 階

電話　03-3438-0466 ／ FAX　03-3431-1803

URL　http://www.aigo.or.jp/

印　刷　所　　株式会社 第一印刷所

Printed in Japan

ISBN 978-4-902117-65-3　　　　　　　　　　定価は表紙に表示してあります。